insel taschenbuch 4914

Erwin Seitz

Unter den Linden

Unter den Linden gilt als die berühmteste Straße Berlins. Der großstädtische Boulevard führt von der Gegenwart zurück in die Vergangenheit und zeigt in die Zukunft. Das Buch erzählt die Geschichte der »Linden«: von der Entstehung der Promenade, den Verwandlungen zum großstädtischen Boulevard, von den Glanzzeiten während der Aufklärung, des Klassizismus, des Biedermeiers, der beginnenden Moderne. Und wir staunen über den verjüngten Teil des Boulevards, genießen die Gastronomie, erblicken das Schloss und die Museumsinsel – das Herz von Berlin.

Ein kulturgeschichtlicher, architektonischer, musealer und gastronomischer Wegweiser – Weltoffenheit und Lebensart.

Erwin Seitz, geboren 1958 in Wolframs-Eschenbach, lernte Metzger und Koch, danach studierte er Germanistik, Kunstgeschichte und Philosophie in Berlin und Oxford. Er lebt als Gastronomiekritiker, freier Journalist und Autor in Berlin. Sein praktisches Wissen vermittelt er in Kochkursen und als Dozent im Studiengang Food Management an der Dualen Hochschule Heilbronn.

Im Insel Verlag sind von ihm u.a. erschienen: *Das Gasthaus* (IB 1497); *Naturnahes Kochen*; *Kunst der Gastlichkeit; Die Verfeinerung der Deutschen.*

ERWIN SEITZ

Unter den Linden

Biografie eines Boulevards

Mit zahlreichen Abbildungen

INSEL VERLAG

Erste Auflage 2022
Originalausgabe
insel taschenbuch 4914

Umschlaggestaltung: Anke Rosenlöcher, Berlin
Umschlagabbildungen: *Unter den Linden*, Eduard Gaertner, 1853,
Foto: Jörg P. Anders/Nationalgalerie, SMB/bpk, Berlin;
Entwurf Schlossplatz, © bbz landschaftsarchitekten, Berlin;
Hauptportal des wiederaufgebauten Berliner Stadtschlosses,
Foto: Daniel Kalker/picture-alliance, Frankfurt am Main
Druck: CPI books GmbH, Leck
Dieses Buch wurde klimaneutral produziert:
climatepartner.com/14438-2110-1001.
Printed in Germany
ISBN 978-3-458-68214-1

www.insel-verlag.de

INHALT

VORWORT

Unter den Linden gilt als die berühmteste Straße Berlins, wenn nicht sogar Deutschlands. Der Ruhm des Boulevards beruht jedoch auf längst vergangenen Tagen. 1912 hatte Walter Kollo das beliebte, launisch-ironische Lied »Untern Linden« komponiert, das später Marlene Dietrich in ihr Repertoire aufnahm und zum Evergreen machte: »Untern Linden, Untern Linden,/ geh'n spazier'n die Mägdelein,/ wenn du Lust hast anzubinden,/ dann spaziere hinterdrein.« 1933 war es vorbei mit der Unbekümmertheit und Lebensfreude. Nazihorden zerstörten die Atmosphäre und verjagten jene, die anders dachten als sie. Am Ende des Zweiten Weltkriegs sah man am Lindencorso nur noch Ruinen.

Die DDR hatte für die ehemalige preußisch-deutsche Prachtstraße und bürgerliche Vergnügungsmeile nicht allzu viel übrig. Ein gewisser Sinn für Denkmalpflege setzte nur zögerlich ein. Als 1989 die Mauer fiel und ein Jahr später Stadt und Land wieder vereint wurden, verwandelten sich die Linden – so der Name des Boulevards in Berlin – erst einmal in eine dreißigjährige Baustelle, die viele Besucher der Metropole mieden, die Berliner sowieso. Der U-Bahn-Bau sorgte dafür, dass ein Teil der Lindenbäume vorerst verschwand. Es gab nicht viele Gastronomen, die es wagten, hier ein Lokal zu eröffnen. Dennoch flossen im Lauf der Jahre riesige Summen, Milliardenbeträge, in die Meile, nicht zuletzt von Bund und Land. Es dürfte kaum einen anderen Ort in Deutschland geben, wo jüngst so viel investiert wurde wie Unter den Linden, nimmt man, am östlichen Ende der Achse, das rekonstruierte Berliner Schloss sowie die sanierten Museen auf der Spree-Insel mit dazu.

Man kann das Jahr 2021 als einen Neubeginn der Linden betrachten: Die verlängerte U-Bahn-Linie 5 – vom Alexanderplatz über die

Linden bis zum Hauptbahnhof – wurde fertiggestellt, und das wiedererstandene Berliner Schloss öffnete als Humboldt Forum seine Pforten. Die Meile erhielt mit diesem Bau ihren ursprünglichen Impulsgeber zurück, jedenfalls seine prachtvolle Hülle. Ob man das gut findet, hängt davon ab, wie der Riesenbau bespielt wird. Allemal nimmt die U-Bahn den Verkehr, die Beschleunigung und Überhitzung aus der Allee heraus und rückt die Spaziergänger wieder in den Vordergrund. Es gibt Planungen für die Umwandlung der Lindenallee in ein Forum für Fußgänger und Flaneure, mit nur noch einer Autospur pro Richtung.

Seiner Entstehung nach verfügt der Lindenboulevard über eine zweiteilige Struktur: über einen östlichen höfischen Bereich mit Oper, Zeughaus, Schloss und Museumsinsel sowie über einen westlichen gewerblich-gastronomischen Teil. Im Moment erstrahlt der vormals höfische Bereich der Linden, von der Charlottenstraße bis zum Schloss und zur Museumsinsel, in neuem Glanz. Der gewerblich-gastronomische Teil, um das Achsenkreuz Linden/Friedrichstraße, hinkt noch hinterher. Es bleibt zu wünschen, dass die besten Gastgeberinnen und Gastgeber, Konditorinnen und Köche der Stadt bald wieder Vertrauen in den Corso fassen.

Idealerweise sind die Linden das Sinnbild einer gastfreundlichen Stadt, die etwas zu erzählen hat. Dieses Buch stellt die Geschichte des Boulevards vor, entdeckt darin Wegweiser für die Zukunft und fragt nach, was das Hier und Jetzt fordert. Es lohnt sich wieder, über die Linden zu spazieren, durchs Schloss zu laufen und auf die Museumsinsel zu gehen. Waren in den vergangenen Jahren die Berliner Kieze der Renner, so spielt die Musik nun auch Unter den Linden.

EINFÜHRUNG

Wandel in Berlin

I

EDLE SIMPLIZITÄT

Es gehört zum Urvergnügen des Menschen, spazieren zu gehen. Herrlich, von der Stelle zu kommen, Überblick zu gewinnen, das Sichtfeld zu erweitern. Noch schöner, wenn sich beim Gehen das Panorama der Geschichte auftut. Der großstädtische Boulevard führt zurück in die Vergangenheit, weist in die Zukunft und ist zugleich, wenn es gut geht, Ausdruck der Gegenwart.

Der Boulevard Unter den Linden in Berlin verfügt über solche Potentiale. Er hat schon viel erlebt und fast vierhundert Jahre hinter sich gebracht. Das bedeutet auch: Die Linden sind veränderlich – das zeigen die vielen Darstellungen der Meile, ob von Malern, ob von Schriftstellern oder Chronisten. Immer kam es darauf an, wie der Betrachter die Bestimmung der Prachtstraße verstand. Für die einen war es die repräsentative Staatsachse, wenn nicht die Triumphstraße der siegreichen preußischen Armeen. Für die anderen eine Promenade zum Lustwandeln, eine berauschende Avenue, die über das Alltägliche, Gewöhnliche hinauswies.

Dieses Buch ist selbstredend keine vollständige Geschichte der Allee. Es lässt das Säbelrasseln, das diese Straße früher zur Genüge erlebt hatte, weitgehend beiseite. Es will – wenngleich auch von Preußen, seinen Königen und Königinnen erzählt wird – kein Preußen-Buch sein, sondern eines über die moderne Seite der Deutschen: ein Buch über die bürgerlich-zivile Gesellschaft mit der Perspektive von Freiheit und Gespräch, Anregung und Amüsement. Hier an dieser Achse entfaltete sich zum ersten Mal in Deutschland die Sympathie für das Urbane, Großstädtische, Weltläufige – sieht man vom kleineren Jungfernstieg in Hamburg ab.

Preußen hatte auch eine galante Seite. Die Leute haben Unter den Linden Lebensart erprobt: gingen spazieren, unterhielten sich, erlebten Kultur. Man lernte es, sich im Café einen Platz zu ergattern, zu naschen, die Zeitung zu lesen, Witz zu entwickeln, damals, als das Geschehen an der Promenade in Gang kam, als Berlin noch König- und Bürgerstadt war. Das Buch rollt das kulturelle Werden der Linden auf, bestimmt von königlicher Grandeur und Baukunst, bildender Kunst und Wissenschaft, Gespräch und Geselligkeit, Bürgersinn und Bewegung. Nicht zuletzt meint eine Biografie des Boulevards auch die Biografien der Menschen, die ihn schufen und belebten.

Das Geschehen auf der Promenade kam Ende des 18. Jahrhunderts in Schwung, als König Friedrich II. von Preußen sich nach seinen Eroberungskriegen endlich um die friedvolle Entwicklung des Landes kümmerte. Weiteren Aufwind erhielten die Linden 1791 mit der Eröffnung des neuen Brandenburger Tores, das die Lindenallee nach Westen hin auf würdevolle Weise einfasste.

Eigentlich hatte seinerzeit der neue preußische König Friedrich Wilhelm II. ein Bauwerk zur Verherrlichung seiner Magnifizenz gewünscht, doch der Baukünstler Carl Gotthard Langhans schob ihm ein Symbol bürgerlicher Gesinnung unter: ein offenes, luftiges Tor, den Propyläen auf der Akropolis in Athen nachgebildet. Obwohl es der König war, der die »erste Idee« für die Gestaltung beisteuerte, indem er wünschte, »die großen und schönen Partien der Stadt und des daran liegenden Thiergartens dergestalt miteinander zu verbinden, daß dem Thor soviel möglich freye Öffnung und viel Durchsicht gegeben werde«, stammte das »Konzept«, wie es hieß, von Langhans.

Der Architekt schrieb in einem »Pro Memoria«: »Die Lage des Brandenburger Thores ist in ihrer Art ohnstreitig die schönste von der ganzen Welt, um hiervon gehörig Vortheile zu ziehen, und dem

Thore so viel Oefnung zu geben, als möglich ist, habe ich bey dem Bau des Neuen Thores, Das Stadt = Thor von Athen zum Modelle genommen.«

Schon als Langhans 1789 in einer Akademieausstellung den Entwurf des Tores zeigte, hieß es, dass es »in der Geschichte des Geschmacks Epoche macht, indem es die edle Simplicität der Alten in ihren Werken uns wieder näher vors Auge rückt«. Das war das Stichwort einer neuen Ära von Klassizismus und Biedermeier: edle Simplizität – Versachlichung, Vereinfachung, Ausgewogenheit: Man lässt alles Überflüssige, Übertriebene beiseite, achtet auf das Angemessene und Schöne und gewinnt dadurch an Würde. So wie einfache Bauwerke, so können auch einfache Menschen, Bürger, edel sein.

Bis dahin hatte man das Edle dem Großen, Erhabenen, Majestätischen zugeordnet, nun sollte es Kennzeichen des Einfachen, Anmutigen, Bürgerlichen sein. Es ging nicht allein um die Verehrung »der Alten«, sondern auch um die Erneuerung ihrer Ideen, darum, wie es im Text der Ausstellung weiter hieß, dass »unter dem nördlichen Himmelstrich die Ruinen von Athen zu einem schönen Ganzen sich wieder verjüngen«. Langhans legte keineswegs eine Kopie der Propyläen vor, sondern veränderte die Proportionen, machte das Tor höher, weiter, schlanker, schwingender. Das Brandenburger Tor vermittelte die Botschaft eines heiteren, freieren, besseren Lebens. Edle Simplizität schloss niemanden aus, jeder war willkommen – eine Form der Demokratie.

Die Politik der preußischen Könige nahm ambivalente, widersprüchliche Züge an: Berlin sollte ein Spree-Athen werden, aber unter dem Zepter eines unumschränkt regierenden Königs bleiben. Die Herrscher förderten Ideen, die sie letzten Endes nicht mehr bändigen konnten. Sie glaubten, das Heft in der Hand zu haben, waren aber nur Medium einer europäischen Entwicklung. Bürger und Künstler nutzten die Vorstellungen der Herrscher für ihre Zwecke.

Am anderen, am östlichen Ende mündete die Promenade in den Lustgarten, wo das hochbarocke königliche Schloss stand, erbaut um

Bild 1: Air von »edler Simplicität«: oben die Ansicht der Propyläen des Perikles in Athen, unten die des Brandenburger Tores in Berlin, kolorierte Radierung von Johann Carl August Richter, um 1795

Bild 2: Edle Einfachheit: Museum am Lustgarten, perspektivischer Entwurf von Karl Friedrich Schinkel, 1823, Staatliche Museen zu Berlin, Kupferstichkabinett

1700. Um 1825 stellte der Architekt Karl Friedrich Schinkel dem fürstlichen Schloss ein ebenbürtiges öffentliches Kunstmuseum gegenüber, das heutige Alte Museum. Die Schauseite ist mit ihrer ausschwingenden Säulenreihe dem Brandenburger Tor nicht unähnlich – edle Simplizität am Anfang und am Ende der Allee Unter den Linden.

Die Linden gewannen an kultureller und institutioneller Vielfalt. Wilhelm von Humboldt, der mit Schinkel befreundet war, hatte vorher schon in einem Essay über die *Grenzen der Wirksamkeit des Staats* nachgedacht und mehr Spielraum für den Bürger gefordert. Für ihn fußte die Bildung der Persönlichkeit sowohl auf der »Freiheit« als auch auf der »Mannigfaltigkeit der Situation«, sprich auf vielseitigen Einflüssen und Begegnungen, wie sie ein Boulevard bieten konnte: als ein Forum für Gespräche, Gedankenaustausch, Debatten, für die Evolution der Ideen und der Dinge. Als Humboldt 1809/10 preußischer Sektionschef für Kultus und öffentlichen Unterricht war, gelang ihm mit Geschick die Einrichtung einer Universität Unter den Linden. Von hier sollte eine neue humane Gesinnung ausgehen, geprägt von freiem Forschen und Suchen.

Die Gründung des zweiten Deutschen Kaiserreiches 1871 brachte es mit sich, dass Berlin nicht länger nur preußische Residenz war, sondern auch deutsche Hauptstadt. Die Spree-Metropole erhielt neue Energieschübe, entwickelte sich zu einem Pionier des Industriezeitalters: zu einem technologischen Zentrum für Metall- und Maschinenbau, Elektronik, Biochemie, Medizin. Unter den Linden wuchs der Verkehr, leuchteten abends die Lampen und machten die Nacht zum Tag.

Mehr und mehr befreiten sich die Bürger von fürstlich gelenkter Kulturentwicklung: von den Vorgaben des Hofes, der an überkommenen Machtstrukturen festhielt. Wissenschaftler, Dichter, Maler, Museums- und Theaterdirektoren, Kritiker, bürgerliche Unternehmer und Mäzene schufen ein kosmopolitisches Klima, das Berlin in eine Weltstadt verwandelte.

II

KRITISCHE REKONSTRUKTION

Am Ende des Zweiten Weltkriegs lagen die Linden in Schutt und Asche. Die DDR, die nach 1945 für den Ostteil der Stadt und Berlin-Mitte zuständig war, hatte als »Arbeiter- und Bauernstaat« lange Zeit kein besonderes Interesse an den Linden als Forum urbaner Öffentlichkeit und »bourgeoisen« Lebensstils. Was von den Linden übrig geblieben war, wurde teils abgerissen, teils gerettet. Der Bau der Mauer machte die Lindenallee zu einer »Sackgasse«. Das Umfeld des Pariser Platzes lag brach. Das Brandenburger Tor stand im Niemandsland, unmittelbar westlich dahinter verlief die Mauer.

Doch spätestens seit der Wende von 1989 hat man hier wieder emsig gewerkelt. Als Berliner dachte man sich: Nur schnell über die Linden hinweg! Die Kieze am Rand von Berlin-Mitte oder rings um die Mitte, die Spandauer Vorstadt mit Tor-, Linien- und Auguststraße, der Prenzlauer Berg, Friedrichshain, Kreuzberg, Neukölln, schienen attraktiver zu sein.

Nicht, dass am Lindencorso spektakuläre Neubauten, Solitäre oder Wolkenkratzer entstanden wären. Was dort vor sich ging, war wegweisender: ein nachhaltiges Bauen im Bestand; die Betonung der Horizontale mit menschlichem Maß und Platz für Fußgänger; die architektonische Wiedergeburt eines weltstädtischen Zentrums europäischer Prägung; die Wiederbelebung eines Ortes mit eigener Logik – edler Simplizität.

Auch die Museumsleute und Historiker waren nicht müßig und haben mit Ausstellungen und Katalogen die Kenntnisse über die örtlichen Kunstschätze sowie über die Entwicklung der Stadt erweitert. Die Lindenachse kann zum einmaligen Erlebnis werden: zum Zeugnis der Entfaltung bürgerlichen Lebens, als allmähliche Abwendung vom höfischen Barock und Rokoko hin zu Klassizismus und Biedermeier sowie zur Berliner Moderne, zu bürgerlicher Selbstbestimmung, Bildung, industriellem Wohlstand, Glitzer, Brüchen, Kontinuität.

Der Plan für die »kritische Rekonstruktion« der Linden auf der Grundlage des alten barocken Stadtgrundrisses geht im Wesentlichen auf den ehemaligen Berliner Senatsbaudirektor Hans Stimmann zurück. Ziel sollte kein bloßes Imitat dessen sein, was einmal war, sondern die Wiedergewinnung des Städtischen: mit geschlossener Blockbebauung bei einer Traufhöhe von 22 Metern plus aufgesetztem Staffelgeschoss. Dieses Vorhaben richtete sich gegen die Vertreter der klassischen Moderne, die von der geöffneten, autogerechten Stadt träumten, während die traditionelle europäische Stadtbaukunst eine halbwegs kompakte, menschengerechte Stadt beschwor: mit Gehwegen, Plätzen und Parks, wo sich die Bürger begegnen können.

Natürlich hatte Stimmann Mitstreiter für die »kritische Rekonstruktion«. Manche sahen in ihm einen Schüler des Architekten Josef Paul Kleihues, der seinerseits die Vorstellung vom geschlossenen Stadtraum europäischer Prägung favorisierte. Ähnlich dachte der Stadtbautheoretiker Vittorio Magnago Lampugnani, der sich in die Debatte um die Berliner Mitte einschaltete und viel Aufmerksamkeit erhielt. In seiner Essaysammlung *Die Modernität des Dauerhaften* formulierte Lampugnani sein städtebauliches Credo der Mitte: »ein klar definierter, elegant strukturierter und gut erlebbarer urbaner Raum«. Trotz wechselnder Lebensweisen, so sein Argument, bleiben menschliche Grundbedürfnisse gleich, nicht zuletzt die Sehnsucht nach gewachsenem Lebensraum, aus dem man Maßstäbe und Orientierung beziehen kann. Der traditionelle Stadtraum gleiche einer Bühne und ermögliche es den Menschen, das zu tun, was sie immer schon taten: »flanieren, verweilen, betrachten, sich zur Schau stellen, anderen begegnen, sie ansprechen, sich austauschen«.

Lampugnani, Kleihues und Stimmann wurden für ihre Idee viel gescholten, denn so mancher Kritiker hätte lieber Schnellaufschießendes oder Organisch-Amorphes gesehen, davon überzeugt, dass der Hype um die hochgetriebene Kreativität der Millenniumsphase gar nichts anderes zulasse. Jetzt jedoch, zu Beginn der 2020er Jahre, schält sich eine Promenade beziehungsweise ein Boulevard heraus, der nicht bloß auf Schnelllebigkeit, Tempo und Kommerz ausgerichtet ist, sondern auch auf die Begegnung des Flaneurs mit Menschen, Geschichte und Kultur.

Allen Unkenrufen zum Trotz haben Architekten von Rang beim Linden-Projekt mitgemacht und sich auf komplexe Vorgaben eingelassen: Denkmalpflege und Neues, Individualität und Zusammenspiel. Die wichtigsten Bauvorhaben sind abgeschlossen, ob Rekonstruktionen, Renovierungen oder neue Gebäude.

III

EINE BÜHNE DER BÜRGER

Verschiedene Organe sind dazu aufgerufen, am Gedeihen der Linden mitzuwirken: die Stadt Berlin und der Staat, die Bürger und die Medien. Man sollte die Linden buchstäblich als Res publica, als öffentliche Sache, verstehen. Auf welche Weise soll diese Meile repräsentativ sein? Wie wollen wir leben? Wie wollen wir uns hier gespiegelt sehen?

Über Jahrhunderte, wenn nicht über Jahrtausende waren fürstliche, königliche oder kaiserliche Residenzen Versammlungsorte, wo die Maßstäbe für Politik, Gesellschaft, Künste, menschlichen Umgang herausgebildet wurden. Heute glaubt der demokratische Staat zuweilen, dass es genüge, sich vornehmlich um Politik und Ökonomie zu kümmern und alles andere sich selbst zu überlassen oder dem Kommerz, ganz so, als drehe sich alles nur noch um industriell-digitale Wissensökonomie und Konsumeuphorie. Der unendliche Rausch neuer Produkte scheint den Blick auf die Vergangenheit oder Zukunft unnötig zu machen. Theoretiker des Digitalen verkünden, dass sich die Geografie zwischen Zentrum und Peripherie ohnehin auflöse.

Gemach! Die Sehnsucht nach der Metropole scheint ungebrochen zu sein, weil es hier außergewöhnliche Dinge gibt oder sich Lebensformen früher als anderswo wandeln, hin zu einer Lebensweise, die womöglich schon einen Schritt weiter ist als die industriell-digitale Ökonomie, die ihrerseits Konsum als Lifestyle offeriert. Erfreulicher ist aber eine naturverträgliche Lebensart.

Gegenüber der Ortlosigkeit des Onlinelebens bietet die Aufmerksamkeit für das Gewachsene der Kultur eine gewisse Verwurzelung. Auch die Kapitale der bürgerlich-zivilen Gesellschaft braucht ein analoges Forum, von dem Anregungen für Gemeinsinn und Schönheit ausgehen. Die zeitlichen Überschneidungen des Boulevards, das Gefüge von historischen Monumenten: All das ist unentbehrlich, wenn man wissen will, woher man kommt und wohin es gehen soll.

Die Attitüde der Avantgarde, sich vom Vorhergehenden durch einen scharfen Schnitt zu trennen, ist passé. Nottut die behutsame Transformation des Bestehenden, die Balance von Wandel und Kontinuität. Das schließt Rekonstruktion, Renovierung, Recycling mit ein. Durch das teilrekonstruierte königlich-kaiserliche Schloss wird Berlin in seiner Entwicklung als Stadt und Metropole verstehbarer, die Mitte gewinnt durch dieses Bauwerk an Struktur und Erzählfreude.

Die Linden, das Schloss und die Museumsinsel sind das Herz Berlins. Die Parole lautet längst nicht mehr, sich von fürstlich gelenkter Kulturentwicklung zu befreien, sondern: von kommerzieller Gängelung. Tatsächlich ist der östliche Teil der Linden ein weitgehend kommerzfreies öffentliches Forum: eine Bühne der Bürger. Stadt, Staat und Bürger sollten Sorge dafür tragen, dass auch im westlichen Teil angemessene Institutionen des bürgerlichen Lebens Platz finden: nicht nur akademisch-künstlerische wie Oper, Theater, Universität, Museum, Orte für Vorträge und Debatten, sondern auch weltläufig-gastronomische Einrichtungen: Kaffee- und Weinhäuser, Restaurants, wo sich Gedankenaustausch, Geselligkeit und Genuss zwanglos fortsetzen können.

Zu Beginn des 20. Jahrhunderts fanden die Lindenbummler schätzungsweise 10 000 bis 20 000 gastronomische Sitzplätze – von solchen Kapazitäten kann man aktuell nur träumen. Bedeutend war nicht nur die Größe der Betriebe, sondern auch das Können der Betreiber, vertreten durch Meisterinnen und Meister ihres Faches wie Therese Bauer, Lorenz Adlon, Alfred Walterspiel. Auch die gepflegte Mahlzeit ist ein Akt der Kultur – eine Form der Verführung, die die Gespräche beflügelt, von Gang zu Gang, durch Farben, Düfte, Aromen, Alkoholika.

Einer der großen Kunstkritiker und Feuilletonisten des wilhelminischen Kaiserreiches und der Weimarer Republik, Max Osborn, brach in seinen Erinnerungen *Der bunte Spiegel* eine Lanze für das Kaffeehaus am großstädtischen Boulevard: »Die Neutralität eines öffentlichen

Lokals ist unschätzbar; sie gewährt eine Freiheit und ein Wohlbehagen des Gesprächs, die nicht zu überbieten sind (...) Baut Cafés!, muß man (...) allen Staats- und Stadtverwaltungen zurufen.«

Dort, wo einst am Lindencorso die splendiden Cafés waren, sind heute die Filialen von Digital-, Automobil- und Bankkonzernen, teils mit angegliederten Delis, die »Coffee to go« anbieten. Die Deli-, Imbiss-, Fast- und Street-Food-Mode als Symbol dafür, dass sich die Menschen immer weniger Zeit für Essen und Gespräche nehmen, sinnlich wie spirituell verarmen.

Wenn die Verwaltung des Deutschen Bundestags Unter den Linden Büros errichten lässt, scheint auch sie keine Ahnung davon zu haben, was der bürgerlich-zivilen Gesellschaft hier nottäte: öffentliche oder halböffentliche Räume, die die Linden zu einem Ort der Bürger machen. Bürohäuser sind der Tod des Boulevards, während Manufakturläden, Boutiquen, Buchhandlungen und Galerien, Kaffee- und Weinhäuser, Kinos und Theater einladend sind und spontane Begegnungen ermöglichen. Streckenweise mangelt es dem Corso an kleinteiliger Architektur, die individuelle Geschäfte anzieht. Bevorzugt wird die Blockbebauung eines einzigen Investors, der für Monotonie sorgt.

Kanzler oder Kanzlerin, Minister und Bundestagsabgeordnete sollten ein Auge auf den Lindenboulevard haben: Er ist die Visitenkarte des Landes. Liegenschaften und Immobilien, die in öffentlicher Hand sind, sollten dort bleiben. Mieträume sollten nicht an jene vergeben werden, die die höchsten Mieten bezahlen können, sondern an solche, die die besten Konzepte vorlegen. Wenn sich die Linden der Trivialität ausliefern, hören sie auf, ein Corso zu sein.

Wünschenswert wäre es, dass der Kunstmäzen von heute nicht länger nur Connaisseur der bildenden Kunst ist, sondern auch eine Ader für Gastlichkeit, Gedankenaustausch und Geselligkeit hat. Der Mäzen könnte, statt nur die Malerei zu fördern, am Lindencorso ein Kaffeehaus stiften, weil es zur Entwicklung des Kulturlebens unter Umständen mehr beiträgt als ein Gemälde.

Im Zeitalter von Nachhaltigkeit, Klimaschutz und Gemeinwohl kommen die Linden nicht darum herum, Vergnügungen zu bieten, die etwas mit naturschonender analoger Lebensweise zu tun haben: mit persönlicher Begegnung und Gastlichkeit – oder mit Dingen, die aus der Verbindung von Handwerk, Kunst und Industrie hervorgehen, in der Tradition von Deutschem Werkbund und Bauhaus. Darauf kommt es an: wieder so viel Handwerk und Kunst wie möglich in die Produktion der Dinge einzubeziehen, um die Banalität und Hässlichkeit der Wegwerfgesellschaft einzudämmen.

Es stimmt nicht, dass das Billige und Banale sozial gerecht wäre, im Gegenteil: Es wird zum Signum von Vergeudung und Verschwendung. Sozial gerecht ist das Vernünftige, Grundehrliche und Gute, Schmackhafte und Geschmackvolle, Bekömmliche und Ausgewogene. Das mag nicht billig sein, aber erschwinglich. Kundige Gastgeber sowie geradlinige Meisterinnen und Meister in Küche und Konditorei gehören zum Kostbarsten, was ein Boulevard offerieren kann.

Vonnöten sind Freuden jenseits des industriell-digitalen Konsums, solche, bei denen im natürlichen Sinn wieder Füße, Hände, Nase, Mund, Geschmack im Spiel sind: eben beim Spazierengehen und Flanieren, beim Tete-à-tete und Tanzen, bei den Unterhaltungen im Café, beim Menü im Restaurant oder beim Rendezvous mit der Geschichte im Museum. Es geht nicht um Luxus, sondern um Komfort und Wohlergehen, darum, dass jeder etwas findet und sich zugehörig fühlt.

IV

DAS BERLINER SCHLOSS: IRRUNGEN WIRRUNGEN

Wenn der Flaneur einen der prachtvollsten neuen Orte in Berlin betritt, den rekonstruierten hochbarocken Schlüterhof im Schloss, wo handwerklich-bildhauerisches Können und künstlerische Grandeur zu bestaunen sind, stößt er im Sommer, an der Nordwestecke, auf gastronomische Selbstbedienung und Kunststofftabletts. Man möchte sagen: auf das gastronomische Niveau der gehobenen Bahnhofshalle, geprägt von ständigem Hin und Her und dem Versprechen, dass die Gastronomie so unkompliziert und formlos wie möglich sei, für jeden erschwinglich.

Speisen und Getränke holt sich der Gast im Westflügel des Schlüterhofes. Über dem Eingang liest man »Bistro«, innen »Bistro Lebenswelten«. An sich meint der Begriff des Bistros ein französisch geprägtes Lokal mittlerer Preisklasse mit Bedienung. In Wahrheit betritt man aber eine gehobene Kantine. Das Büfett, an dem die Gäste in der Schlange stehen, ist beeindruckend lang. Man ahnt, dass hier täglich einiges übrig bleibt – oder Teile davon am nächsten Tag wieder aufs Büfett kommen, wenn wieder Hunderte von Menschen an den ungeschützten Salatschüsseln und Nachspeisen vorbeidefilieren.

Einen Namen hat sich das Unternehmen »Lebenswelten« im Bereich »Catering & Events« gemacht. Selbstverständlich kennt der Betrieb die Schlagworte der Zeit. Er wirbt damit, »ökologisch nachhaltig« zu arbeiten. Aber sollte das nicht heißen: Besinnung auf das Wesentliche, auf wenige Gerichte, wenig Abfall, alles so frisch wie möglich hergestellt? Man sieht auf dem Büfett viele Gerichte in Töpfen auf der Wärmeplatte oder im Bain-Marie, dem Warmhalter. Die Quiche sieht schon etwas vertrocknet aus. Die Königsberger Klopse schmecken ordentlich, das Schnitzel vom Bioschwein wird frisch gebraten, erscheint aber blässlich, die Crème Caramel im Einweckglas ist fein.

Wenn man sich umschaut, gewinnt man den Eindruck, dass so manchem Gast diese gastronomisch formlose Art gefällt. Es wird rasch klar, dass das Berliner Schloss als Humboldt Forum auch ein Volkshaus sein soll, so wie zuvor der Palast der Republik, der zu Zeiten der DDR hier stand. Aber man täusche sich nicht: Im Palast der Republik hatte die Gastronomie des Sozialismus das Beste geboten, was möglich war. Die Leute feierten dort Feste, Hochzeiten, Jugendweihen und dergleichen.

Es ist an sich eine reizvolle Vorstellung, Fürstenschloss, Bürgerpalast und Volkshaus in eins zu fassen. Fragt sich nur, wie.

Im Schlüterhof, an der Nordostecke, ist der Zugang zu zwei weiteren Lokalen: zum »Wilhelm« und zum »Alexander«. Das »Wilhelm« betreibt vom französisch-deutschen Restaurant aus im Hof eine Terrasse mit Service, dazu auch eine Terrasse auf dem Spreebalkon. Das »Alexander« bietet eine Deli-Küche an, allerlei Sandwiches und Bowls, zubereitet im Crossover-Style, in akzeptabler Qualität.

Die Art der Einrichtung rings um den Schlüterhof, die Interieurs des »Bistros« im Westflügel sowie im »Wilhelm« und im »Alexander« im Nord- und Ostflügel kommen über konventionellen Schick nicht hinaus. Das »Bistro« ist vollgestellt mit Möbeln unterschiedlicher Höhe, unruhig und unübersichtlich. Im »Alexander« prunken große Palmwedel aus Metall, als Hinweis auf Alexander von Humboldt, den weitgereisten Mann. Winke mit dem Zaunpfahl.

Nach außen präsentiert sich das teilrekonstruierte Berliner Schloss als ehemalige Residenz der preußischen Könige und der letzten deutschen Kaiser – nach innen gibt es sich anders: gastronomisch als Ort des Mainstreams, zumal rund um den Schlüterhof. Zugleich versteht sich das Haus akademisch-museal als Humboldt Forum, als »Ort für Kultur und Wissenschaft, für Austausch und Debatten«, gestützt von Museen mit außereuropäischen Sammlungen, gewissermaßen als Denklabor der Weltkultur. Die Ansprüche des Hauses scheinen doch hoch zu sein.

Nicht von ungefähr lieh man sich den Namen der Gebrüder Humboldt, die als Musterbeispiele kosmopolitischer Gesinnung gelten. Hehre, hochmögende Gedankenspiele sollen das Schloss zum Domizil globaler Kunst und weltläufigen Denkens machen, zu einem Haus, das Platz bietet für das Ethnologische Museum und das Museum für Asiatische Kunst. Vielleicht waren die Überlegungen aber prosaischer. Die älteren Gebäude dieser Museen in Berlin-Dahlem hätten saniert werden müssen. Also kamen die Verantwortlichen auf den Gedanken, sie im geplanten Neubau des Berliner Schlosses unterzubringen und eine Leitidee darüberzustülpen.

Ein kurzer Rückblick lohnt sich, um den merkwürdigen Umgang mit dem Berliner Schloss zu verstehen. Der Fürstenbau, der seine äußere Statur im Wesentlichen um 1700 erhalten hatte, war seit Ende 1918 verwaist, weil die Dynastie der Hohenzollern nach dem Ersten Weltkrieg abdanken musste. Anschließend wurde das Haus als Kunstgewerbemuseum genutzt, aber auch für Staatsbankette der Weimarer Republik. Den Zweiten Weltkrieg überstand es glimpflich. Es war ausgebrannt, aber die Mauern blieben größtenteils erhalten. 1950 ließ die DDR-Führung das riesige Bauwerk sprengen, weil sie mit dem Zeugnis alter preußischer Herrlichkeit nichts mehr zu tun haben wollte.

1976 wurde an dieser Stelle der Palast der Republik eröffnet – sowohl Sitz der Volkskammer der DDR als auch Volkshaus beziehungsweise öffentliches Kulturhaus mit umfangreicher Gastronomie. 1990 wurde das Gebäude geschlossen, weil es mit Asbest belastet war. Es erhoben sich rasch Stimmen, die seinen Abriss forderten, um hier wieder das fürstliche Schloss zu rekonstruieren. Für viele Bürger, zumal im Westen, war der Palast der Republik nicht von einnehmender Bedeutung.

Auf Initiative Wilhelm von Boddiens und des von ihm gegründeten Fördervereins zum Wiederaufbau des Berliner Schlosses wurde 1993/94 eine maßstabsgetreue Schlossfassade aus bemalten Kunststoffbahnen auf dem Areal vor dem Palast der Republik aufgebaut. Das Bild prägte sich im Gedächtnis vieler Bürger ein und bedeutete eine Vorentscheidung für die Rekonstruktion des Schlosses. Im Jahr 2000 entwickelte der damalige Präsident der Stiftung Preußischer Kulturbesitz, Klaus-Dieter Lehmann, den Plan, die außereuropäischen Sammlungen der Staatlichen Museen zu Berlin in einem Neubau des Berliner Schlosses zu präsentieren und das Haus »Humboldt Forum« zu nennen. Begleitet vom Generaldirektor der Staatlichen Museen zu Berlin, Peter-Klaus Schuster, trug Lehmann seine Vision dem Berliner Senator für Stadtentwicklung, Peter Strieder, vor.

Ein Jahr später schloss sich der Staatsminister für Kultur und Medien, Julian Nida-Rümelin, diesen Plänen an. Von einer Expertenkommission wurde noch im selben Jahr die Errichtung eines Gebäudes in der »Stereometrie des Schlosses« ins Auge gefasst, mit der Empfehlung der Rekonstruktion der drei Barockfassaden an der Nord-, West- und Südseite sowie des Schlüterhofes. 2002 stimmte der Deutsche Bundestag diesem Vorhaben zu. Sechs Jahre später gewann Franco Stella die Auslobung des Architektenwettbewerbs zur Wiedererrichtung des Berliner Schlosses als Humboldt Forum, das schließlich unter Mitwirkung des Büros Hilmer & Sattler und Albrecht von 2013 bis 2020 errichtet wurde. Seither erhebt sich ein imposantes Monument mit Innenhöfen, die von mehreren Seiten her begehbar sind. Von West nach Ost folgen dem großen Foyer mit Glasdach die Treppenhalle, die Passage, der Schlüterhof und die Spreeterrasse. Der weitläufige Gebäudekomplex gibt sich transparent und freundlich, eine Collage aus Barock und Moderne.

Dem Foyer schließen sich nach Norden hin große Säle für Vorträge, Tagungen und Kongresse an, nach Süden hin Räume für Sonderausstellungen. Im ersten Stock der Treppenhalle breitet sich der schönste gastronomische Raum des Hauses aus: das »Forum Café«, hell, klar, großzügig. Einen großen Teil des ersten Obergeschosses nimmt die Ausstellung »Berlin Global« ein. Im zweiten und dritten Obergeschoss sind das Ethnologische Museum und das Museum für Asiatische Kunst untergebracht. Mit Hilfe eines Fahrstuhls erreicht man die Dachterrasse mit dem Restaurant »Baret« – ein hübscher Ort mit guter Küche.

Es war nie darum gegangen, das Schloss in seiner Gänze zu rekonstruieren, samt der ursprünglichen Ausstattung. Das hätte nicht nur die Kosten der Rekonstruktion ins Unermessliche hochgetrieben, es wäre auch der Verdacht aufgekommen, zu sehr mit den ehemaligen Hausherren, den Hohenzollern, zu sympathisieren. Es bildete sich eine widersprüchliche, vielleicht sogar schizophrene Situation heraus: Eine

Mehrheit der Bürger wollte das Schloss zurückhaben, aber es sollte kein Schloss mehr sein – das Ergebnis einer gebrochenen deutschen Geschichte.

Es ging darum, im Herzen der Hauptstadt ein räumliches wie ideelles Vakuum zu füllen. Doch niemand wusste genau, wie und womit. Lediglich der Glanz älterer deutscher Kultur und Kunst sollte aufscheinen, als Erinnerung an das Amt der preußischen Könige und letzten deutschen Kaiser, nicht als Verklärung der Personen. Tatsächlich hatten die Hohenzollern die Chance vertan, Deutschland in eine konstitutionelle Monarchie zu verwandeln, in der ein frei gewähltes Parlament formell wie faktisch die entscheidende politische Kraft ist. Zwar hatte es seit der Reichsgründung von 1871 ein Parlament – den Reichstag – gegeben, aber der Kaiser verfügte nach wie vor über eine spätabsolutistische Machtfülle.

Der letzte Herrscher der Hohenzollern, Wilhelm II., war selbstgefällig und selbstverblendet. Er hielt unerträgliche chauvinistische Reden, dass selbst dem alten Fontane, der Preußen mit kritischer Sympathie betrachtete, »himmelangst« wurde. Innenpolitisch hielt der Imperator eisern an der Vorherrschaft von Krone, Adel und Militär fest. Er war weit davon entfernt, den Bürgerinnen und Bürgern auf Augenhöhe zu begegnen. Arbeiter galten ihm als gefährliche Klasse. Er trug durch seine undiplomatische Art erhebliche Mitschuld an der Katastrophe des Ersten Weltkriegs. Kronprinz Wilhelm und Prinz August Wilhelm biederten sich danach den Nationalsozialisten an.

Hinzu kam bei der Debatte um das Schloss, dass im Denken der klassischen Moderne der Begriff der »Rekonstruktion« ein Unwort war. Das Credo lautete: Das Neue sei das Bessere. Nur nichts Dekoratives, Pathetisches, sondern Zweckdienliches, Konstruktives: als Erlösung von allem Gewesenen. Post- oder Spätmoderne gaben sich vorsichtiger. Man war nicht allein auf das Neue fixiert, sondern dachte auch an das Erhalten. Das Mantra linearen Fortschritts war brüchig geworden. Die heutige Zeit denkt in mehrdeutigen, ambipolaren Strukturen. Man eignet sich das Traditionelle an, wenn es Sinn macht. Womöglich erleben wir gerade die Ambiguität romantischer Moderne.

Selbstverständlich ist das jetzige Dekor der Schlossfassade teils ein modernes Industrieprodukt, indem viele Steine maschinell bearbeitet wurden, aber eben nicht nur. Es entstand eine neuartige Mixtur aus Handwerk, Kunst und Industrie, die zu beeindrucken weiß. Die Aura der Schlossfassade vermittelt etwas von Tradition und Einzigartigkeit.

Wir leben in einer Zeit, die nach sinnvollen Bezügen sucht. Das Humboldt Forum bleibt im Wesentlichen ohne Bezug zur Fassade und erklärt sich nicht von selbst. Es erscheint nicht zwingend, dass sich in diesem Gebäude mit hochbarocker Hülle zwei Museen mit außereuropäischer Kunst befinden, Museen, die Ausgangspunkt sein sollen, um Weltkultur zu denken. Es ist, als tue man den zweiten Schritt vor dem ersten. Einem Schloss gemäß wäre es, zuerst Geschichte, Gastlichkeit und Lebensart zu entfalten, um sich auf diese Weise dem Gedanken des Kosmopolitischen zu nähern. Nichts Wohltuenderes, als an einem verstehbaren Ort zu sein.

Nur das Online-Selbst ist heute immer schon woanders, in Übersee, auf dem Mond oder sonst wo. Es wäre gut, das Konzept des Humboldt Forums mit der Schloss-Idee zu versöhnen, das Äußere und das Innere besser aufeinander abzustimmen. Das Haus sollte die Frage beantworten: Was heißt höfische Kultur? Die Antwort hätte etwas mit der Verfeinerung der Zivilisation zu tun.

Gerade das Museum für Asiatische Kunst im dritten Obergeschoss trägt schon einiges dazu bei, durch beeindruckende Zeugnisse älterer höfischer Kultur in Indien, China oder Japan. Fehlt nur noch zum Vergleich eine europäische Variante: am besten am Beispiel des höfischen Lebens im Berliner Schloss – in der Form von rekonstruierten Sälen, in denen die Festakte, Bankette und Bälle der Hofgesellschaft stattfanden.

Für Schlossbälle in heutiger Zeit wäre das große moderne Foyer mit den angrenzenden Sälen im Erdgeschoss ein ausgezeichneter Ort. Von

Bild 3: Feierlich: das Berliner Schloss von Nordwesten: mit der rekonstruierten Barockfassade nach Plänen von Franco Stella, ursprünglich errichtet um 1700 nach Entwürfen von Andreas Schlüter

jeher war der Hof eines Fürsten, Königs oder Kaisers ein gastlicher Ort: der Thron- und Ballsaal die Seele des Ganzen, weil Gastlichkeit die Menschen verbindet und Gemeinschaft schafft. An die Reihe der Festsäle schlossen sich ehemals die Wunderkammern an, als Kunstkammern mit ethnologischen Sammlungen.

Ohne die geheime Sehnsucht nach höfischem Glanz wäre nie eine Mehrheit zustande gekommen, die sich für die Rekonstruktion des Schlosses aussprach. Dieser Sehnsucht sollte man Rechnung tragen. Es wäre erfreulich, wenn im Schloss der Ball des Bundespräsidenten stattfände, als Zeichen dafür, dass der demokratische Staat in der Mitte von Berlin angekommen ist.

V

ROMANTISCHE MODERNE

So manches lässt sich Unter den Linden wie im Schloss noch verbessern. Sowieso war auch die alte Lindenpromenade nicht in einer einzigen Epoche aus dem Boden gestampft worden. Desgleichen wurden im Schloss viele Räume von Generation zu Generation umgestaltet. Auch der jetzige Boulevard und das jetzige Schloss werden sich verändern. Ältere Formen der Lebensart lassen sich wiederentdecken – Künste aus vorindustrieller Periode für die nachindustrielle Gesellschaft. Es wird Überarbeitungen der Konzepte geben unter den Stichworten unserer Vergangenheit, Gegenwart und Zukunft: grünes Leben, Gesundheit, Freundlichkeit, Urbanität, Toleranz, Gemeinsinn, Persönlichkeit, Handwerk, Kunst, Industrie, Wissenschaft, Bildung, Komfort, Mode, Gastronomie: als ein Ineinander von materiellen, sozialen und geistigen Gütern, sachlicher Eleganz und gediegener Noblesse.

DIE ERFINDUNG DER LINDEN: 1647 BIS 1933

Der geebnete Weg

Während in Deutschland der Dreißigjährige Krieg tobte, stieg Holland zu einer führenden europäischen Seemacht auf und erlebte ein »goldenes Zeitalter«. Der oberste Beamte war der Statthalter, ein Prinz Friedrich Heinrich von Nassau-Oranien, der in Den Haag residierte. Er hatte gewisse monarchische Befugnisse im Rahmen einer freiheitlich-republikanischen Verfassung. Der brandenburgische Kurprinz Friedrich Wilhelm war mit ihm verwandt und wurde mitten im Krieg zur Erziehung nach Holland geschickt. Während der Kurprinz zunächst in Leiden, dann in Arnheim von seinen Hofmeistern unterrichtet wurde, besuchte er immer wieder seinen Vetter in Den Haag und war beeindruckt von der höfischen Pracht. Es gab hier bereits eine Lindenallee als repräsentative Promenade, die »Lange Voorhout«, von Kaiser Karl V. angelegt.

Friedrich Wilhelm, der spätere Große Kurfürst, hielt sich vier Jahre in Holland auf, von 1634 bis 1638, bevor er mit achtzehn nach Berlin zurückkehrte. Er träumte davon, selbst einmal als Regent eine königsähnliche Position einzunehmen und seine Residenz an der Spree auszubauen: quasi als ein neues Den Haag. Unbeabsichtigt schleppte er mit dieser Vision den Keim des Freiheitlich-Republikanischen und Bürgerlich-Behaglichen nach Berlin ein, einen Keim, der bald unter dem Namen »Spree-Athen« an Wirkkraft gewann.

Friedrich Wilhelm wurde 1642 Kurfürst. Vier Jahre später reiste er erneut nach Den Haag, um dort Prinzessin Luise Henriette von Oranien-Nassau zu heiraten. Vorläufig residierte das Paar in Kleve, dem Hauptort der niederrheinischen Provinzen, die die Hohenzollern kurz vor dem Dreißigjährigen Krieg geerbt hatten. Von hier aus schickte Friedrich Wilhelm Anordnungen nach Berlin, die die Verschönerung des Regierungssitzes in die Wege leiten sollten. Nachdem er zuerst die Umwandlung des Lustgartens in eine geometrisch geordnete Barockanlage veranlasst hatte, folgten 1647 Instruktionen für die Anlage einer Lindenallee, die vom Schloss aus westlich bis zum Tiergarten führen sollte.

Berlin zählte um 1650 lediglich 10 000 Einwohner und war mit anderen europäischen Machtzentren wie Rom, Venedig oder Paris nicht zu vergleichen. Die Dynastie der Hohenzollern hatte zwar kurz vor dem Dreißigjährigen Krieg durch Erbschaften und Verträge neben Brandenburg bedeutende Gebiete hinzugewonnen, Ostpreußen, Teile Pommerns, niederrheinische Lande, aber der Machtzugewinn war keineswegs gesichert. Dieser musste zäh behauptet werden. Kurfürst Friedrich Wilhelm sah sich gezwungen, ein stehendes Heer zu unterhalten, das enorme Summen verschlang. Die finanziellen Mittel, Berlin mit beeindruckenden Bauwerken zu schmücken, waren begrenzt. Aber mit gärtnerischen Maßnahmen, so die Überlegung, lasse sich womöglich auch Effekt machen und neue Grandeur gewinnen.

In einem Brief vom April 1647 an den Kammerpräsidenten von Arnim erwähnt der Kurfürst das Linden-Projekt erstmals: »Uns ist dasjenige so Ihr wegen unsers Lustgartens alß auch Pflanzung der Nuß- und Lindenbeume zu Anrichtung einer Gallerie von der Hundebrücke biß an den Thiergarten underthenigst berichten wollen, mit mehrem der Gebür nach fürgetragen worden.« Bemerkenswert war der Begriff der »Galerie«, womit der Kurfürst den repräsentativen Charakter einer Allee aus Nuss- und Lindenbäumen unterstrich.

Im genannten Brief fuhr er fort: »Wir laßen unß auch euren Vorschlag wegen Complanirung der tiefen und erhöhten Örter in Gnaden wohl gefallen, und werdet ihr denselben den Sommer über werckstellig zu machen und der geschlagenen Schnur gemeß die Gegend in eine gleiche Verhöhung bringen zu laßen, auch bestes Fleißes angelegen seyn laßen.« Auf dem sandigen, flachwelligen Gelände sollte ein schnurgerader, geebneter Weg entstehen, prachtvoll beschattet – als Symbol einer neuen Epoche großzügigen Planens und kulturellen Aufschwungs.

Das kurfürstliche Schloss, das baulich der Spätgotik und Renaissance angehörte, lag bis dahin am nordwestlichen Rand der Doppelstadt Berlin-Cölln. Von hier aus sollte die neue Allee nach Westen führen und vorläufig knapp einen Kilometer lang sein. Der Gedanke, dass dieser galerieartige höfische Reitweg zum Tiergarten zukünftig die zentrale Achse einer Stadterweiterung sein werde, mag bei der Anpflanzung der Bäume im Jahr 1647 bereits mitgespielt haben.

Eine Vedute der Kurfürstlichen Residenz Berlin-Cölln, die um 1652 von Caspar Merian angefertigt wurde, zeigt rechts im Vordergrund bereits die neue Baumallee, die von Westen her auf den Schlossbereich zuläuft, links sieht man Berlin, rechts Cölln, als Doppelstadt Berlin-Cölln mit Schloss. Der reichgegliederte, turmhohe Ort wirkt noch spätgotisch, während die lange gerade Linie der Allee bereits barock anmutet und als selbstbewusste fürstlich-absolutistische Geste erscheint.

Da die Allee einem älterem Jagdweg folgte, lief sie nicht streng achsial auf den Schlossbereich zu, sondern im offenen Winkel, was ihr eine gewisse Eigenständigkeit gegenüber dem Schloss verlieh. Ohnehin konnte Berlin nur dann an Bedeutung gewinnen, wenn es ein gewisses Maß an Freiheit bot. Kurfürst Friedrich Wilhelm entschied sich für religiöse Toleranz, um Glaubensflüchtlinge nach Berlin zu locken und die Einwohnerzahl zu erhöhen. Zuerst kamen Calvinisten aus Holland, dann durften sich wohlhabende Juden aus Wien und Schlesien an der Spree ansiedeln, später Hugenotten aus Frankreich. Gewisse Formen von Liberalität und Laissez-faire wurden zu einem Lebensgesetz der Stadt nach 1650.

Vorläufig stockte jedoch das Wachstum der Stadt. Der Kurfürst führte immer wieder Kriege, um die Gebietsgewinne aus der Zeit kurz vor dem Dreißigjährigen Krieg zu sichern. Zudem fasste er 1658 den Ent-

Bild 4: Vedute der Kurfürstlichen Residenzstädte Berlin und Cölln mit neuer Lindenallee, von Nordwesten aus betrachtet, Kupferstich von Caspar Merian, um 1652

schluss, Berlin in eine barocke Festung zu verwandeln. Die Stadt wurde mit einem neuen breiten Wall geschützt, der die Lindenallee vorläufig zerschnitt – der kürzere östliche Teil blieb innerhalb des Walls und büßte seinen Baumbewuchs ein. Das Areal um den westlichen Teil der Allee ließ Friedrich Wilhelm leicht befestigen, damit dort ein neuer Stadtteil entstehen konnte. 1670 schenkte er dieses Gebiet seiner zweiten Frau, Dorothea, die sofort Bebauungspläne in Auftrag gab. Die Dorotheenstadt entstand.

Von 1650 bis 1680 hatte sich die kurfürstliche Residenz und Doppelstadt Berlin-Cölln einschließlich der neuen Teile lediglich um 7000 Einwohner vermehrt und war auf 17000 Bewohner angewachsen. Erst während der letzten Regierungsjahre Friedrich Wilhelms änderten sich die Zuwachsraten – erst recht seit 1688, als Kurfürst Friedrich III. das

Zepter in die Hand nahm, unterstützt von seiner Frau Sophie Charlotte. Die Lande der Hohenzollern erlebten eine weitgehende Friedenszeit, in der Dinge gedeihen konnten. Das neue Herrscherpaar war mehr am höfischen Leben und an kultureller Blüte interessiert als an militärischer Ehre. 1709 zählte Berlin schließlich 56 000 Einwohner und war nach damaligen Maßstäben eine Großstadt, in deutschen Landen nur noch übertrumpft vom kaiserlichen Wien und von der Freien Reichs- und Hansestadt Hamburg.

Kurfürst Friedrich III., der sich seit 1701 König Friedrich I. in Preußen nannte, stand in späterer Zeit bei preußischen Geschichtsschreibern nicht hoch im Kurs, weil er als Kurfürst und König das höfische Prunkleben des französischen Sonnenkönigs in Versailles nachahmte. Selbst sein Enkel, Friedrich II., machte in seinen *Denkwürdigkeiten der Geschichte des Hauses Brandenburg* mit seinem Großvater kurzen Prozess: »Er war klein und verwachsen (…). Er verwechselte Eitelkeiten mit echter Größe, Ihm lag mehr am blendenden Glanz als am Nützlichen, das bloß gediegen ist.« Bis heute zitieren Autoren, die Friedrich I. charakterisieren möchten, diese Stelle. Immer noch geht man der Geschichtsschreibung Friedrichs II. auf den Leim.

Bemerkenswerterweise blühte aber gerade unter Friedrich I. Berlin auf. Ein reich entwickeltes Hofleben zog Handwerker, Kunsthandwerker, Künstler, Gelehrte und Philosophen an. Brandenburg-Preußen wurde von innen her verwandelt. Es gewann nun an kultureller Kompetenz, die für die Zukunft bedeutender war als die militärische.

Schon der Große Kurfürst hatte nach dem Dreißigjährigen Krieg den Anspruch erhoben, eine königsgleiche Position einzunehmen, weil er quer durch Deutschland begütert war. Sein Sohn, Kurfürst Friedrich III., hielt es für geboten, tatsächlich den Königstitel zu erlangen, und zwar nicht mit Gewalt, sondern mit Geduld und Diplomatie. Als der Kaiser ihn um militärische Hilfe im Spanischen Erbfolgekrieg bat, sagte Friedrich Unterstützung zu, unter der Bedingung, dass er fortan den Königstitel führen durfte. Der Kaiser willigte ein, verlangte jedoch, dass sich der Königstitel auf ein Gebiet außerhalb des Reiches bezog: auf Ostpreußen. Fortan sollte der Name Preußen der einigende Begriff für alle Gebiete sein, die den Hohenzollern unterstanden. Brandenburg-Preußen gewann durch das Königtum an politischer Stabilität – und nach den Regeln der Zeit musste dieses Königtum angemessen in Szene gesetzt werden. Das Berliner Schloss sollte nicht länger Stückwerk sein, sondern eine einheitliche, monumentale Gestalt erhalten. Schon in den frühen 1690er Jahren wurden entsprechende Versuche unternommen, ohne dass die Baumeister den Regenten überzeugen konnten.

Ein Bildhauer, Andreas Schlüter, stach die Architekten aus. Er hatte bereits am Bau des Zeughauses am östlichen Beginn der Lindenallee mitgearbeitet. 1698 legte er ein Schlossmodell vor, das den Gefallen des Herrschers fand. Es sollte eine kompakte vierseitige Anlage mit Innenhof entstehen, später Schlüterhof genannt. Dafür wurden Teile des Schlosses abgerissen und neue Trakte hinzugefügt. Am Ende schien es, als sei ein völlig neues Schloss entstanden, das die Erhebung des Kurfürsten von Brandenburg zum König in Preußen zum Ausdruck brachte. Klare Umrisse mit nobler horizontaler Dachlinie beruhigten den Bau und verliehen ihm Majestät, belebt von zwei großen Portalen, einmal südlich zum Schlossplatz hin, einmal nördlich zum Lustgarten hin, in Sichtweite zur Lindenmeile.

Schlüter hatte ein untrügliches Gespür für prachtvolle Proportionen. Am Portal der südlichen Schauseite – heute Portal I – strebten links und rechts über einem Sockelgeschoss gedoppelt Säulen kraftvoll und dynamisch nach oben, wiederum gebändigt vom lastenden horizontalen Gebälk. Einander widerstrebende Elemente, Bewegung und Ruhe, wurden aufeinander bezogen und ausbalanciert: als Symbol des guten königlichen Regiments.

Schlüter war als Bildhauer in Danzig ausgebildet worden und eine Zeitlang am Hof des polnischen Königs Jan III. Sobieski beschäftigt gewesen, bis er 1694 vom brandenburgischen Kurfürsten angeworben wurde. Am katholischen Hof in Warschau arbeiteten damals mehrere italienische Künstler. Wahrscheinlich hatte Schlüter bereits von Warschau aus eine Reise nach Rom unternommen. Tatsächlich reiste er 1696 auf Kosten des Berliner Hofes nach Italien. Eine zweite Reise, ebenfalls vom Berliner Hof finanziert, führte ihn vermutlich nach Paris. Schlüter war ein Mann von Welt, bestens vertraut mit der europäischen Baukunst seiner Zeit.

Später gab es Zweifel, ob ihm mit seinem Schlossmodell von 1698 wirklich der entscheidende Wurf gelungen war – oder ob nicht in diesem Modell schon Anregungen anderer Baumeister steckten. Allem Anschein nach war aber Schlüter der kreative Kopf – und Friedrich I. war mutig genug, einem Bildhauer, der die Architektur im Selbststudium erlernt hatte, die Verantwortung für den wichtigsten Bau in Brandenburg-Preußen zu übertragen. Eines der beeindruckendsten königlichen Schlösser im damaligen Europa entstand.

Im Schlossbereich wuchs auch ein hoher Turm empor. Als statische

Probleme auftraten und sich gefährliche Risse zeigten, wurde der Turm wieder abgetragen. Schlüter verlor daraufhin seinen Posten als Schlossbaumeister, blieb aber Hofbildhauer. Nach Plänen seines Nachfolgers, Johann Friedrich Eosander, entstand nach 1706 neben dem Schlüterhof ein zweiter Schlosshof, der westliche Eosanderhof. Die Größe des Schlosses verdoppelte sich damit, doch an der Bauweise veränderte sich wenig. Die einheitliche Fassadengestaltung sollte bewahrt bleiben.

Es erhob sich ein kolossales Monument königlichen Glanzes. Das Bauwerk setzte Maßstäbe für den Ausbau Berlins. Vermutlich hatte aber bereits die Lindenallee Einfluss auf die Planung des Schlosses genommen. Denn die Residenz musste sich gegenüber der breiten und langen Lindenachse behaupten. Schloss und Lindenmeile bildeten fortan in Berlin die entscheidenden architektonischen Rhythmen, klar und ansprechend, würdevoll und großstädtisch.

Die noble horizontale Dachlinie des Schlosses – noch ohne Kuppel über dem Westportal – übertrug sich auf die Lindenallee und ihre Bauten: die Waagrechte als Symbol des Irdischen und Weltzugewandten, als Garant wohltuender Proportionen mit menschlichem Maß. Schloss und Lindenachse vermittelten ein berauschendes Gefühl von Weite und Großzügigkeit.

Reisebeschreibungen aus der Zeit um 1700 berichteten davon, dass die Menschen in Berlin nicht schlecht lebten, zumal jene, die vom Aufblühen des Hofes profitierten. Schon 1696 hatte sich der Italiener Alessandro Bichi an der Spree aufgehalten. Allgemein bemerkte er über Berlin, dass es eine zahlreiche Einwohnerschaft habe, die immer mehr zunehme, gerade deshalb, »da das Volk besser als von andern Fürsten behandelt wird«. Bichi lernte die Dorotheenstadt kennen und entdeckte die Lindenallee, »auf der man im Sommer lustwandelt: auch die Kurfürstin erscheint da«.

Bichi bescheinigte dem Kurfürstenpaar guten Geschmack: »Im Palast ist die Wohnung des Kurfürsten sehenswert, die reich ist an Möbeln und an Gemälden berühmter italienischer Maler, sowie die schön ausgestattete, aber aus kleinen Zimmern bestehende Wohnung der Kurfürstin.« Diese Gemächer befanden sich dort, wo sie auch nach dem Umbau des Schlosses noch waren: im Ostflügel des Schlüterhofes. Man durchschritt das prachtvolle Portal und gelangte ins Treppenhaus – wo sich heute der Skulpturensaal befindet. Wenn der Gast im zweiten Obergeschoss ankam, musste er warten, bis er empfangen wurde. Nördlich reihten sich die Apartments des Kurfürsten und setzten sich im Nordflügel fort, mit Blick auf den Lustgarten, südlich kam man in die Zimmer der Kurfürstin.

Bichi wurde sowohl an die Tafel Friedrichs als auch an die Sophie Charlottes eingeladen. Gekocht wurde nach der neuesten Mode, »à la française«. Die Gerichte verfügten, so Bichi, über »ausgezeichneten Wohlgeschmack«. Nicht zuletzt beeindruckte ihn die kosmopolitische Art Sophie Charlottes: »Sie ist von ausnehmender Liebenswürdigkeit und erweist Ausländern, besonders den Italienern, manche ehrenvolle Auszeichnung.« Unterschiedliche Künste, Malerei, Möbelkunst, Kochkunst, Service, Konversation und Musik spielten im Tafelzimmer zusammen und hinterließen nachhaltige Eindrücke: »Der hiesige Hof wird für einen der glänzendsten in Europa gehalten.«

An der Lindenallee war noch in der Regierungszeit des Großen Kurfürsten und seiner Frau Dorothea ein großes höfisches Gebäude außerhalb des Walls errichtet worden, der kurfürstliche Marstall, dort, wo heute die Staatsbibliothek Unter den Linden steht. Es handelte sich beim Marstall um ein eingeschossiges, vierseitiges Bauwerk mit großem Innenhof. In den Ställen ringsum gab es Platz für 200 Pferde. Auf Initiative von Sophie Charlotte nutzte man nach 1688 den großen Innenhof als Theaterkulisse, als sommerliches Freilufttheater für Schauspiel, Ballett und Oper. Winters wurde hier temporär ein Theaterbau aus Holz errichtet. Unter den Linden zogen die Musen und Grazien ein.

Schließlich beschloss man, nach Pariser Vorbild hier eine Akademie der Künste unterzubringen. Der Marstall wurde zur Lindenseite hin um ein Geschoss erhöht, damit die Akademie dort ihr Domizil finden konnte. 1696 erfolgte die offizielle Gründung der Einrichtung, kurze Zeit später erhielt sie den ausführlichen Namen »Akademie der Künste und der mechanischen Wissenschaften«. Freie und angewandte Künste sollten sich unter einem Dach vereinen. Die Ausbildung der Maler und Bildhauer wurde vom Einfluss der Zünfte befreit und unterstand unmittelbar dem Staat, sprich dem führenden Minister des Kurfürsten. Daneben erfolgte im Jahr 1700 die Gründung der »Akademie der Wissenschaften«, die vorläufig in einem neuen rückwärtigen Trakt der Marstalls Platz fand. Eine solche Akademie war etwas Neues und stand in Konkurrenz zu den Universitäten, wo die Wissenspflege noch verschulter war. Der bedeutende Philosoph und Universalgelehrte Gottfried Wilhelm Leibniz wurde zum ersten Präsidenten dieser Akademie ernannt. Sein Motto lautete: »theoria cum praxi«, Theoriebildung mit praktischer Anwendung. Ob Kunst, ob Wissenschaft, das eine wie das andere sollte in Berlin einen gewissen sachlichen, nützlichen Einschlag haben.

Friedrich und Sophie Charlotte wurden schon zu Lebzeiten als die Gründer von Spree-Athen gefeiert. In einer Festschrift zum 200-jährigen Bestehen der brandenburgischen Universität in Frankfurt an der Oder im Jahr 1706 dichtete Erdmann Wircker: »Daß ganz Europa nicht von einem Fürsten hört! / Der so der Künste Kern als König Friedrich liebet. / Die Fürsten wollen selbst in deine Schule gehen / Drumb hastu auch für Sie ein Spree-Athen gebauet.« Insbesondere das majestätische Berliner Schloss sowie die breite und lange Lindenallee – diesseits und jenseits der barocken Wallanlage – verkörperten Spree-Athen, dazu bald auch der Tiergarten und das Schloss Charlottenburg.

Schon 1695 hatte Sophie Charlotte von ihrem Mann westlich von Berlin das Dorf Lietze mit großem Grundbesitz ringsherum erhalten. Sie ließ sich dort eine Sommerresidenz errichten, dessen Kernbau sie vier Jahre später bezog und in einen Musenhof verwandelte. Der Landsitz wurde Schritt für Schritt weiter ausgebaut und nach dem Tod der Regentin Schloss Charlottenburg genannt.

Auch hier entstand eine Akademie: eine »Académie champêtre«, eine »ländliche Akademie«. Nicht das Studium in der Stube sollte hier maßgebend sein, sondern das Gespräch im Freien: im Garten und Park von Schloss Charlottenburg. Die Pflege des Wissens sollte sich mit der »monde«, mit dem Ton der vornehmen Welt, des Weltläufigen und Konzilianten verbinden.

Vorbild für den Musenhof in Charlottenburg war der Hof Königin Christinas von Schweden, insbesondere, nachdem sie als regierende Königin abgedankt hatte. Sie zog nach Rom und gründete dort 1674 die »Accademia Reale«. Mitglieder dieser Akademie gehörten später zum Zirkel von Sophie Charlotte, wie der Diplomat Ezechiel Spanheim. Für Sophie Charlotte war es die vornehmste Aufgabe des Wissens, dass es einen netten Umgang mit Menschen lehrt. Sie schätzte »Konversation« und »angenehmes Benehmen«, »les agréables manières« – und förderte damit das neue Lebensgesetz von Berlin: Weltoffenheit, Toleranz, freier Gedankenaustausch, Geselligkeit, Genuss.

Berlin war ein Ort, der von Natur aus nicht dafür gemacht schien, eine Metropole zu werden. Die Stadt lag am Rand des Reiches, weit im Nordosten, auf Sand gebaut, ohne besondere Naturschätze, ohne bedeutende Fluss- und Handelsverbindungen, ohne liebliche Hügelreihen und Berge. Ausgerechnet dieses entlegene, wenig bemittelte Berlin sollte die zukünftige Hauptstadt der Deutschen werden! Das war nur möglich, wenn die Stadt geistig-künstlerische Kräfte entwickelte, die man andernorts nicht kannte – wenn man also dementsprechende Institutionen schuf: peu à peu ein boulevardeskes Leben mit Akademien, Salons, Cafés, Universität, Kunstmuseen. Phasenweise leistet sich Brandenburg-Preußen einen überdimensionierten militärischen Apparat, aber im Kern war es, mit einigem Weh und Ach, die intellektuelle und künstlerische Fortune, die Berlin groß machte.

Zur »Académie champêtre« von Sophie Charlotte gehörten Hofda-

Bild 5: Mitgründerin von Spree-Athen: Kurfürstin Sophie Charlotte von Brandenburg, um 1690, seit 1701 zugleich Königin in Preußen, porträtiert von Gedeon Romandon

men, Kavaliere, Diplomaten, Künstler, Gelehrte und Philosophen, darunter Gottfried Wilhelm Leibniz, ein besonders gern gesehener Gast. 1699 teilte die Kurfürstin ihm mit, »dass Sie mich von jetzt an als eine Ihrer Schülerinnen ansehen können, als eine derjenigen die Sie schätzen und Ihr Verdienst achten«.

Leibniz empfahl der Kurfürstin-Königin die Lektüre bedeutender europäischer Autoren, von der Antike bis zur Gegenwart, von Lukrez bis John Locke – und sie diskutierten dann im Schlosspark über diese Autoren. Aus solchen Gesprächen ging Leibniz' Werk *Versuche in der Theodicée über die Güte Gottes, die Freiheit des Menschen und den Ursprung des Übels* hervor. Mit Leibniz, Sophie Charlotte und Friedrich I. kehrte Frühaufklärung in Berlin ein.

Die Pfade der Aufklärung waren allerdings holprig an der Spree. Der Nachfolger und Sohn des preußischen Herrscherpaares, Friedrich Wilhelm I., der 1713 den Thron bestieg, war aus anderem Holz geschnitzt als seine Eltern. Voller Energie, verwandelte er das musische Spree-Athen in ein soldatisches Spree-Sparta. Für ihn stand militärische Ehre höher als kulturelle Kompetenz.

Mit einer Radikalität sondergleichen drosselte er das höfische Leben. Die hohen Beamten, Oberkämmerer, Hofmarschall oder Oberzeremonienmeister wurden degradiert oder entlassen. Künstler, Musiker, Sänger, Schauspieler wurden ebenfalls entlassen oder in die Armee gesteckt. Die Hoflieferanten gingen bankrott, weil sie ihren wichtigsten Auftraggeber verloren. Die Akademien erhielten nur noch spärliche finanzielle Mittel. Aus dem Lustgarten wurde ein Exerzierplatz.

Die Musen und Grazien flohen aus Berlin, während der Kommisston in die Stadt einzog. Friedrich Wilhelm I. rüstete auf. Die Zahl der preußischen Soldaten stieg von 40 000 auf 80 000. Berlin wurde zur Garnisonstadt, wobei die Soldaten vorläufig nicht in Kasernen, sondern in privaten Häusern einquartiert wurden. Das soldatische Milieu drang in das Leben der Bürger ein.

Nicht, dass diese Aufrüstung notwendig gewesen wäre, nein, sie entsprach der persönlichen Neigung des jungen Königs. Nichts sei schöner, meinte er, als eine gut funktionierende Armee. Er war besessen von dem Wahn, dass alle Menschen nach seiner Pfeife tanzen sollten. Es war vorbei mit dem Lustwandeln unter den Linden. Voltaire, der mit den Berliner Verhältnissen vertraut war, erklärte in seinen Memoiren: »Wenn Friedrich-Wilhelm die Parade abgenommen hatte, spazierte er durch seine Stadt; jedermann ergriff schleunigst die Flucht: wenn er einer Frau begegnete, fragte er sie, warum sie ihre Zeit auf der Straße vertrödle: ›Scher dich heim, Weib; eine anständige Frau gehört ins Haus‹. Und er begleitete diese Ermahnung mit einer saftigen Ohrfeige, mit einem Fußtritt in den Bauch oder mit ein paar Stockschlägen.« Selbst Friedrich II. sagte später im Gespräch mit Henri de Catt über seinen Vater: »Er ließ nicht mit sich spaßen, (…) wer ihm bei schlechter Laune unglücklicherweise in die Quere kam, (den) bedachte er plötzlich mit Stockhieben und Tritten in den Hintern.«

Gekocht wurde bei Hofe nicht länger à la française. Der König liebte deftige Hausmannskost, gepökeltes Schweinefleisch mit Sauerkraut. Feine teure Weine, die im Schlosskeller lagerten, wurden verkauft. Friedrich Wilhelm I. trank lieber Bier in ordentlichen Mengen. Zwar schätzte er auch Austern und Hummer, doch diese kostspieligen Importwaren sollten ihm seine Minister oder die akkreditierten Gesandten servieren, wenn sie ihn aus Gründen der Diplomatie zum Essen einluden. Feinschmeckerei sollte nicht länger die königliche Schatulle belasten.

Eine gewisse Mäßigung des barocken Hoflebens lag im Zug der Zeit. Doch die Art und Weise, wie Friedrich Wilhelm I. sparte, stellte eine neue Form von Maßlosigkeit dar. An seinen Sohn, den Thronfolger, schrieb er: »Fritz, denke an das, was ich dir sage, (…) halte dich an das Reelle. Halte immer auf eine gute Armee und auf Geld, darin besteht die Ruhe und Sicherheit eines Fürsten.«

Künstler und Gelehrte wurden verhöhnt. Dem alten Dessauer, dem Erfinder des preußischen Drills, schrieb der König im Jahr seiner Thronbesteigung: »Die hiesigen Blackschisser (sprich Tintenkleckser und Schriftsteller), die sagen, mit der Feder wollen sie dem König Land und Leute schaffen, und ich sage, mit dem Degen oder er kriegt nichts.« Friedrich Wilhelm I. gab sich der Illusion hin, dass einfache Lösungen auf der Grundlage von Gewalt mehr bewirken als komplexe Lösungen auf der Grundlage von Besonnenheit und Maß. Besonderen Erfolg hatte er damit nicht.

Berlins Wachstum verlangsamte sich – und Bewohner, die neu hinzukamen, waren größtenteils Soldaten oder Arbeiter in Manufakturen, die das Militär versorgten. Während das Volk kaum noch etwas zu lachen hatte, gerieten die königlichen Familienverhältnisse aus den Fugen. Die älteste Tochter Wilhelmine schilderte später als Markgräfin von Bayreuth in ihren Memoiren das trostlose und fürchterliche Hofleben unter ihrem Vater. Die eigenen Kinder verprügelte der König höchstpersönlich. Der älteste Sohn und Thronfolger, Fritz, der spätere Friedrich II., versuchte, aus Preußen zu fliehen. Selbst als die Flucht misslang, ließ er sich vom Vater geistig nicht vereinnahmen.

Eine Zeitlang schien es, als trete Fritz – zunächst als Kronprinz, dann als König Friedrich II. – in die Fußstapfen seiner Großmutter Sophie Charlotte. Auch wenn er sie nicht mehr persönlich kennengelernt hatte, so wurde er doch eine Zeitlang von einer Hofdame seiner Großmutter erzogen. Er wollte ein »honnête homme« sein, ein ehrlicher, ehrenhafter und anständiger Herr, gebildet und beredt, elegant und weltläufig – das Gegenteil von seinem Vater.

So wie Schloss Charlottenburg für die Großmutter, so sollte Schloss Rheinsberg im Nordwesten der Mark Brandenburg für ihn als Kronprinz ein Musenhof sein, wo Künste und Wissenschaften gediehen. Mit einem der dortigen Kavaliere ging er sogar so etwas wie eine Freundschaft ein, mit Baron Georg Wenzeslaus von Knobelsdorff. Dieser war zunächst preußischer Offizier gewesen, widmete sich dann aber der Malerei und Architektur. Der preußische Hofmaler Antoine Pesne wurde sein Lehrer, während er sich die Baukunst im Selbststudium beibrachte.

Friedrich schickte Knobelsdorff von Rheinsberg aus nach Italien, damit er in Venedig, Rom und Neapel seine Kenntnisse der Malerei und Architektur vertiefen konnte. Gemeinsam schmiedeten sie Pläne für den Umbau von Schloss Rheinsberg, das ein »Sanssouci« werden sollte, ein heiterer Ort ohne Sorgen. Zwischendurch schloss sich für Knobelsdorff noch eine Reise nach Frankreich an. Man dachte auch über Bauprojekte in Berlin nach, die begonnen werden sollten, sobald Friedrich auf dem Thron säße. Als dieser 1740 König wurde, wurde Knobelsdorff zum »Directeur en chef aller Bauten in den sämtlichen Königl. Provinzen« ernannt.

Ohne Zögern nahm Knobelsdorff in und um Berlin bedeutende Vorhaben in Angriff: den Bau einer Oper Unter den Linden, die Verwandlung des Tiergartens in einen öffentlichen Park, »le parc de Berlin«, sowie den Ausbau von Schloss Charlottenburg, das als neue königliche Hauptresidenz und neues Sanssouci auserkoren worden war. Berlin sollte sich von einem Spree-Sparta wieder in ein Spree-Athen verwandeln, entlang der Achse Lindenallee, Tiergarten, Schloss Charlottenburg.

Zuvor schon, in den letzten Regierungsjahren Friedrich Wilhelms I., um 1737, war die Lindenallee nach Westen hin geringfügig verlängert und mit einem quadratischen Platz abgeschlossen worden, dem »Quarré«, später Pariser Platz genannt. Zugleich hatte man die barocke Wallanlage, die Berlin umzog und die Lindenallee zerschnitt, geschliffen. Die Promenade war nun, von der Hundebrücke – die später durch die Schlossbrücke ersetzt wurde – bis zum Brandenburger Tor rund eineinhalb Kilometer lang und sechzig Meter breit, im westlichen Teil, ab dem Marstallgebäude mit den Akademien, mit schattigen Lindenreihen bepflanzt.

Als Knobelsdorff 1753 verstarb, verfasste Friedrich II. eine Gedenkrede auf ihn, die er in der Akademie der Wissenschaften verlesen ließ. Demnach beschäftigte sich Knobelsdorff 1740 zuerst mit der Umgestaltung des Tiergartens. Der Künstler liebte die unberührte Landschaft der Mark Brandenburg. Er hatte sie in Rheinsberg als Maler entdeckt und gewürdigt. Er schätzte die sanften, leicht welligen, zarten Umrisse, den ruhigen Zauber, der darin lag. Eine Umgestaltung des Tiergartens im Sinne einer geometrisch geordneten, barocken Anlage kam für ihn nicht in Frage. Es sollten nur leichte Eingriffe sein, die das natürlich Vorhandene mit den Mitteln der Kunst heben.

Am Großen Stern stellte Knobelsdorff ein kreisrundes Ensemble von Sandsteinfiguren auf, die antike Götter und Göttinnen darstellten, darunter Bacchus und Flora. Der Berliner Volkswitz nannte diese Figuren »Puppen«, wovon wiederum die Redewendung »bis in die Puppen« abgeleitet wurde, für Geschehnisse, die sich zeitlich lang hinzogen. Denn wer vom Berliner Schloss aus über die Lindenallee bis zum Großen Stern und wieder zurück spazierte, brauchte dafür ein paar Stunden – ein ausgedehnter Sonntagsausflug.

Noch verlockender aber wurde für die Berliner ein anderer Spazierweg in den Tiergarten hinein. Er führte vom Brandenburger Tor nordwestlich zum »Kurfürstenplatz« beziehungsweise »Zirkel«. Dieser Zirkel war 1740 schon vorhanden, als ein Halbkreis ohne Baumbewuchs, offen nach Norden, zur Spree hin. Im Idealfall konnte man dort in einen Kahn steigen und bis Schloss Charlottenburg fahren. Hier an diesem Zirkel sollte nun eine arkadische Situation entstehen, ein Locus amoenus, ein lichter Hain, ein lieblicher Ort, ähnlich wie auf Gemälden von Watteau oder Lancret, die Feste oder Liebesfeste im Freien zeigen – auf Bildern, die Friedrich II. sammelte. Knobelsdorff stellte als Anziehungspunkt des Zirkels in die Mitte die Figur der Pomona auf, die Göttin der Baumfrüchte. Auch sorgte man für Zelte am Nordostrand des Platzes, wo es Erfrischungen für die Spaziergänger gab. Bald kamen weitere gastronomische Zelte hinzu, entlang eines Weges, der nordöstlich aus dem Zirkel hinausführte und den Namen »In den Zelten« erhielt. Auch als die Zelte durch Ausflugslokale ersetzt wurden, änderte sich nichts am Namen der gastronomischen Meile.

Die Namensgebungen wirken heute leicht verwirrend. Der Zirkel hieß auch Kurfürstenplatz und wurde später Zeltenplatz genannt, ebenso bezeichnete man die Allee, die vom Zeltenplatz zum Brandenburger Tor führte, zuerst als Kurfürstenallee, dann als Zeltenallee. Teils waren diese Namen parallel in Gebrauch. Man muss es wissen, wenn man sich auf die Spurensuche begibt. Die Zeltenallee trägt heute streckenweise den Namen John-Foster-Dulles-Allee.

Ende des 18. Jahrhunderts entstand am Zirkel einer der bedeutendsten gastronomischen Plätze von Berlin, selbst wenn heute kaum noch etwas darauf hindeutet, weil diese Anlage im Zweiten Weltkrieg verlorenging. Lediglich der Zeltenplatz wurde im Kern rekonstruiert. Doch die gastronomische Meile »In den Zelten«, die nach Norden hin den Blick auf die Spree freigab, wartet noch darauf, wachgeküsst zu werden. Vielleicht genießt man eines Tages wieder die Folge: Lindenallee, Zeltenallee, Zeltenplatz, In den Zelten – und sagt sich: Auch ich in Arkadien!

Der galante Spaziergänger

Friedrich II. und Knobelsdorff wollten elegante höfische Lebensformen in Preußen wieder en vogue machen. In Sinne Voltaires sollte das Spazierengehen und Promenieren nicht länger nur ein Vergnügen des Adels sein, sondern auch der Bürger. Eine Radierung von Daniel Chodowiecki aus dem Jahr 1772 zeigt am Zeltenplatz eine muntere Gesellschaft galanter Leute: »Premiere promenade de Berlin – La place des Tentes au Parc« – »Erste Promenade in Berlin – der Zeltenplatz im Park«.

Offenbar nahm das Promenadenwesen hier seinen Anfang und setzte sich Unter den Linden fort. Der König hatte in seiner Gedächtnisrede auf Knobelsdorff über dessen Ausschmückung des Tiergartens

Bild 6: Galante Spaziergänger: Premiere promenade de Berlin – La place des Tentes au Parc, Radierung von Daniel Chodowiecki, 1772

gesagt: »Er machte ihn zu einem köstlichen Stückchen Erde durch die Mannigfaltigkeit der Alleen, der Hecken und Rondelle und durch die reizvolle Mischung des verschiedenen Laubwerks.«

Knobelsdorff lag daran, dem Genius loci, der Eigenart des Ortes auf die Spur zu kommen. Er wollte auch die neue Lindenoper so bauen, wie es der Landschaft und Tradition der Stadt entsprach – nicht zu schwerfällig und massig, eher zart und leicht, mit einem gewissen Zug zum Gediegenen, Reellen, Sachlichen, poetisch und elegant.

Die Planzeichnungen für die Lindenoper haben sich erhalten. Die Baukunst eines Palladio war Vorbild: eine Architektur ohne Pomp, doch von nobler Würde. Die flache sandige Küstenlandschaft Venetiens, in der Palladio baute, war verwandt mit dem märkischen Sand, auf dem Berlin lag. Beide Regionen verlangten, wie es schien, nach einer ähnlichen Architektur, die mit dem weichen Untergrund harmoniert. Knobelsdorff hatte – ob bewusst oder unbewusst – nicht nur ein Spree-Athen, sondern auch ein Spree-Venedig im Sinn.

Die Schaufassade der Lindenoper vermeidet den Eindruck der Schwere, indem sie sich elegant über einem Sockelgeschoss erhebt. Ein Risalit springt leicht hervor: Sechs schlanke Säulen tragen einen Dreiecksgiebel, auf dem der delphische Gott Apollon steht. Links und rechts der Säulenreihen unterstreichen die verhältnismäßig schmucklosen Wände die Leichtigkeit der Front. Oben, über der abschließenden Balustrade, ist das flach gehaltene Dach kaum zu sehen. Ein Bild der Ruhe und gediegenen Noblesse.

Während Palladio beim Bau seiner Villen mehr an das vollendete Design als an den Komfort der Bewohner gedacht hatte, wurde die Lindenoper funktional eingerichtet. Hintereinander staffelten sich Apollosaal (als Foyer), Zuschauerraum und Bühne. Die drei Räume konnten durch hydraulische Mechanik auf eine Ebene gebracht und auch für Maskenbälle und Hoffeste genutzt werden. Wie der Tiergarten stand auch die Oper nicht nur der höfischen Gesellschaft offen, sondern allgemein den galanten Leuten und Spaziergängern, ob adelig, ob bürgerlich, ob einfacher Soldat.

Im ersten Jahrzehnt nach der Eröffnung erlebte das Haus eine frühe Blütezeit. Friedrich II. übernahm persönlich die Berufung wichtiger Künstler, darunter europäische Berühmtheiten wie die Balletttänzerin La Barbarina. Voltaire berichtete in seinen Memoiren: »Wenn er (Friedrich II.) aber nach Berlin ging, entfaltete er dort an den Galatagen großen Prunk. (…) Nach dem Diner ging man in die Oper, in den großen dreihundert Fuß langen Saal, den Knobelsdorff, einer seiner Kammerherren, ohne Architekten gebaut hatte. Die schönsten Stimmen, die besten Tänzer standen in seinem Sold. Die Barbarina tanzte zu dieser Zeit in seinem Theater. Der König hatte die Tänzerin aus Venedig entführen lassen von seinen Soldaten, die sie über Wien nach Berlin brachten. Er war ein wenig in sie verliebt. (…) Kurz, die Barbarina allein bekam mehr (Gehalt) als drei Staatsminister zusammen.« Antoine Pesne

Bild 7: Das Königliche Opernhaus Unter den Linden, Planzeichnung von Georg Wenzeslaus von Knobelsdorff, Dedikationsmappe des Berliner Opernhauses, 1742, SPSG, Plankammer, Ornamentzeichnung Nr. 77

malte sie beim Tanz auf der Berliner Bühne: im aufgebauschten, silbern glitzernden Seidenrock, bestickt mit bunten Blumen, ganz so, als woge die Tänzerin selbst, leicht wie eine Blume, hin und her. Der preußische Hof entfaltete in der Lindenoper Liebreiz und Glanz. Im Gebälk des Risalits an der Lindenachse konnte man lesen: »FREDERICVS REX APOLLINI ET MUSIS« – »König Friedrich widmet dieses Haus dem delphischen Gott Apollon und den Musen«.

Gleichzeitig mit dem Opernhaus Unter den Linden wuchs der Ostflügel am Schloss Charlottenburg, später Knobelsdorff-Flügel genannt. Bezaubernd die langgestreckte Goldene Galerie als königlicher Bankett- und Festsaal, im Dekor an das französische Rokoko angelehnt, aber von zurückhaltender Art. Parkettboden, große bodenlange Fenster, lindgrüne Wände mit goldenen Rocailles machen den Raum licht,

leicht und elegant. Einer der schönsten Räume des friderizianischen Zeitalters.

Friedrich II. wollte alles zugleich sein: Förderer der Künste und Wissenschaften und großer Feldherr. Während Knobelsdorff die Berliner Bauprojekte vorantrieb, marschierte der König mit seinen Truppen in Schlesien ein und bald darauf in Böhmen, um diese reichen habsburgischen Provinzen an sich zu reißen. Europa sollte staunen über den neuen König von Preußen. Seinem eigenen Empfinden nach war er mit gewöhnlichen Maßstäben nicht zu messen. An sich wollte er ein »roi philosophe« sein, ein vernünftig-philosophischer Herrscher. Als Kronprinz verfasste er das Buch *Der Anti-Machiavell*, ganz so, als sei er im Zeitalter Voltaires angekommen. Als König betrieb er jedoch eine zynische Machtpolitik à la Machiavelli – genau das, was er theoretisch verurteilte. Seine Devise lautete: Legitimation durch Genie – dem schließlich alles erlaubt sei.

Der fortlaufende Aufenthalt bei der Armee, die Schlachten, das große Blutvergießen und Sterben – all das blieb nicht ohne Folgen. Es schlich sich bei ihm eine gewisse Verrohung ein. Er wurde grob wie sein Vater und ging seine alten Weggefährten barsch an. Knobelsdorff, der durch die vielen Bauprojekte ohnehin schon überlastet war, fauchte er in einem Brief an: »Ich komm Mein Tage nicht mit Ihm aus der Stelle. Er exekutiret nicht wie ich es haben will, und ist faul wie ein Artilleriepferd.« Der Herrscher drohte, den alten Freund aus dem Amt zu entlassen. Doch Knobelsdorff hielt stand. Denn die Pläne für ein erneuertes Spree-Athen oder Spree-Venedig enthielten auch seine Ideen, die er nun mit Beharrlichkeit umsetzte. Er selbst wohnte in einer Meierei im Tiergarten, dort, wo später das Schloss Bellevue errichtet wurde, heute Sitz des deutschen Staatsoberhauptes.

Bild 8: Brillanz des Rokokos: die Primadonna La Barbarina beim Tanz, gemalt von Antoine Pesne, um 1745. Das Gemälde entstand im Auftrag Friedrichs II. und hing in seinem Arbeitszimmer im Berliner Schloss, heute im Schloss Charlottenburg

Schon Ende 1742 war es so weit: Die Lindenoper, der Tiergarten als öffentlicher Park und der Ostflügel von Schloss Charlottenburg konnten eingeweiht werden. Doch als Kriegsherr verlor Friedrich rasch sein Interesse am urbanen Leben. Es reifte der Entschluss, nicht Schloss Charlottenburg, sondern ein ländliches Domizil bei Potsdam zum neuen »Sanssouci« zu machen.

Friedrich ließ sich in der Regel nur noch im Dezember und Januar zur höfischen Ballsaison in Berlin blicken. Als 1743 der Marstall niederbrannte, wo die Akademie der Künste und die Akademie der Wissenschaften untergebracht waren, hatte er es nicht eilig, das Gebäude wiederaufzubauen. Die Professoren und Gelehrten sollten ihre privaten Wohnräume für Unterricht und Studium nutzen. Immerhin konnte 1750 die Akademie der Wissenschaften in ein neu errichtetes Gebäude ziehen, während die Akademie der Künste sage und schreibe noch weitere zwanzig Jahre darauf warten musste. Zwischenzeitlich sah es Friedrich als unmöglich an, aus Deutschen gute Künstler zu machen.

Als er 1780 seine Schrift *Über die deutsche Literatur* veröffentlichte, waren seine Landsleute erstaunt, wenn nicht schockiert. Es stellte sich heraus, dass der König von Preußen keine Ahnung davon hatte, was in Deutschland literarisch vor sich ging. Er wiederholte die alte Leier, die deutsche Literatur und Philosophie seien rückständig. Er tischte dutzendweise europäische Autoren auf, die er rühmte, darunter aber kaum deutsche. Zeitgenössische Dichter und Philosophen wie Christoph Martin Wieland, Gotthold Ephraim Lessing und Immanuel Kant waren für Friedrich II. nicht der Rede wert. Immerhin warf er einen Blick auf das Drama *Götz von Berlichingen*, ohne den Autor, den jungen Johann Wolfgang Goethe, zu nennen. Er fand, das Drama sei »eine abscheuliche Nachahmung jener schlechten englischen Stücke, und das Parterre applaudiert und verlangt mit Begeisterung die Wiederholung dieser widerlichen Plattheiten«. Der Autor war für ihn nichts als ein heimischer Stürmer und Dränger, der sich anmaßte, ein Genie zu sein.

Berlin sollte als preußische Residenz nach außen hin aber doch zeitgenössisch und modern anmuten. Nach dem Siebenjährigen Krieg ersann der König ein »Immediat-Bauprogramm«. Unter den Linden und an weiteren Stellen sollten schmucke Fassaden im frühklassizistischen Stil entstehen, auch Zopfstil genannt, da Girlanden als Dekor verwendet wurden, die wie Zöpfe aussahen. Unscheinbare zweigeschossige Häuser wurden abgerissen und durch drei- bis viergeschossige ersetzt. Die alten Hinterhöfe aber blieben. Dem König ging es um die Schauseite zur Lindenachse hin, einerlei, ob hinter den neuen palastartigen Fassaden Adlige oder Bürger, Schneider- oder Bäckermeister lebten. Der König wählte aus Architekturbüchern Kulissen aus, die von Georg Christian Unger überarbeitet und schließlich zur Ausführung gebracht wurden. Wieder einmal machte Friedrich II. das, was er theoretisch verurteilte: mehr Schein als Sein.

Immerhin bescherte diese Aktion der Lindenpromenade ein paar moderne noble Gasthöfe, unter anderem den »Gasthof zur Sonne«, erbaut 1773, an der Südseite, drei Häuser weiter westlich der Ecke Unter den Linden / Friedrichstraße. In einer Ansichtsfolge, die einige Zeit später, 1786, der Kupferstecher Friedrich Gottlieb Berger veröffentlichte, ist die Fassade des Gasthofs zu sehen: dreigeschossig mit sieben Fensterachsen, symmetrisch geordnet sowie vornehm zurückhaltend dekoriert mit Pilastern und zopfartigen Girlanden an den Fenstern.

Zwischen 1773 und 1786 war der Namen des Hauses der noblen Fassade angepasst worden. Berger unterschrieb den Kupferstich mit den Worten: »Façade des Hôtel de Russie, sonst auch die Sonne genanndt, unter den Linden in Berlin«. Es handelte sich um einen der frühesten Belege für die Verwendung des Begriffs »Hôtel« für einen Gasthof hierzulande. »Hôtel« wies nach Pariser Vorbild auf eine gewisse Vornehmheit hin. Tatsächlich zählten zu den frühen Gästen Herzog Carl August von Sachsen-Weimar-Eisenach und sein Favorit Johann Wolfgang Goethe im Mai 1778. Als Friedrich Schiller im Mai 1804 nach Berlin kam, stieg er ebenfalls hier ab. Nach 1815 wurde in dem Haus das

Bild 9: Palastartige Fassade des »Gasthofs zur Sonne« Unter den Linden, errichtet 1773, Stich von Friedrich Gottlieb Berger, 1786, Staatliche Museen zu Berlin

Gourmet-Restaurant »Jagor« eingerichtet, in dem Heinrich Heine einkehrte.

Als Goethe im Mai 1778 in Berlin war, zählte die Stadt etwa 140 000 Einwohner, darunter über 30 000 Soldaten, mehr als je zuvor. Der junge Dichter war noch nie in einer so großen Stadt gewesen, erst recht nicht in einer Residenz mit so viel Militär. Er war hier, weil er an politischen Beratungen des Weimarer Herzogs mit anderen Fürsten teilnehmen sollte, da wieder einmal ein Krieg drohte, in diesem Fall der bayerische Erbfolgekrieg. Doch Goethe fand auch Zeit, die Stadt zu erkunden, und promenierte am Lindencorso.

Er sah die neuen Fassaden an der Promenade glänzen, darunter die neuen Staatsbauten. Seinem Tagebuch kann man entnehmen, dass er sich tagsüber die Lindenoper anschaute, ebenso die dahinter stehende Hedwigkirche. Ins Prinz-Heinrich-Palais, das der Lindenoper nördlich gegenüberlag – später die Humboldt-Universität –, wurde er gemeinsam mit dem Herzog von Sachsen-Weimar-Eisenach an die Tafel von Prinz Heinrich, dem ältesten Bruder Friedrichs II., eingeladen. Darüber hinaus schaute sich der Poet auch das Zeughaus an, heute das Deutsche Historische Museum.

Alle diese Gebäude lagen nicht weit vom Berliner Schloss im östlichen Teil der Lindenallee. Die Promenade war in diesem Bereich seit 1658 frei von Bäumen und ließ die Staatsbauten prachtvoll hervortreten. Als Kronprinz hatte Friedrich II. sogar darüber nachgedacht, hier, an der Lindenachse, ein neues königliches Schloss zu errichten, zu dem ein Opernhaus gehören sollte. Verwirklicht wurde schließlich nur der Bau der königlichen Oper. Dort, wo das Schloss vorgesehen war, wurde seit 1748 das Prinz-Heinrich-Palais errichtet, stilistisch angelehnt an die Lindenoper, ausgeführt nach Plänen von Jan Bouman. Innerhalb von zwei bis drei Jahrzehnten entstand ein stattliches Forum: ein Platz, der sich von der Lindenpromenade aus nach Süden hin ausdehnt, im Wesentlichen umzogen vom Heinrich-Palais im Norden, von der Lindenoper im Osten, dahinter die Hedwigkirche, sowie von der königlichen Bibliothek im Westen – ein Areal von klarer Struktur und eleganten Proportionen. Der italienische Hofkavalier Francesco Algarotti sprach damals vom »Foro de federico«, woraus später »Forum Fridericianum« wurde. Offiziell hieß der Platz »Opernplatz« – so wie man ihn heute noch nennt, wenngleich der offizielle Name inzwischen »Bebelplatz« ist.

Goethe stattete auch dem Graphiker Daniel Chodowiecki einen Besuch ab, der seinen berühmten Debütroman *Die Leiden des jungen Werthers* mit Stichen ausgestattet hatte. Chodowiecki wohnte in der Behrenstraße, der südlichen Parallelstraße der Linden. Noch am selben Tag ging Goethe dort abends ins »Comödienhaus«, in ein bürgerlich geleitetes Theater, wo 700 Zuschauer Platz fanden – und aus dem die heutige Komische Oper hervorging. Hier war im Jahr 1774 sein *Götz von Berlichingen* mit großem Erfolg uraufgeführt worden.

Den Dichter beeindruckten die glänzenden königlichen Fassaden kaum. Noch schlimmer: Berlin erschien ihm nicht geheuer. In einem Brief an Anna Louisa Karsch hatte er 1775 die preußische Residenz scherzhaft als »Sodom« bezeichnet. Noch drastischer hatte er bereits 1766 als Leipziger Student an seine Schwester Cornelia geschrieben: »Es ist jetzo in ganz Europa kein so gottloser Ort als die Residenz des Königs in Preußen.«

Es waren zwei Dinge, die die Gemüter in Deutschland gegen Berlin aufbrachten: erstens, dass es dort so viele Hurenhäuser gab, weil die vielen jungen Soldaten, die als Fremde an die Spree beordert wurden, in der Regel unverheiratet waren, gleichzeitig zogen junge Frauen vom Land in die Stadt, suchten nach ehrbaren Stellen und gerieten am Ende in die Klauen der Halb- und Unterwelt. Der König ließ das geschehen, weil die Soldaten nach Möglichkeit ungebunden bleiben und ihr Triebleben bei den Huren befriedigen sollten.

Zweitens empörte man sich, dass in den Bordellen und Kaschemmen über Gott und die Welt hergezogen wurde. Es war erlaubt, an Gott zu zweifeln, nur nicht an seiner Majestät Friedrich II. Der überdehnte militärische Apparat brachte ein entwurzeltes soziales Milieu hervor, das der sprichwörtlichen Berliner Schnauze Nahrung gab. »Es leb(t) dort«, meinte Goethe im Dezember 1823 gegenüber Eckermann, »ein so verwegener Menschenschlag beisammen, daß man mit der Delikatesse nicht weit reicht.«

Karl Heinrich Krögen hatte die Berliner Libertinage 1785 in seinem Buch *Freie Bemerkungen über Berlin, Leipzig, Prag* beleuchtet. Huren waren an der Spree nicht nur in versteckten Winkeln und verruchten Kneipen zu finden, sondern auch am Lindencorso: »Bricht die Nacht herein, so gehen sie auf Verdienst aus, und da ist denn die Lindenallee, der Lustgarten, der Schloßplatz und der Thiergarten ihre Hauptpromenade.«

Goethe verstörte gerade das friderizianische Berlin. Von der Lindenallee aus teilte er 1778, nicht ohne Sarkasmus, Charlotte von Stein mit: »Es ist ein schönes Gefühl an der Quelle des Kriegs zu sizzen in dem Augenblick da sie überzusprudeln droht. Und die Pracht der Königstadt, und Leben und Ordnung und Überfluss, das nichts wäre ohne die tausend und tausend Mensch bereit für sie geopfert zu werden. (…) So viel kann ich sagen, ie größer die Welt desto garstiger die Farce.«

Im Grunde wurde Berlin zu einer Schule der Ambiguität, der Widersprüche und Mehrdeutigkeiten. Weder schien das Schlechte eindeutig schlecht noch das Gute eindeutig gut zu sein. Berlin entwickelte Dynamik und Vielfalt und bot Spielräume. Niemand – außer dem König – durfte sich einbilden, den Stein der Weisen gefunden zu haben. Es war ratsam, das Schicksal anzunehmen und etwas daraus zu machen: apollinisch zu sein, für Aufklärung zu sorgen, ebenso musisch-dionysisch zu sein, Sinn für raffinierte Illusion und Verfeinerung zu entwickeln – für das Faszinosum des Lebens.

Langsam keimte in Berlin bürgerliches Zutrauen auf. Zu einem bedeutenden Organ der Aufklärung wurde nach dem Siebenjährigen Krieg, nach 1763, die Rezensionszeitschrift *Allgemeine deutsche Bibliothek*, herausgegeben von Friedrich Nicolai. Er schuf ein Forum für die öffentliche Debatte: zunächst für Literatur und Kunst. Doch ein solches Nachdenken, Abwägen, Beurteilen ästhetischer Angelegenheiten dehnte sich im Lauf der Zeit auf politische Dinge aus. Es ist ein Kennzeichen der bürgerlich-zivilen Gesellschaft, dass es einen öffentlichen Diskurs in den Medien gibt.

Schließlich erschien daneben 1783 die *Berlinische Monatsschrift*, in der Immanuel Kant im Jahr darauf seinen epochalen Essay *Was ist Aufklärung?* veröffentlichte. Dessen zentrale Aussage lautete: »Aufklärung ist der Ausgang des Menschen aus seiner selbst verschuldeten Unmündigkeit. (…) Habe Mut, dich deines eigenen Verstandes zu bedienen!« Die öffentliche Diskussion, die in Preußen über Literatur, Kunst und »Religionssachen« erlaubt sei, möge sich, so Kant, auch auf die »Gesetzgebung« erstrecken. Es sei doch »befremdlich«, wenn der Regent sage: »Räsoniert, so viel ihr wollt, und worüber ihr wollt; nur gehorcht!«

Das Berliner Bürgertum stellte nicht unbedingt die Monarchie in Frage, setzte sich aber von der hergebrachten ständischen Gesellschaftsordnung ab. Man trachtete nach Mündigkeit und Selbstbestimmung, Wissen und Komfort, strebte nach Besitz und Bildung. Langfristig konnten sich sowohl der Adel als auch die Arbeiterschaft an das Bürgertum anschließen. Man wünschte sich eine politische Verfassung, Rechtsstaatlichkeit und eine konstitutionelle Monarchie.

Es kristallisierten sich Kategorien bürgerlich-ziviler Lebensart heraus. Verstand und Vernunft, Tätigkeit und Fleiß sollten die Grundlagen des bürgerlichen Lebens sein, ohne sich dem strengen Puritanismus zu verschreiben, den König Friedrich Wilhelm I. dem Volk aufzwingen wollte. Die Devise lautete: Arbeiten und sich ausruhen, Nützliches mit Schönem verbinden. Die bürgerliche Gesellschaft eignete sich aristokratische Elemente an, raffinierte Illusion und Verfeinerung, Witz und dionysische Weisheit. Man besuchte Oper, Theater, Konzerte, bald auch Kaffeehäuser, Weinstuben, Modeläden. Die Berliner wollten städtisch sein. Man promenierte die Linden entlang und im Tiergarten. Die Gewichte verlagerten sich langsam vom Hof zur Stadt hin oder: vom Schloss zum Boulevard.

Zur selben Zeit, als Goethe 1778 die Linden auf und ab ging, lustwandelte hier auch Johann Friedrich Karl Grimm, der in Gotha herzoglicher Leibarzt und Schriftsteller war. 1779 veröffentlichte er anonym die *Bemerkungen eines Reisenden durch die königlichen preußischen Staaten in Briefen* und widmete darin Berlin eine längere Passage: »Die Fahrt nach Berlin über Charlottenburg war für mich bezaubernd schön – und ich erstaunte über die Menge von Menschen, die ich im Thiergarten und unter den Linden fand, außerordentlich.« Während das großstädtische Berlin auf Goethe befremdlich wirkte, fand Grimm das dichte menschliche Durcheinander verlockend: »Indessen war der Anblick nicht übel, Berlins Töchter, Frauen, Matronen, Ehemänner,

Liebhaber, und wie sie alle Namen haben mögen, laufen, gehen, fahren, schleichen und hinken zu sehen.«

Grimm quartierte sich in einem der neuen Hotels Unter den Linden ein, die nun zu den besten Adressen in der Stadt zählten: »Der Postillon rieth mir menschenfreundlich einen Gasthof unter den Linden an, welcher mit dem stolzen Titel Ville de Rome prangt.« Das Haus, bald »Hotel de Rome« genannt, befand sich an der Nordwestecke der Linden/Charlottenstraße, westlich der Akademie beziehungsweise der heutigen Staatsbibliothek. Die komfortable Unterkunft trug dazu bei, dass sich Grimm in Berlin wohl fühlte: »Eine gute, ehrbare, ziemlich starke Matrone empfing mich mit aller menschenmöglichen Freundlichkeit, und zeigte mir im zweyten Stock ein geschmackvoll meubliertes Zimmer, wo ich alle nur selbst gewünschte Bequemlichkeit haben konnte.«

Das Haus war zwar nicht ganz so günstig und wohlfeil, wie es der Kutscher versprochen hatte, aber Grimm wusste die Annehmlichkeit zu schätzen. Es war neu, dass das Tafelzimmer des Hotels nicht nur den Hausgästen zur Verfügung stand, sondern bereits als öffentliches Lokal betrieben wurde, so dass die Reisenden gleich mit Berlinern Bekanntschaft machen konnten: »In Gesellschaft ganz vortrefflicher Offiziere von verschiedenen Regimentern der berlinischen Garnison, und einiger Civilisten wurden mir meine Soupees und Dinees ein schätzbarer Beytrag zur Kenntniß von Berlin.«

Das größte Entzücken war für Grimm aber das Promenieren über die Linden zum Zeltenplatz im Tiergarten: »Also die Zelter liegen, wenigstens nach meinem Gefühl an dem angenehmsten Ort des ganzen Thiergartens.« Mehrmals ging er dorthin, beobachtete die vielen Leute, unterhielt sich, aß und trank. Fast alle sozialen Klassen waren vertreten: »Die Gesellschaft ist bundscheckig genug. Eine Partie trinkt Kaffee, die Andre Thee, eine Dritte Bier, und eine Vierte, die vielleicht die Schwindsucht hat, oder gern stark werden will, Wasser und Milch.« Auf dem Rückweg setzte sich für ihn Unter den Linden das Amüsement fort: »Um neun Uhr ward also die Rückreise in die Stadt angetreten (...). Die Linden waren gestopft voll, und kaum konnte wir eine Bank finden, worauf wir einige Augenblicke ruhten. Denken Sie sich beim Mayabend, eine so große Menge von Menschen, und eine ewige Bewegung dieser Menschen unter einander, so haben Sie das Ideal dieses außerordentlichen Vergnügens. (...) Wie zwanglos Berlins Töchter und Söhne daher walleten! wie ihnen die Heiterkeit aus dem Auge blitzte!«

Grimms Schilderungen zählen zu den frühesten Zeugnissen eines deutschen Schriftstellers, der freimütig seine Freude am Großstadtleben an der Spree bekundete. Er fragte nicht ängstlich, ob ein solches Treiben die Menschen vom Pfad der Tugend abbringe, sondern erblickte im Gewimmel der großen Stadt einen Gewinn an menschlichen Erlebnismöglichkeiten.

Humane Gesinnung, geselliger Verkehr, Salonkultur

Als im Sommer 1786 die Nachricht vom Tod Friedrichs II. in Berlin eintraf, herrschte eher Erleichterung als Bestürzung. Er hatte als Kriegsherr, Eroberer und Zerstörer Ruhm geerntet, seine Pflicht als Wohltäter aber oft hintangestellt. Vielen erschien er als Zyniker, Misanthrop: als Herrscher mit scharf fixierendem Blick, wie ihn Anton Graff porträtiert hatte. In Sanssouci hatte er sein eigenes Leben geführt, wurde zum »Alten Fritz«, zum Hagestolz, dem seinerseits nicht zu helfen war.

Der neue König, Friedrich Wilhelm II., wollte anders sein – liebenswürdiger und freundlicher. Niemand sollte mehr zur Salzsäule erstarren, wenn der König den Raum betrat. Gleichzeitig war es ihm ein Anliegen, dass über Gott nicht mehr so verwegen gelästert werde. In dieser Hinsicht verschärfte er die Zensur. Das sahen die einen als Einschränkung der Aufklärung an, die anderen als Maßnahme zur Verbesserung der Sitten. Zudem sollte die heimische Kunst gefördert werden und Berlin ein Ort von bedeutender Architektur und Bildhauerei sein.

Das künstlerische Schlagwort lautete nun »edle Simplicität«, angelehnt an die berühmte Formel von der edlen Einfalt und stillen Größe, die Johann Joachim Winckelmann bereits 1755 in seinem bedeutenden Aufsatz *Gedanken über die Nachahmung der griechischen Werke* geprägt hatte. Das neue Brandenburger Tor, das nach Plänen von Carl Gotthard Langhans von 1789 bis 1791 erbaut wurde, spiegelte solche Vorstellungen.

Bekrönt wurde das Tor von einer bronzenen Quadriga des Bildhauers Johann Gottfried Schadow: Die Siegesgöttin Viktoria zieht auf einem Streitwagen, bespannt mit vier Pferden, in die Stadt ein. Sie wurde als Friedensbringerin gedeutet. Es sollte an der Spree vorbei sein mit Kriegstreiberei, fürstlicher Selbstherrlichkeit und königlichem Genie. Der Berliner Volkswitz nahm die Sache aber nicht ganz so ernst. Eine Anekdote aus dem frühen 19. Jahrhundert lautete: »Liebeken, können Se mich nich sagen, wat det da oben uf det Dohr for 'ne Puppe is?« »Ja nu, wat wird det sinn? Alte römische Geschichte, Kurfürsten von Brandenburg, Siebenjähriger Krieg. Det is et!«

Neben Winckelmann war Rousseau ein bedeutender Anreger der Zeit. Der eine wie der andere sah in der Pracht des Barocks und Rokokos nichts als Blendwerk, einen überhöhten Aufwand, der die Sinne und den Geist überreizt sowie die Haltung des Menschen verrenkt. Für Rousseau herrschte in den Pariser Salons ein überformalisiertes, marionettenartiges Benehmen vor. In seinem legendären ersten *Discours* von 1750 klagte er diese Dinge an und nannte zugleich die neuen Fixpunkte: Natur, Ursprünglichkeit, Einfachheit, angeborene Güte und Freiheit des Menschen. Er widersprach der Vorstellung vom linearen Fortschritt, der sich mit Hilfe von hochentwickelter Kultur und Zivilisation wie von selbst einstelle – und meinte, irgendwann werde der

Aufwand dafür so hoch, dass nichts mehr dabei herauskomme, außer Mühe und Arbeit und Verkünstelung.

Rousseau gehörte schon zu Lebzeiten zu den meistgelesenen Autoren in Europa. Doch selbstverständlich gab es auch Stimmen, die über die Rückwendung zur friedvollen Natur spotteten. Nicht wenige waren der Meinung, dass der Mensch immer schon von knappen Ressourcen, Konkurrenz und Krieg geprägt worden sei – vom ewigen Kampf ums Dasein, vom Scheffeln und Horten, von Ehrgeiz und Status, Reichtum und Ehre. Moderne Anthropologen und Archäologen schlagen sich allerdings – implizit oder explizit – auf die Seite Rousseaus, so schon 1968 der Anthropologe Marshall Sahlins in seinem bahnbrechenden Aufsatz *The Original Affluent Society – Die ursprüngliche Wohlstandsgesellschaft*. Sahlins schlug den »Zen-Weg zum Wohlstand« vor.

Für viele Zeitgenossen stand Friedrich Wilhelm II. maßgeblich unter dem Einfluss von Wilhelmine Encke, die er als König zur Gräfin Lichtenau erhob. Sie war die Tochter eines Hofmusikers und wurde die einzige königlich-preußische Mätresse von Bedeutung. Der Herrscher hatte sie schon als Kronprinz kennengelernt, als sie dreizehn Jahre alt war, und dann ihre schulische Ausbildung übernommen. Wilhelmine Encke wurde Geliebte, Weggefährtin, Mutter gemeinsamer Kinder, Beraterin und Vertraute.

Kurz nach dem Tod Friedrich Wilhelms II. 1797 erschien eine anonyme Schrift, die die herausragende Stellung der Gräfin Lichtenau unterstrich: *Die preußischen Staaten vor und seit dem 16. November 1797*. »Der König«, hieß es, »fand stets warme Teilnahme, Nahrung für Verstand, Herz und feine Gefühle bei ihr. Sie war ihm das, was Voltaire und Marquis d'Argens Friedrich dem Großen gewesen waren. Dabei lenkte sie weislich stets auf den Genuß hin, stellte ihn als die wahre Philosophie des Lebens auf und führte die Lehre vom Genuß durch die verfeinerten Jahrhunderte Griechenlands und vorzüglich das Zeitalter eines Perikles hindurch.«

Das Stichwort »Perikles« verwies das Publikum nicht nur auf die

Akropolis, die Propyläen und die Idee der Demokratie, sondern auch auf die berühmte Grabrede des athenischen Staatsmanns, in der er Demokratie und Lebensgenuss miteinander verband, so wie die Rede von Thukydides im *Peloponnesischen Krieg* überliefert wurde: »Frei leben wir als Bürger im Staat und frei vom gegenseitigen Mißtrauen des Alltags, ohne gleich dem Nachbarn zu zürnen, wenn er sich einmal ein Vergnügen macht (...). Außerdem haben wir reichlich für geistige Entspannung nach der Last der Arbeit gesorgt, durch Wettkämpfe und feierliche Opfer.«

Der soldatisch gesinnte Preuße alten Schlags war aber kein Athener, sondern Spartaner und entsagte den Genüssen, um für den nächsten Krieg gewappnet zu sein. Bonhomie, Menschenfreundlichkeit, das Bürgerlich-Behagliche – all das führte seiner Meinung nach nur zur Verweichlichung. Die traditionelle Kriegerkaste glorifizierte Askese und Kampf, damit ihre eigene Vorrangstellung erhalten blieb. Gräfin Lichtenau stellte jedoch diesem asketischen Ideal den Typus des Homo ludens gegenüber, die Einsicht, um mit Johan Huizinga zu reden, dass der Ursprung der Kultur im Spiel liegt: in der Lust und Fähigkeit des Menschen zum Experimentieren.

Der anonyme Autor von 1797 betrachtete den Einfluss der Mätresse kritisch, weil sie den König durch Perikles- und Rousseau-Fantasien von seinem eigentlichen Geschäft, dem soldatischen Regieren, abgehalten habe. Gräfin Lichtenau verteidigte sich in ihren Memoiren, einer *Apologie*. Sie war stolz auf die Bildung, die ihr Friedrich Wilhelm II. ermöglicht habe. Gemeinsam lasen sie Homer, Shakespeare, Voltaire, Rousseau, insbesondere dessen Roman *Julie oder Die neue Héloïse*, in dem die natürliche »wahre« Liebe gegenüber der arrangierten Ehe letzten Endes den Sieg davonträgt, ein Buch, in dem schlechthin die Vision von Natürlichkeit, Ökologie, Leben auf dem Landgut mit schlichter Salonkultur anklingt – bis heute ein Urtext grüner Lebensreform.

Vieles spricht dafür, dass die königliche Mätresse bereits beim Bau des Brandenburger Tores Friedrich Wilhelm II. beratend zur Seite stand. Auch bei der Anlage einer kleinen Rousseau-Insel im Tiergarten, südwestlich vom Tor, dürfte sie ein Wort mitgeredet haben. Sie war mit Künstlern und Diplomaten am Hof befreundet, empfing sie in ihrem Palais in Charlottenburg sowie im Niederländischen Palais Unter den Linden, zwischen Opernplatz und Charlottenstraße. Briefe dokumentieren, dass der König um 1794 den Ausbau der Pfaueninsel in der Havel, zwischen Potsdam und Berlin, in ihre Hände gelegt hatte. Wie in *Julie oder Die neue Héloïse* entstand dort ein ländliches Mustergut mit Schlösschen, Meierei und Molkerei. Wie im Roman sollten die Möbel nicht bloße Zierstücke sein, sondern gebrauchsfähig, so einfach wie bequem und kostbar. Die erhaltene Möblierung des Schlösschens stellt mehr oder minder den Beginn der klassizistisch-biedermeierlichen Kunst in Berlin dar.

Auch die Berliner Theaterwelt sollte sich verändern. Bis dato hatte es in Berlin neben dem königlichen Opernhaus an der Lindenpromenade lediglich ein bürgerlich geführtes »Comödienhaus« in der Behrenstraße gegeben, bespielt von der »Döbbelinschen Truppe«. Dort fanden bemerkenswerte Uraufführungen deutscher Stücke statt: neben Goethes *Götz von Berlichingen* ebenso Lessings *Nathan der Weise*. In Konkurrenz zu diesem bürgerlichen Theater hatte Friedrich II. 1774 ein königliches »Comödienhaus« auf dem Gendarmenmarkt eröffnen lassen, wo französische Stücke gespielt wurden. Da aber der Regent rasch wieder das Interesse daran verlor, stand dieses Schauspielhaus mehrere Jahre leer.

Nach seiner Thronbesteigung 1786 verwandelte Friedrich Wilhelm II. dieses Haus in ein deutsches »Nationaltheater«. Während an der Lindenoper fast nur italienische Opern auf die Bühne kamen, sollten hier auch Opern deutscher Komponisten zur Aufführung kommen, darunter Mozarts *Entführung aus dem Serail* oder *Figaros Hochzeit*. Die Förderung deutschsprachiger Künstler war nun ein königliches Anliegen, ohne die Werke anderer europäischer Künstler zu vernachlässigen.

Unter den Linden ließ Gräfin Lichtenau im rückwärtigen Trakt des

Bild 10: Schön, gemütvoll, lebensklug – Förderin der klassizistisch-biedermeierlichen Kultur in Berlin: die königliche Mätresse Wilhelmine Encke, spätere Gräfin Lichtenau, porträtiert von Anton Graff, 1788, just als das Brandenburger Tor geplant wurde, Stiftung Stadtmuseum Berlin

Niederländischen Palais ein kleines Liebhabertheater einrichten – und gegenüber, in der Akademie der Künste, westlich neben dem Prinz-Heinrich-Palais, gab es aufsehenerregende Ausstellungen, die »tout Berlin« in den Bann zogen. 1797 war dort die sogenannte Prinzessinnengruppe zu sehen, das Doppelstandbild von Kronprinzessin Luise und ihrer Schwester Friederike, das im Auftrag König Friedrich Wilhelms II. von Johann Gottfried Schadow geschaffen wurde. Ein Hauptwerk frühklassizistischer Kunst in Berlin, das bis heute entzückt. Das Geschwisterpaar bezirzt durch eine verspielte, elegante Haltung, durch Anmut und Schönheit. Die luftigen Empirekleider lassen die Körperformen durchscheinen, als seien die jungen Frauen sinnenfrohe antike Göttinnen. Zugleich zeigen die Gesichter, dass es sich um menschliche Wesen handelt. Nach der Ausstellung in der Akademie der Künste kam die Prinzessinnengruppe ins Berliner Schloss und später in die Nationalgalerie auf der Museumsinsel.

Von königlicher wie bürgerlicher Seite gab es an der Spree das Bestreben, dem äußeren Wachstum der Stadt die innere Organisation, das Denken und Empfinden anzupassen. Wie schafft man es, dass so viele Menschen unterschiedlicher Couleur verträglich zusammenleben? Immanuel Kant hatte dafür die Parole ausgegeben: »Habe Mut, dich deines eigenen Verstandes zu bedienen!« Das meinte nicht zuletzt: Sei Subjekt, nicht Objekt; sei Bürger, nicht Untertan. Entfalte deine Persönlichkeit. Bilde dich und lerne, dir ein eigenes Urteil über die Dinge zu verschaffen, lese, diskutiere, pflege den Umgang mit Menschen, sei konziliant, nicht besserwisserisch.

Lessing, der viele Jahre an der Spree verbracht hatte, setzte in *Nathan der Weise* seinem Berliner Freund, dem deutsch-jüdischen Philosophen Moses Mendelssohn, ein Denkmal, indem er die Hauptfigur des Stücks als jüdischen Kaufmann und Weisen auftreten ließ, in die er zugleich seine eigenen Ideale hineinlegte – quasi als Ergebnis seiner Berliner Gespräche mit Moses Mendelssohn und Friedrich Nicolai, selbst wenn das Werk erst später, 1779, in Wolfenbüttel entstand. Für Lessing kam

Bild 11: Lässige Eleganz: die preußische Kronprinzessin Luise und ihre Schwester Friederike, Doppelskulptur von Johann Gottfried Schadow, 1797, Alte Nationalgalerie, Berlin

es nicht mehr darauf an, sich zu einer bestimmten Religion zu bekennen, ob Christ, Jude, Moslem, sondern Mensch zu sein, menschlich, freundlich, umgänglich, tolerant, wohltätig.

Parallel zum reicheren öffentlichen Leben – insbesondere im Tiergarten, Unter den Linden und am Gendarmenmarkt – veränderte sich das häusliche Leben in Berlin. Wohlhabende Familien empfingen Freunde und Bekannte zum Tee oder Abendessen. Man übte die Kunst der Gastlichkeit ein, schloss sich zu Musik-, Lese- und Gesprächskreisen zusammen.

War einst Königin Sophie Charlotte im Schloss Charlottenburg schon in die Rolle der Salonière geschlüpft, so machte nun in der Neuen Friedrichstraße, nahe der Königsstraße und dem Königsplatz, dem späteren Alexanderplatz, eine Bürgerliche von sich reden: Henriette Herz. Ihre deutsch-jüdische Familie war von Portugal über Hamburg nach Berlin gezogen. Ihr Vater hatte in Halle Medizin studiert. Ihr Mann, Markus Herz, hatte in Königsberg und Halle Medizin und Philosophie studiert und war mit Kant und Lessing befreundet. Henriette Herz hatte ihrerseits in einer jüdischen Mädchenschule Hebräisch und Französisch gelernt und sprach Italienisch und Englisch. Im Hause Herz herrschte ein weltläufiger Ton. Seit 1785 führte man einen Doppelsalon: Der Herr des Hauses hielt naturwissenschaftlich-philosophische Vorträge; die Dame lud zur literarischen Diskussion ein. Das Publikum war gemischt, Männer wie Frauen, Juden und Christen, Bürgerliche und Adlige. Nicht Rang und Geburt zählten, sondern Aufmerksamkeit, Manieren, Geschmack, Talent.

In ihren *Erinnerungen* schilderte Henriette Herz das Geschehen in ihrem Zirkel: »Eine lange Reihe von Jahren lebte ich mit allen vorzüglichen Menschen Berlins in geselligem Verkehr. Wozu das Leben mich durch den Umgang mit ausgezeichneten Menschen gemacht hat, dafür danke ich allein Gott.« Darin lebte und webte sie: Bücher lesen und Umgang haben, Gedanken austauschen mit Freunden und Bekannten, überhaupt Vernunft und Verstand üben, Fantasie und Gefühle entfalten, Gemüt und Freundlichkeit entwickeln, kurzum, das Menschliche entdecken.

Jährlich trug man in ihrem Zirkel Lessings *Nathan* mit verteilten Rollen vor, außerdem las man Goethes *Götz* und den *Werther*, bald auch *Wilhelm Meisters Lehrjahre*. Aufklärung, Sturm und Drang, Weimarer Klassik folgten aufeinander. Ihr Salon war nicht zuletzt eine Schule des Herzens. Die Salonière ging in ihren *Erinnerungen* auf den jungen Wilhelm von Humboldt ein: »Heute mag es anmaßend klingen, wenn ich es ausspreche, aber ich übte damals, ganz ohne es zu beabsichtigen, eine gewisse Superiorität über ihn. Ich führte ihn gewissermaßen in die Welt ein.« Vermutlich auch in die Liebe, ob sentimental, ob erotisch, lässt sich nicht genau sagen. Humboldt gestand im September 1789 seiner Freundin Caroline von Dacheröden, mit der er sich kurze Zeit später verlobte: »Den größten Theil der Bildung meines Herzens dank ich unserer Jette. Wie geändert bin ich, seit ich sie kenne.« Als Paar pflegten die Humboldts ein gewisses Laissez-faire, das dem Partner gelegentliche Affären erlaubte. Henriette Herz blieb ihrerseits vorsichtig, gab sich nicht bedingungslos Passionen hin, von denen sie in Dramen und Romanen las. Aber es reizte sie, Gratwanderungen zu unternehmen, sich auszuprobieren, großherzige Gefühle und Güte zu zeigen.

In den Memoiren wurden mehrere Freundinnen und Freunde porträtiert, darunter andere Salonièren wie Dorothea Mendelssohn, die Tochter Moses Mendelssohns, verheiratete Veit, bald Geliebte Friedrich Schlegels, ferner Rahel Varnhagen von Ense sowie Herzogin Dorothea von Kurland, die ihren Salon Unter den Linden führte. Immer wieder ging die Autorin auf die Schwärmerei, die Fallstricke und Abgründe der Liebe ein – oder auf das Menschliche als unaufhörliche Herausforderung: »Wie durch einen allmählichen Zauber ward mir langsam ein Vorhang weggezogen, hinter welchem ich eine neue große Welt erblickte und fühlte.«

Vordergründig benahmen sich die jungen Leute unbekümmert und legten bohemistische Nonchalance an den Tag. Alles Engstirnige wurde

Bild 12: Mitgründerin der bürgerlich-zivilen Gesellschaft in Berlin: die Salonière Henriette Herz, von Anton Graff, 1792, Alte Nationalgalerie, Berlin

über Bord geworfen: »Der Geist ist ein gewaltiger Gleichmacher, und die Liebe, welche hin und wieder auch nicht unterließ, sich einzumischen, wandelte oft den Stolz gar in Demut. Höfisches Wesen vollends hätte sich hier, wo Zwanglosigkeit eine Lebensbedingung war, bald der Satire ausgesetzt gesehen.« Es kristallisierten sich die Wesenszüge des weltoffenen Berlins heraus: das Zwanglose, Vorurteilsfreie, Jugendfrische.

1792 war Henriette Herz von Anton Graff porträtiert worden. Das Bild hing in ihrem Salon und ist heute in der verlängerten Lindenachse zu sehen: in der Alten Nationalgalerie auf der Museumsinsel. Fast möchte man meinen: Die beiden mussten sich früher oder später finden: Henriette Herz und Anton Graff. Beide trugen ähnliche Gedanken und Ideale mit sich herum. Der Dresdner Maler gab den Menschen eine tiefere Kenntnis ihrer selbst, schenkte ihnen Empathie, holte das Beste, das Edle aus ihnen hervor, stärkte sie in ihrem menschlich-bürgerlichen Selbstgefühl und Zutrauen.

Er stellte Henriette Herz als eine sitzende Halbfigur in ruhiger, natürlicher Haltung dar. Der dunkle Hintergrund ist ohne Schmuck, so dass die menschlichen Züge in den Vordergrund treten. Stirn und Augen sind am besten beleuchtet. Es entsteht der Eindruck einer geistig wachen, gedankenreichen, gütigen Person, nicht ohne Sinn für Mode. Ein federleichtes, weißes Seidentuch um Schulter und Dekolleté bildet den so schlichten wie raffinierten Kontrast zum schwarzen Kleid. Eine junge Dame, die sich eine gewisse höfische Eleganz und Lebensart zu eigen macht, eine Bürgerin, die etwas von Kunst und Kommunikation versteht, eine Person, die das Menschliche hegt und pflegt.

1797 bestieg Friedrich Wilhelm III. den Thron. Endlich wohnte wieder ein König in Berlin. Rund hundert Jahre zuvor waren Friedrich I. und Sophie Charlotte die letzten Hohenzollern gewesen, die Berlin als ihren Lebensmittelpunkt erkoren hatten. Ihre Nachfolger zogen es vor, ins kleinere Potsdam auszuweichen. Friedrich Wilhelm III. und Königin Luise residierten an der Lindenpromenade und hielten sich nur im Sommer auf den Schlössern und Landsitzen in und um Potsdam auf, falls nicht politische Ereignisse anderes verlangten. Friedrich Wilhelm III. war als Kronprinz im Kronprinzenpalais Unter den Linden aufgewachsen, just zwischen Schloss und Oper, in einem Gebäude, welches nach seiner Thronbesteigung Königliches Palais hieß. Lediglich größere Veranstaltungen, Bälle, Bankette, Galadiners fanden nebenan im Schloss statt.

Der König gab sich fast wie ein Bürger. Er wollte sich als Herrscher nicht hervortun, trat bescheiden auf, oft nur in einfacher Offiziersuniform ohne Rangabzeichen. Bei Spaziergängen im Tiergarten oder im Schlosspark Charlottenburg erschien er in Zivil, mit Gehrock, Zylinder und Spazierstock. Abends ging er gern ins Theater, besuchte das königliche Schauspielhaus auf dem Gendarmenmarkt, ebenso die königliche Oper Unter den Linden oder das Königstädtische Theater am Alexanderplatz, wo die leichte Muse vorherrschte. Schließlich war er auch anwesend, als in der Sing-Akademie Unter den Linden (im heutigen Maxim-Gorki-Theater hinter der Neuen Wache) die Matthäuspassion von Johann Sebastian Bach wiederentdeckt wurde, womöglich das ergreifendste, wundervollste Werk der deutschen Musikgeschichte. Karl Friedrich Zelter schrieb im März 1829 an Goethe: »Unsre Bachsche Musik ist gestern glücklich vonstatten gegangen, und Felix (Mendelssohn Bartholdy) hat einen straffen ruhigen Direktor gemacht. Der König und der ganze Hof sah ein komplett volles Haus.«

Friedrich Wilhelm III. hielt sich nicht für ein Genie. Kriege waren in seinen Augen nutzlos, wenngleich er sich durch Napoleon in solche hineingezwungen fühlte. In einer Denkschrift *Gedanken über die Regierungskunst* bemerkte er, »gesunde reine Vernunft, richtige Beurteilung und die strengste Gerechtigkeitsliebe« seien die Haupteigenschaften eines Regenten.

Nach der vernichtenden Niederlage der preußischen Armee bei Jena und Auerstedt gegen die napoleonischen Truppen 1806 berief er Reformpolitiker wie Heinrich Friedrich Karl vom und zum Stein und Karl August von Hardenberg an seinen Hof, in der Hoffnung, dass Preußen mit ihrer Hilfe wieder auf die Beine käme. Die Leibeigenschaft der Bauern wurde teilweise aufgehoben, die Bürgerschaft an der Stadtverwaltung beteiligt, die Gewerbefreiheit verbessert, das Heer reformiert.

Da die preußische Universität in Halle nach der verlorenen Schlacht bei Jena und Auerstedt vorläufig aufgegeben werden musste, baten ihn Professoren, in Berlin eine Universität zu gründen. Es entfachte sich eine Diskussion darüber, ob Berlin überhaupt der richtige Standort wäre, ob Universitäten überhaupt noch zeitgemäß seien – oder ob man nicht besser Fachhochschulen eröffnen sollte, stärker auf die praktisch-beruflichen Erfordernisse ausgerichtet.

Diese Debatte rief Friedrich Schleiermacher auf der Plan. 1808 veröffentlichte er die Schrift *Gelegentliche Gedanken über Universitäten im deutschen Sinn*. Er trat entschieden für die Universität ein, wo der Unterricht nicht auf der Ebene der beruflichen Bildung bleibe, sondern darüber hinausweise. Ihm schwebte ein akademischer Betrieb vor, der nicht nur lehrt, sondern auch forscht. Die Vorlesungen sollten durch Seminare ergänzt werden, in denen – nach dem Muster der Salons – alle Beteiligten, Professoren und Studenten, miteinander diskutieren.

Als Wilhelm von Humboldt 1809 schließlich zum preußischen Sektionschef für Kultus und öffentlichen Unterricht ernannt wurde, schloss er sich den Argumenten Schleiermachers an und betrieb mit Geschick die Gründung einer Universität an der Lindenpromenade. Im Juli 1809 reichte Humboldt beim König den »Antrag auf Errichtung der Universität Berlin« ein, zugleich verfasste er für seine Sektion ein Papier *Über die innere und äußere Organisation der höheren wissenschaftlichen Anstalten in Berlin*. Es begann: »Der Begriff der höheren wissenschaftlichen Anstalten, als des Gipfels, in dem alles, was unmittelbar für die moralische Kultur der Nation geschieht, zusammenkommt, beruht darauf, dass dieselben bestimmt sind, die Wissenschaft im tiefsten und weitesten Sinne des Wortes zu bearbeiten.« Die geplante wissenschaftliche Anstalt, die Universität, sollte sich auch mit den großen Fragen des Lebens beschäftigen. Was heißt Moral? Was ist der Mensch? Was kann, soll oder darf er tun?

Es ging um den Versuch, die Welt und ihre Gesetze auf freie Art und Weise zu ergründen. Endgültige Antworten auf diese Fragen gab es für Humboldt nicht. Es sollte die wichtigste Aufgabe der Universität sein, den Studenten eine wissenschaftliche Haltung beizubringen, ein Verständnis dafür, dass die Dinge dieser Welt bis zu einem gewissen Grad offen sind. Die Berliner Universität sollte an die Spitze von Forschung und Lehre treten, und er gewann namhafte Wissenschaftler und Koryphäen: Johann Gottlieb Fichte wurde Professor für Philosophie, Friedrich Schleiermacher für Theologie, Friedrich August Wolf für Philologie, Barthold Georg Niebuhr für Geschichte, Friedrich Carl von Savigny für Rechtswissenschaft und Christoph Wilhelm Hufeland für Medizin. Neben der Vorlesung nahm das Seminar einen gleichberechtigten Platz ein.

Humboldt hatte sich das leerstehende Prinz-Heinrich-Palais am Boulevard als Hauptgebäude gewünscht, weil es neben der Akademie der Wissenschaft und Künste lag und er sich von dieser Nachbarschaft Synergieeffekte versprach. Im Herbst 1810 wurde die Hochschule als »Universität zu Berlin« eröffnet. Die Linden-Universität wurde zum Ereignis: Neben den Studenten strömte das bürgerliche Publikum in die Vorlesungen.

Zur selben Zeit fand nebenan, in der Akademie der Künste, eine bemerkenswerte Ausstellung statt, zu der auch »ausländische«, sprich nichtpreußische Künstler eingeladen worden waren, darunter ein Maler aus Dresden, der seit einiger Zeit von sich reden machte: Caspar David Friedrich. Zu den Organisatoren der Ausstellung gehörte Friedrich Schleiermacher. Er ermunterte den Maler, in Berlin seine neuesten Werke zu zeigen. Der Theologe war, wie sein »Erinnerungsbüchlein« belegt, am 3. September 1810 in Friedrichs Atelier in Dresden gewesen, um die Bilder zu begutachten.

Höchstwahrscheinlich kannten sich die beiden schon länger. Schleiermachers Theologie dürfte Friedrich beeinflusst haben. Schon 1799 war aus Gesprächen zwischen Henriette Herz und Schleiermacher dessen Rede *Über die Religion* hervorgegangen, die das Dogmatische der Materie hinter sich ließ. Im Sinne der Aufklärung stellte der einzelne Mensch, das Subjekt, für Schleiermacher den Ausgangspunkt der Religion dar – und nicht die Moraltheologie. Sein Credo lautete: »Religion ist Anschauung und Gefühl (…), Sinn und Geschmack fürs Unendliche.« In diesem Sinn nahm Caspar David Friedrich das religiöse Sujet in seine Landschaftsmalerei auf.

Anfang Oktober 1810 waren die Gemälde »Abtei im Eichwald« und »Mönch am Meer« am Lindenboulevard zu sehen und machten Furore. Heinrich von Kleist rückte in seine *Berliner Abendblätter* die Besprechung durch Clemens Brentano ein: »Herrlich ist es, in einer unendlichen Einsamkeit am Meeresufer, unter trübem Himmel, auf eine unbegrenzte Wasserwüste, hinauszuschauen.« Damit war das ungewöhnliche Bild »Mönch am Meer« schon beschrieben. Friedrich verzichtete – kühn und modern – auf jegliche Staffage, die eine liebliche Stimmung hineinbrächte. Für das Auge gibt es keinen Anlass, sich irgendwo festzuhalten: keine Menschen, keine Bäume, keine Schiffe, nichts als Sand, Wasser, Nebel, Himmel – elementare Dinge, die mehr oder minder unvergänglich sind oder ewig wiederkehren. Der Mönch steht ruhig da und erlebt offenbar – mit Schleiermacher zu reden – den »stillen, hingegebenen Genuss« der Anschauung, die ihm ein Gefühl

Bild 13: Sinn und Geschmack für das Unendliche: »Der Mönch am Meer« von Caspar David Friedrich, 1810, Alte Nationalgalerie, Berlin

für das Universum, den Kosmos vermittelt, womöglich ein wonnigliches Grauen angesichts des Erhabenen und Unermesslichen.

Im Bild der »Abtei im Eichwald« sieht man auf den ersten Blick eine unwirtliche Gegend: eine eisig kalte Landschaft mit gotischer Kirchenruine in der Mitte. Dazu erblickt man Mönche, die einen Sarg tragen, womöglich mit dem toten Mönch, der am Meer stand. Die Szene spielt sich im untergehenden Tageslicht ab. Das Bild strahlt eine betörende Ruhe aus, so etwas wie die Ewigkeit der Zeit. Im untergehenden Tageslicht könnte sich auch das aufgehende Morgenlicht andeuten, der Wechsel von Tag und Nacht, Werden und Vergehen, Tod und Leben. Das gotische Maßwerkfenster der Klosterruine steht genau in der Mittelachse und sorgt für die wohltuende Ausgewogenheit des Bildes. Die flankierenden kahlen Eichen befinden sich im goldenen Schnitt, der seinerseits die angenehme Raumordnung stützt. Hinreißend der feine Pinselstrich, mit dem alles gemalt ist – am Ende lebensbejahend. König Friedrich Wilhelm III. und sein Sohn, der spätere König Friedrich Wilhelm IV., besuchten die Ausstellung am Lindencorso. Der Sohn bat den Vater, die zwei Gemälde von Caspar David Friedrich zu erwerben, was tatsächlich geschah.

König Friedrich Wilhelm III. hatte keine Scheu vor der künstlerischen Avantgarde seiner Zeit. Er trug das Seine dazu bei, dass sich der junge Maler etablieren und sein Können entwickeln konnte. Die beiden Werke wurden vorläufig im Berliner Schloss aufgehängt und kamen später in die Nationalgalerie. Heute zählt dort der Caspar-David-Friedrich-Saal zu den Höhepunkten des Hauses, wenn nicht zu den Glanzstücken auf der Museumsinsel überhaupt.

Viele Kunstwerke, die die königliche Familie erworben hatte, schmückten zunächst die Schlösser, wo sie das Publikum kaum sehen konnte. Das sollte sich ändern. Es formierte sich in Berlin eine gebildete Schicht aus Kreisen des Adels, der wohlhabenden Bürger, Gelehrten und Künstler, die über die Fragen des Geschmacks nachdachten und zu Kennern der bildenden Kunst wurden. Der Wunsch nach einem öffentlichen Kunstmuseum wuchs.

Die neuen Pläne für Berlin wurden zum Teil unter südlicher Sonne geschmiedet. Bevor Wilhelm von Humboldt als Sektionschef für Kultur und Unterricht nach Berlin berufen wurde, war er preußischer Gesandter am Heiligen Stuhl in Rom gewesen. Er und seine Frau Caroline führten dort ein gastfreies Haus, in dem sich nicht nur Kardinäle und Diplomaten einfanden, sondern auch Schriftsteller und Künstler, wie der dänische Bildhauer Bertel Thorvaldsen und sein deutscher Kollege Christian Daniel Rauch. 1803 gesellte sich zu diesem Kreis ein noch unbekannter Maler und Architekt aus Berlin hinzu: Karl Friedrich Schinkel – der zuvor an der Spree von David Gilly und dessen Sohn Friedrich in der Baukunst unterrichtet worden war. Nun war er in Italien, um seine beruflichen Kenntnisse zu vertiefen. Und von da an blieben die Humboldts eng mit ihm verbunden – und förderten ihn und seine Ideen für den Aus- und Umbau Berlins.

Immer wieder bewunderte Schinkel die urbane Dichte in den Zentren der großen italienischen Städte. In Venedig notierte er im Tagebuch: »Der Platz von St. Markus ist die einzige Promenade der Venetianer; Tag und Nacht ist hier das Getümmel der Menschen gleich groß. Die Kaffeehäuser, welche dicht gereiht um den Platz liegen, sind deshalb immer besucht und bilden die Versammlungsplätze für alles Geschäft und Vergnügen in der Stadt. Vormittags sieht man an verschiedenen Orten des Platzes Volk versammelt, welches durch sogenannte Philosophen mit Geschichten alter und neuer Zeit unterhalten wird. (…) Das schöne Geschlecht Venedigs, an dem die ganze Welt vorzügliche Feinheit und Grazie preist, zeigt sich außer in den Gondeln, Kirchen und Theatern vorzüglich auch auf dem Platz von San Marco und vermehrt das Interesse dieser Promenade.« Schinkel studierte nicht nur singuläre Architektur, sondern ebenso die Stadtbaukunst, die am Markusplatz ihren Höhepunkt erreichte und die Menschen anzog.

Der Platz selbst wurde für ihn zum Theater oder zum »Auditorium« der Philosophie – und der bedeutendste Staatsbau erschien ihm wie ein öffentliches Museum der Malerei: »Der Dogenpalast gehört unstreitig unter die prächtigsten und merkwürdigsten Gebäude der Welt. (…) Der Eintrittssaal ist, von der Decke bis zur Lehne der ringsum laufenden Sitze aus Mahagoniholz, mit den in Öl gemalten Landkarten aller Venezianischen Besitzungen geschmückt. Die ganzen Wände der übrigen Säle prangen mit den Meisterwerken des Titian, Tintoretto, Guido Reni, Palma etc.«

Eine solche Erlebnisfülle konnte Berlin den Besuchern bislang kaum bieten. Vergleichbar war an manchen Tagen das Gewimmel der Menschen Unter den Linden, auch die Lindenoper machte etwas her, aber es fehlte der Ziel- und Höhepunkt, sieht man einmal von der äußeren Hülle des Schlosses ab. Die preußischen Könige und Königinnen hatten bedeutende Kunst gesammelt, aber sie war auf die Schlösser und Landsitze in und um Berlin verteilt und für das Publikum nicht zugänglich. Wie anders die Situation in Venedig oder in Rom. Im Brief an den Grafen von Reuß-Schleiz-Köstritz teilte Schinkel 1803 von Rom aus mit: »Häuslich habe ich mich sonach niedergelassen unter den höchsten Werken der Kunst.« Zudem fand er bei den Humboldts einen Kreis von Kennern und Connaisseurs, die über Kunst und Stadtbaukunst debattierten, sei sie barock, sei sie antik. In Rom wurden Pläne geschmiedet, die in Berlin verwirklicht werden sollten.

Schinkel reiste auch nach Frankreich und schaute sich Paris an. Immer wieder fiel ihm eine gewisse Dramaturgie der Ereignisse auf, die ihn faszinierte. Im Dezember 1804 schrieb er an seinen Cousin Valentin Rose: »Ich führe Ihnen nur eine meiner Lieblingsempfindungen an, die mir dieser Ort gewährt (…), das ist der ruhige Genuß, wenn man aus den rauschenden Freuden des Palais Royal, der Boulevards, der Theater, der öffentlichen Gärten, ja fast aller Straßen in die geheiligten Säle der Kunst des vortrefflichen Museums tritt.« Gemeint war das ehemalige königliche Stadtschloss, der Louvre, der seit 1793 als öffentliches Kunstmuseum zugänglich war.

In Schinkel kreisten die Gedanken von der Erziehung des Menschengeschlechts durch das Schöne – ähnlich wie es seinerzeit Goethe, Schiller und Wilhelm von Humboldt vorschwebte. Schon als Architekturstudent bei den Gillys in Berlin hatte sich Schinkel mit dem Kunstmuseum als einer neuen architektonischen Aufgabe befasst. Im Jahr 1800 entwarf er als Neunzehnjähriger, wohl im Auftrag seiner Lehrer, den Grundriss für ein Museum und stellte es als fertigen Bau in einem Gemälde dar. Im Vordergrund ist ein parkartiger Garten zu sehen, der auf das leicht erhöhte Museum zuführt. Den Eingang bildet eine Säulenhalle, der zwei Rotunden folgen, um die herum sich die Ausstellungsräume gruppieren. Die Lage sowie die Architektur des Museums erzeugen einen gewissen Spannungsbogen, den der Besucher durchläuft, bevor er die Kunstwerke sieht.

Es war der Altertumsforscher und Professor der Akademie der Künste Aloys Hirt, der in Berlin zuerst für die Idee eines Kunstmuseums geworben hatte. Gräfin Lichtenau hatte den Gelehrten in Rom kennengelernt und ihn überredet, nach Berlin überzusiedeln. 1798 veröffentlichte er die Denkschrift *Über die Einrichtung eines Königlichen Museums der Antiken und einer Königlichen Gemäldegalerie*. Der Architekt Heinrich Gentz steuerte einen Plan für ein Museum mit Innenhof bei, vorgesehen Unter den Linden westlich vom Zeughaus, wo später die Neue Wache entstand. Schinkel ließ sich als Student jedoch nicht darauf ein und bevorzugte für sein Museum eine freie, exponierte Lage, die dem Kunsterlebnis allerhöchsten Rang zuwies.

Vorläufig konnte sich der König für die Idee eines Museums aber nicht erwärmen. Erst als Preußen gestärkt aus den napoleonischen Befreiungskriegen hervorging und nach 1814/15 wieder selbständig war, kam Schinkel zum Zug. Auf Vermittlung Wilhelm von Humboldts war er bereits 1810 in den Staatsdienst übernommen worden, 1815 erfolgte die Ernennung zum Geheimen Oberbaurat. Innerhalb weniger Jahre sollte sich unter seiner Ägide Berlin verändern. Schinkel verlieh zwei Hauptpunkten der Stadt ein neues Gepräge: zunächst dem Gendarmenmarkt mit dem Bau des neuen Schauspielhauses (nachdem das alte abgebrannt war), dann verwandelte er das Umfeld des Lustgartens mit der Errichtung eines öffentlichen Kunstmuseums.

Stilistisch war Schinkel sowohl Vertreter des Klassizismus als auch der Romantik. Er hatte eine Ader für die gotische Baukunst, die für ihn die »vaterländische Art« repräsentierte, ebenso für die antike Architektur, insbesondere die griechische. Die gotische Baukunst zielte für ihn auf Vergeistigung. Dagegen verkörperte die klassizistische Baukunst Schwerkraft und Erdverbundenheit, gab sich gediegen, gesetzt, proportioniert. Seinem Ideal nach sollte sich das eine mit dem anderen verbinden, selbst wenn der eine Bau eher neogotisch, der andere eher klassizistisch anmutete. In beiden Stilen lag für ihn eine zivilisierende Kraft, die ihn reizte.

Schinkel erhielt 1816 erstmals einen königlichen Bauauftrag – und das wäre beinah schiefgegangen, weil der Architekt die aktuellen Vorlieben des Bauherrn nicht genau kannte. Schinkel legte für die Neue Wache Unter den Linden einen ersten Entwurf vor, in dem sich auf subtile Weise Neogotik und Klassizismus vereinten. Der Bau sollte romantisch von der Straßenfront zurückweichen und der Weg dorthin von Baumreihen eingefasst werden. Der König lehnte den Vorschlag ab. Er wollte das Bauwerk unmittelbar an der Promenade haben, in der Anmutung weniger träumerisch. Das Neogotisch-Romantische war für ihn nach den Befreiungskriegen als vaterländische Kunst mit zu viel »wilden Trieben« und »Freiheitsliedern« verbunden. Er selbst sehnte sich, wie es Graf Redern in seinen Memoiren ausdrückte, »nach ruhigen Zeiten in einem geordneten Staate«.

Der König wollte seiner Residenz ein modernes Aussehen verleihen – und das brachte für ihn im Moment am besten die klassizistische Architektur zum Ausdruck. In ihrer Anlehnung an die mediterrane Antike vermittelte sie eine größere geografische Weite und zeitliche Tiefe. Im Gegensatz zur gotischen wirkte die klassizistische Baukunst weltläufiger, kosmopolitischer. Sie verband sich besser mit dem Geist des Biedermeier: Einfachheit, Maß, Beruhigung.

Schinkel legte einen dritten Entwurf vor, der dem König gefiel. Auf quadratischem Grundriss entstand ein kubischer Baukörper, an den Ecken geschmückt mit turmartigen Risaliten, die nach Schinkels Angaben an ein »Castrum« erinnern sollten. Der Eingang wurde mit einem Säulenportikus aus Sandstein in dorischer Ordnung betont. Es entstand ein Hauptwerk des deutschen Klassizismus, an dem neben Karl Friedrich Schinkel auch Friedrich Wilhelm III. als Ideengeber Anteil hatte.

Der Bau der Neuen Wache war noch nicht vollendet, als das Schauspielhaus auf dem benachbarten Gendarmenmarkt niederbrannte. Kurz darauf, 1818, erhielt Schinkel den königlichen Auftrag, ein neues zu errichten. Das war eine Aufgabe von weit größerer Dimension. Doch bereits vier Wochen später legte Schinkel seine Pläne vor, so, wie sie bis 1821 ausgeführt wurden. Ein mächtiges Sockelgeschoss hob das Schauspielhaus aus der übrigen Stadtlandschaft heraus. An der östlichen Schauseite verstärkten Freitreppe, Säulenportikus und ein überragender Giebel den Höhendrang. Quer- und längsgestreckte Baumassen wurden ineinander verzahnt, erzeugten Wucht und Präsenz, ganz so, als schaue die Weltgeschichte nun auch in Berlin vorbei.

Übrig blieb Schinkels Lieblingsprojekt, der Bau eines Kunstmuseums – oder im übertragenen Sinn: die Erziehung des Menschengeschlechts durch das Schöne in der bildenden Kunst. Der König war 1814 selbst in Paris gewesen und 1822 auch in Rom, wo er die großartigen Kunstsammlungen der Ewigen Stadt aufsuchte. Er wurde aufgeschlossener für ein Museumsprojekt in der eigenen Hauptstadt.

1823 zeichnete Schinkel seine Vision von der neuen Mitte Berlins: den Lustgarten mit einem Museum im Norden, mit dem Dom im Osten (nicht zu verwechseln mit dem späteren Dom aus wilhelminischer Zeit), dem Schloss im Süden und einer neuen Schlossbrücke im Westen; am linken Rand erschien knapp noch das Zeughaus. Zugleich beauftragte er Friedrich Jügel, ein Gemälde davon zu erstellen, um damit Werbung zu machen. Bezaubernd die ruhige noble Horizontale und gemessene Weiträumigkeit – eine arkadische Stadtlandschaft als neues Herz von Berlin, als harmonische Verbindung von Politik und Kunst, Schloss und Museum.

Die breite Schlossbrücke, die nach Schinkels Plänen die Lindenpromenade mit dem Lustgarten verbinden sollte, war 1823 bereits im Bau, doch für ein neues Museum gegenüber dem Schloss lag noch kein Beschluss vor. Dieser Monumentalbau am Lustgarten sollte Schinkels Hauptwerk werden.

Sein Coup gelang. Der König genehmigte den Plan des Architekten für ein Museum an dieser Stelle: in gewissem Abstand zum Schloss, durch den Lustgarten entrückt, dann leicht erhöht, auf einem Sockelgeschoss fußend, mit Freitreppe und vorgelagerter langgestreckter Säulenhalle, inspiriert von der »Stoa Poikile«, der Bunten Halle, die einst an der Nordseite der Agora in Athen stand, so wie es vom antiken

Bild 14: Berlins neue Mitte als arkadische Stadtlandschaft: der Lustgarten, umzogen vom Museum, dem Dom und dem Schloss, Bleistiftzeichnung von Karl Friedrich Schinkel, 1823, Kupferstichkabinett, Staatliche Museen zu Berlin

Reiseschriftsteller Pausanias in seiner *Beschreibung Griechenlands* dargestellt wurde. Diese Halle war unter anderem Ort einer philosophischen Schule, eben der »Stoa«, der stoischen Philosophie. Schinkels Museumsentwurf machte den Lustgarten zu einer Agora: zum Versammlungsplatz der Bürger und Philosophen, der Kunstkenner und Connaisseurs. Die breite, ausschwingende Säulenreihe des Museums bildete eine einladende Geste – ein Haus, offen für alle.

Öffentlich sprach sich Schinkel nur über die stilistische Idee des Museumsentwurfes aus, um den König nicht zu beunruhigen. Der Baumeister kannte die Lieblingsbegriffe seines Bauherrn. In einer Denkschrift erklärte er: »Was den Stil der Architektur betrifft, der sowohl im Äußeren als durch das ganze Innere herrscht, so war die Einfachheit der Hauptformen dabei der vorzügliche Gesichtspunkt. Die Ausdehnung des Platzes, auf dem das Gebäude steht, die Nachbarschaft des Königlichen Schlosses und des prächtigen Zeughauses verlangen großartige Verhältnisse.«

In Wahrheit wandte Schinkel wieder sein Kompositionsprinzip des gemischten Stils an, nur neu variiert. Die Säulenhalle am Eingang stand in athenischer Tradition, allerdings mit schlankeren, höheren Säulen; es folgte ein modernes Treppenhaus, das vom Obergeschoss herrliche Blicke auf den Lustgarten und die Stadt bot, schließlich schloss sich an das Treppenhaus eine große Rotunde an, die das römische Pantheon nachahmte und hauptsächlich der Dramaturgie des Weges und der Einstimmung auf die Kunstwerke in den anderen Sälen dienen sollte.

Damalige Kritiker fanden die geplante Rotunde zu luxuriös. Schinkel verteidigte seinen Plan: »Die Größe der entworfenen Rotunde ist an sich keinesweges übermäßig colossal (...); aber ein großer und dabei schöner würdiger Raum kann den darinnen aufgestellten Gegenständen auch niemals nachtheilig sein; im Gegentheil wird er ihnen den Vortheil bringen, daß der Besucher sich darinnen erhoben und für den Genuß empfänglicher fühlt.« Für Schinkel sollte die Museumsarchitektur nicht einfach Räume für Kunstwerke schaffen, sondern durch Anlage und Raumfolge auf diese einstimmen sowie nach außen repräsentativ sein. In einer Denkschrift, die er 1828 gemeinsam mit Gustav Waagen verfasste, hieß es: »Erst erfreuen, dann belehren.«

Während der Museumsbau zwischen 1825 und 1830 entstand, beauftragte der König eine Kommission, die in den königlichen Schlössern und Landsitzen in und um Berlin die vorhandenen Kunstwerke sondieren und ein Ausstellungskonzept erstellen sollte, ergänzt durch neue Ankäufe. Ähnlich wie es bereits Aloys Hirt vorgeschlagen hatte, sollte es im Museum sowohl eine Antikensammlung im Hauptgeschoss als auch eine Gemäldegalerie im Obergeschoss geben. Hirt, Schinkel und Waagen gehörten der Kommission an, Wilhelm von Humboldt übernahm 1829 den Vorsitz. Mit sicherem Gespür entdeckte man die antike Bronzefigur des »Betenden Knaben« als überragendes Werk der königlichen Kunstsammlungen und fand dafür eine exponierte Position. Wenn der Besucher in der Rotunde stand, führte die Mittelachse durch eine offene Tür in den nördlichen Saal, wo der »Betende Knabe« erschien – so wie auch heute wieder.

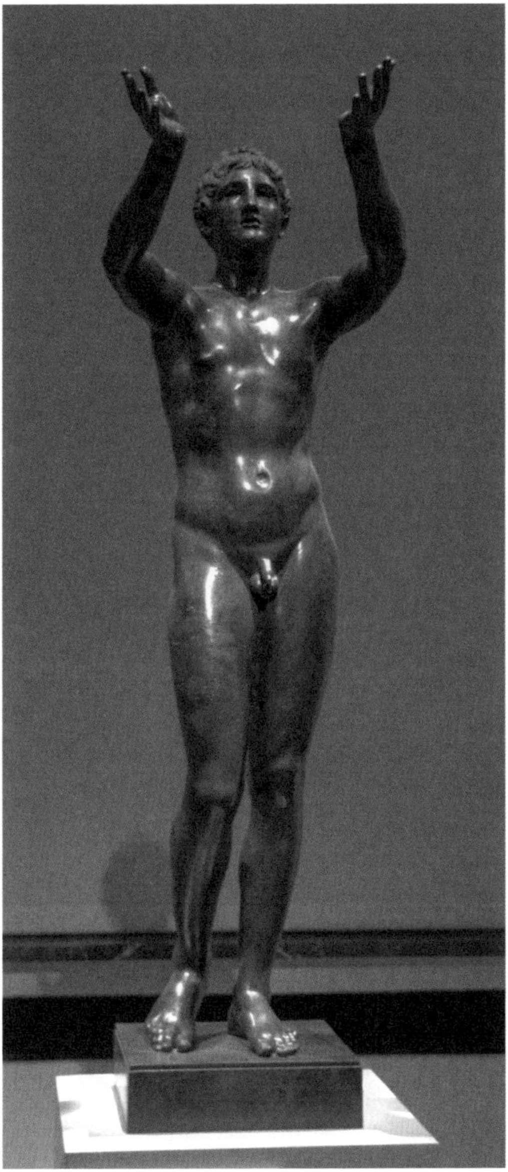

Bild 15: Jüngling aus dem antiken Griechenland: der »Betende Knabe« im Alten Museum, Berlin

Diese Bronzefigur war um 300 v. Chr. gegossen worden. Wiederentdeckt wurde die Statue um 1500 beim Bau der Stadtmauer in Rhodos. Von dort aus gelangte sie nach Venedig und erlebte so etwas wie eine Odyssee quer durch Europa. Eine Zeitlang befand sie sich im Besitz des französischen Finanzministers in Paris, schließlich strandete sie in Wien, beim Fürsten Wenzel von Liechtenstein, bis sie 1747 vom preußischen König Friedrich II. erworben und auf der Terrasse von Schloss Sanssouci aufgestellt wurde, so dass der König von seinem Bibliotheksschreibtisch aus darauf blickte.

Die Bezeichnung »Betender Knabe« erhielt die Figur erst nach der Wiederentdeckung, auch die sich erhebenden Arme wurden hinzugefügt, da die ursprünglichen fehlten. Was die nackte Figur anfänglich darstellen sollte, bleibt ungewiss. Man sieht einen unglaublich schönen jungen Mann, vielleicht betend, vielleicht erotisch verführend, womöglich ein jugendlicher Gott oder Halbgott, keineswegs ein Heros oder Draufgänger, sondern leicht androgyn, mehrdeutig, mit weichen fließenden Formen, nicht unsportlich, mit sanftem Schwung in der Pose, von gehaltener Energie, mit Sehnsucht im Gesicht, spirituellem Verlangen nach dem Glück.

Eleganz des Biedermeiers: Schaufenster, Konditorei, Terrasse

Mit der Errichtung des Museums am Lustgarten war für Schinkel der Traum vom Ausbau der Berliner Mitte noch nicht zu Ende. Wenngleich er ein Romantiker war, der dem Schönen huldigte, verstand er sich nicht minder als Bürger, der mit der Zeit geht. 1825 führte ihn eine weitere Reise nach Frankreich und England. In Großbritannien wollte er vor allem die neuen Formen der Industrialisierung und Rationalisierung kennenlernen. So besuchte er unter anderem Manchester, einen der Hauptorte der industriellen Revolution.

Er wog das Für und Wider des neuen Wirtschaftens sorgfältig ab. In seinen Augen hob die Industrie den Wohlstand des Landes. Die Fabrikanten waren aber nicht zimperlich, gingen unbekümmert gegenüber den Menschen und der Natur vor, verloren sich im Grenzen- und Gewissenlosen: »In Manchester, wo wir gestern waren«, schrieb er an seine Frau im Juni 1826, »sind seit dem Kriege (seit 1815) 400 neue große Fabriken für Baumwollspinnerei entstanden, unter denen mehrere Gebäudeanlagen in der Größe des Königl. Schlosses zu Berlin stehn, tausende von rauchenden Obelisken der Dampfmaschinen ringsum (...). Alle diese Anlagen haben so enorme Massen von Waren producirt, daß die Welt davon überfüllt ist, jetzt 12 000 Arbeiter auf den Straßen zusammenrottirt stehen, weil sie keine Arbeit haben.«

Während am Berliner Hof noch über edle Einfalt und stille Größe nachgedacht wurde, wehte in Mittelengland bereits ein anderer Wind. Schinkel lehnte die industrielle Vermehrung der Dinge nicht ab, weil ein größeres Warenangebot vielen Menschen zugutekam. Er interessierte sich für die Senkung der Kosten durch Rationalisierung. Allerdings kam es für ihn darauf an, die Industrie mit dem Geist von Kunst und Handwerk zu versöhnen. 1827 entwarf er einen kühnen Plan: ein monumentales Kaufhaus Unter den Linden, quasi »in der Größe des Königl. Schlosses« – vergleichbar mit dem Palais Royal in Paris, wo sich im riesigen Innenhof dicht an dicht Geschäfte, Cafés und Restaurants reihten. Auch der Markusplatz in Venedig präsentierte sich ähnlich.

Unter den Linden fand der Flaneur zwar bereits ein paar noble Gasthöfe und Hotels, eine Oper, eine Universität und am Lustgarten ein Kunstmuseum. Doch es konnte keine Rede davon sein, dass Ladengeschäfte und Cafés in angemessener Zahl vorhanden gewesen wären. Für Schinkel gehörte zum Boulevard aber eine gewisse Vielseitigkeit und Lebendigkeit: das Ineinander von materiellen und geistigen Gütern, von sozialem Verhalten und soliden schönen Dingen.

Bild 16: Phänomenal: Entwurf für ein Kaufhaus Unter den Linden, kolorierte Zeichnung von Karl Friedrich Schinkel, 1827, Kupferstichkabinett, Staatliche Museen zu Berlin

Der Baumeister wollte an der Lindenachse einen starken bürgerlichen Akzent setzen. Und er erwog sogar, für sein Vorhaben die Akademie der Künste und Wissenschaften zu verlegen und das ältere Gebäude abzureißen. Die Lindenpromenade sollte im Anschluss an den höfischen Bereich ein gewerblich-gastliches Forum erhalten. Schräg gegenüber dem Opernplatz, der sich nach Süden ausdehnt, sollte ein neuer großer Platz entstehen, der sich nach Norden erstreckt, umzogen von einer symmetrisch geordneten Dreiflügelanlage, streng gegliedert und getaktet, mit aufgelösten Wänden: im Kern bereits ein rational geordneter Skelettbau aus Stein mit großen Fenstern – nicht mehr weit entfernt vom verglasten Stahl-Beton-Skelettbau der Moderne.

Der Entwurf für diesen bürgerlichen Zweckbau war so einfach wie würdevoll: Er mutete klassizistisch an durch Horizontale, Symmetrie, Ausgewogenheit; er war neogotisch-romantisch durch die aufgelösten Wände mit großen Fenstern und Stabwerk; er war fürstlich durch die schlossartige Größe des Ganzen. Hinzu kam etwas Natürliches durch die Baumreihen im langgestreckten Hof. Schinkel wollte Platz schaffen für 100 verschiedene Geschäfte: Schaufenster an Schaufenster, Laden an Laden, Kaffeehaus an Kaffeehaus. Über den Läden waren

Wohnungen für die Betreiber vorgesehen: Wohnen und Arbeiten am Boulevard. Schinkel hoffte, dass eine Aktiengesellschaft das Projekt finanzieren würde und schrieb: »Berlin erhält durch die Anlage eines so bedeutenden Kaufhauses einen Mittelpunkt des Verkehrs, wodurch für Einheimische wie für Fremde manches Geschäft erleichtert und überhaupt ein Vereinigungspunkt gebildet wird.«

Das war Schinkels städtebauliches Credo: Mittelpunkte, Vereinigungspunkte schaffen – magische Orte für die menschliche Begegnung. Er dachte in Kontrasten, die sich gegenseitig beleben: So wie sich am Lustgarten Schloss und Museum, Politik und Kunst gegenüberstanden und idealerweise aufeinander eingingen, so sollten Opernplatz und Kaufhausforum aufeinanderfolgen: hier die Sphäre von Kunst und Wissenschaft, dort der Ort von Gewerbe und Gastronomie.

Das Projekt des Kaufhauses mutete aber dem König zu fantastisch an und wurde nicht genehmigt. Sowieso scheute man sich, in die palastartigen friderizianischen Fassaden Unter den Linden im Erdgeschoss größere Schaufenster einzubrechen. Allerdings gab es in Berlin schon ein paar Modeläden in der Königsstraße und an der Schlossfreiheit, eine Häuserreihe westlich vor dem Schloss, in Sichtweite zum Lustgarten (eine Zeile, die Ende des 19. Jahrhunderts abgerissen wurde). Der Maler Johann Erdmann Hummel entdeckte dort um 1828 bereits eine »Modewaren-Handlung« mit Schaufenster, am nördlichen Ende der Schlossfreiheit.

Vor der Tür steht eine Berühmtheit: die Opernsängerin Henriette Sontag, die von den Berlinern abgöttisch verehrt wurde. Sie sieht ihr Spiegelbild in der verglasten Tür, fühlt sich geschmeichelt, ist Betrachterin und Akteurin zugleich. Sie trägt einen modischen Hut mit großen weißen und schwarzen Schleifen, mit einer Prise Extravaganz, dazu ein cremefarbenes Kleid, das geschmeidig nach unten fällt, die Taille leicht betont durch ein braunes Band. Nicht länger nur Königinnen, sondern auch Bürgerinnen geben jetzt in der Mode den Ton an.

Die Salonière Rahel Varnhagen von Ense, die ihrerseits beanspruch-

Bild 17: Verführerische Spiegelungen: Die Opernsängerin Henriette Sontag vor einer »Modewaren-Handlung« mit Schaufenster an der Schlossfreiheit in Berlin, Gemälde von Johann Erdmann Hummel, 1828, seit dem Zweiten Weltkrieg verschollen

te, den guten Ton in der Stadt vorzugeben, stichelte gern gegen Frauen, die sie als Konkurrentinnen empfand, ob Henriette Herz oder Henriette Sontag. »Überall«, klagte sie ihrem Freund Eduard Gans, »ist das Große und Erhabene verschwunden, das Mäßige, Anmutige, ist an die Stelle getreten (...) – ein artiges Betragen, gefällige Eleganz, sittsame Zurückhaltung bei gehöriger Lebhaftigkeit, eine selbstbewußte Bescheidenheit, – kurz die leibhaftige Mlle. Sontag.« In der Tat war nach dem heroischen Zeitalter Friedrichs II., nach der stürmischen

Periode der Französischen Revolution und der Napoleonischen Kriege endlich eine Friedenzeit angebrochen: das Biedermeier.

Aus dem »honnête homme« oder der »honnête femme« des Rokokos wurde der Biedermann oder die Biederfrau, eine Mischform, ein »Bourgeois gentilhomme«: der Bürger als Herr, die Bürgerin als Dame. Der König selbst sollte bieder sein. Achim von Armin pries König Friedrich Wilhelm III. 1810 in dem Gedicht »Der Stralauer Fischzug«: »Jeder atmet stolzer wieder,/Wenn er hört vom fremden Munde,/Auf dem ganzen Erdenrunde/Ist kein König also bieder.« Bieder meinte honorig, ehrenhaft, anständig, rechtschaffen, sachlich, tüchtig, treuherzig. Der Biedermann und die Biederfrau galten keineswegs als Stubenhocker mit verengtem Horizont; sie waren idealerweise gebildet und beredt, geschmeidig und weltkundig. Erst später, in der zweiten Hälfte des 19. Jahrhunderts, wurde die Kultur des Biedermeiers vom Industriezeitalter verzeichnet.

Elegante Einfachheit wurde für das Berliner Biedermeier verbindlich: ein dezidiert höfisch-bürgerlicher Stil. Mehr denn je galten die Maximen Rousseaus und Winckelmanns, sprich die Verweise auf eine natürliche Lebenshaltung und die Ursprünglichkeit der Kunst. Im Gegensatz zum Klassizismus oder zum Empire verzichtete die Biedermeierkunst fast auf jegliches Dekor und stellte die Material- und Formschönheit zur Schau. Die Periode besaß in mancher Hinsicht mehr Pfiff und Geschmeidigkeit als spätere Epochen. Für Schinkel gab es keine Grenze zwischen freien und angewandten Künsten. Schon 1807 war er an der Ausstattung zweier Zimmer für Königin Luise im Palais Unter den Linden beteiligt; drei Jahre später erhielt er den Auftrag für die Ausstattung eines gesamten Schlafzimmers. Um 1825 – womöglich schon etwas früher – entwarf er eine Ikone des biedermeierlichen Stuhls, der in Serie von Tischlereien hergestellt wurde: den schlicht geschwungenen Tafelstuhl aus poliertem Birkenholz mit Rohrgeflecht – einen Stuhl von zeitloser Schönheit. Er betont das Reduzierte, Vereinfachte, Maßvolle, Elegante.

Bild 18: Von schlichter Eleganz: Tafelstuhl aus poliertem Birkenholz mit Rohrgeflecht, nach einem Entwurf von Karl Friedrich Schinkel, um 1825, Neuer Pavillon im Schlosspark Charlottenburg

Mehrere dieser Stühle befanden sich im Königlichen Palais Unter den Linden, sowohl im Speisezimmer als auch in der Hauskapelle, zu sehen auf Gemälden von Friedrich Wilhelm Klose aus der Zeit um 1840. Bis heute stehen einige im Neuen Pavillon im Schlosspark Charlottenburg, der nach Schinkels Entwürfen um 1824/25 errichtet und ausgestattet wurde.

Wien, München, Berlin, Hamburg und Kopenhagen waren die Zentren der Biedermeierkunst, doch in Berlin wurde die schlichte Eleganz besonders betont. Es gab jetzt einen gewissen Berliner Stil, den man auch als Lindenstil bezeichnen könnte, weil er vom Königlichen Palais Unter den Linden maßgebliche Impulse empfing. Die Devise des Berliner Biedermeiers lautete: bloß kein Zuviel, kein unnötiger Überfluss, keine überfüllten Räume, nichts Vollgestopftes, nichts Beengendes.

Bild 19: Der König in Zivil: Friedrich Wilhelm III. von Preußen, Zeichnung in schwarzer Kreide von Carl Christian Vogel von Vogelstein, 1832, Kupferstich-Kabinett, Staatliche Kunstsammlungen Dresden. Der Regent liebte Begriffe wie Einfachheit, Maß und Eleganz.

Bild 20: Der Künstler auf der Suche: Karl Friedrich Schinkel, Bleistiftzeichnung von Carl Christian Vogel von Vogelstein, 1824, Kupferstich-Kabinett, Staatliche Kunstsammlungen Dresden

Bild 21: Klarheit und Anmut – eine Art Lindenstil: bürgerliches Wohnzimmer, von einem unbekannten Berliner Künstler, um 1830, Germanisches Nationalmuseum Nürnberg

Es kam nicht so sehr auf äußerlichen Schmuck oder Statussymbole an, sondern auf die persönliche Kunst, ein Zimmer zu bespielen: durch den Umgang mit Menschen, durch das gemeinsame Essen und die Unterhaltung, durch das Musizieren und Lesen. Bezaubernd die Klarheit und Anmut, die sich in Berliner Zimmerbildern der Biedermeierzeit widerspiegeln, wie im »Bürgerlichen Wohnzimmer« von einem unbekannten Künstler: mit Parkettboden, schnörkellosen Möbeln, grün gemusterter Papiertapete, einem Gemälde über dem Sofa, hellen Fenstern – ein freundlicher und luftiger Raum mit Frühlingsfrische.

Berlin brachte nach den Befreiungskriegen, nach 1815, auch auf dem Gebiet der Kaffeehauskultur etwas Eigenes hervor: die »Conditorei« mit Lesekabinett. Konditoreien hatte es bis dato in Berlin längst gegeben, doch es handelte sich um einfache »Kuchenläden«. Nun kamen Konditormeister aus dem schweizerischen Graubünden, die ihre Namen auf ihre »Conditoreien« übertrugen: wie »Josty«, »Stehely« oder

»Spargnapani«. Allein schon diese Namen verliehen der Kaffeehausszene an der Spree neuen Schwung und Exotik. Die Herren verstanden etwas von ihrem Metier, offerierten feinste Torten und Schaumgebäck sowie köstliche hauseigene Eiscreme. In den angefügten Kabinetten lagen Zeitungen aus, nicht nur die Berliner Presse, sondern auch Blätter aus anderen deutschsprachigen Städten, desgleichen ausländische Medien wie die *Times*.

Diese Konditoreien waren von schlichter Eleganz. Obwohl der Berliner an sich gesprächig war, ging es hier still zu, weil viele Gäste – vorläufig hauptsächlich Herren – lasen. Die Leselust des Salons übertrug sich auf die »Conditorei«. Im Gegensatz zum Bier in den Kneipen machte dort der Kaffee den Geist wach. Es ging nicht um Vernebelung des Kopfes, sondern um lebendiges Bewusstsein und Gedankenlust. Eine frühe Berühmtheit erlangte die Konditorei »Stehely« am Gendarmenmarkt, im Rücken des Schauspielhauses, an der nordwestlichen Ecke Jägerstraße / Charlottenstraße. Der Maler Gustav Taubert hat das Geschehen im »Stehely« im Jahr 1832 festgehalten. Es staffeln sich drei intime Räume hintereinander, eingerichtet mit einfachen Stühlen und Tischen. Ein großer Teil der Gäste liest die Zeitung und will wissen, was in der Welt vor sich geht.

Als Heinrich Heine in den frühen 1820er Jahren an der Berliner Linden-Universität Jura und Philosophie studierte, entdeckte er bereits auch das »Josty« an der Stechbahn, im Osten des Schlossplatzes (später zog es an den Potsdamer Platz um). In seinen launisch-ironischen wie begeistert-virtuosen *Briefen aus Berlin* schrieb Heine unter dem Datum »26. Januar 1822«: »Und hier wohnt Josty! – Ihr Götter des Olymps, wie würde ich euch eure Ambrosia verleiden, wenn ich die Süßigkeiten beschreibe, die dort aufgeschichtet stehen. Oh, kenntet ihr den Inhalt dieser Baisers! O Aphrodite, wärest du solchem Schaum entstiegen, du wärest noch viel süßer.«

Nach dem Besuch im »Josty« lief der Literat auf die Linden zu, die für ihn in repräsentativer Grandeur auftauchten: »Wirklich, ich kenne

Bild 22: Gedankenlust: »Alles liest alles«, Konditorei »Stehely«, Gemälde von Gustav Taubert, 1832, Stiftung Stadtmuseum Berlin

keinen imposantern Anblick, als, vor der Hundebrücke stehend (die bald durch die Schlossbrücke ersetzt wurde), nach den Linden hinaufzusehen. Rechts das hohe, prächtige Zeughaus, das neue Wachhaus, die Universität und Akademie. Links das königliche Palais, das Opernhaus, die Bibliothek usw. (...) Es ist just zwölf und die Spaziergangszeit der schönen Welt. Die geputzte Menge treibt sich die Linden auf und ab. Sehen Sie dort den Elegant mit zwölf bunten Westen? Hören Sie die tiefsinnige Bemerkung, die er seiner Dame zulispelt?« Bunte, ambivalente Eindrücke: erhabene Baukunst, Preußens Glanz und Gloria, Gecken und Gaffer.

Neben den »Conditoreien« gab es auch »Cafés«. Dort standen nicht Gebäck und Zeitunglesen im Vordergrund, sondern Gespräch und gute Speisen. Es handelte sich um Café-Restaurants. Heines Lieblingslokal war das »Café Royal« an der südöstlichen Ecke Unter den Linden/Charlottenstraße. Hier gefiel dem kritischen Kopf alles: der Gastgeber, die Räume, die Speisen und Getränke, die illustren Gäste: »Laßt uns hineingehn. Ein schönes Lokal; vorn das splendideste Kaffeehaus Berlins, hinten die schöne Restauration. Ein Versammlungsort eleganter, gebildeter Welt.«

Schließlich stieß man an der Lindenpromenade auch schon auf ein Gourmet-Restaurant: das »Jagor«. Es befand sich genau dort, wo vorher der »Gasthof zur Sonne« beziehungsweise das »Hôtel de Russie« war, wo Goethe und Schiller übernachtet hatten. Vor der Tür war noch das alte Sonnenemblem zu sehen. Heine schrieb: »Und hier wohnt – Jagor! Eine Sonne steht über diese(r) Paradiesespforte.« Allerdings ließ sich der Kritiker nicht blenden: »Und dennoch, diese Sonne ist nicht ohne Flecken. Wie zahlreich auch die seltenen Delikatessen sind, die hier auf der täglich neu gedruckten Karte angezeigt stehen, so ist die Bedienung doch oft sehr langsam, nicht selten ist der Braten alt und zähe, und die meisten Gerichte finde ich im ›Café Royal‹ weit schmackhafter zubereitet. Aber der Wein? Oh, wer doch den Säckel des Fortunatus hätte!«

Eine Speise- und Weinkarte des »Jagors« aus dem Jahr 1830, die sich in der Berliner Staatsbibliothek befindet, listet die Weine des Lokals auf. Sie zählten zum Besten, was man damals in Europa bekommen konnte. Schwerpunkte bildeten französische und deutsche Weine. Erstere stammten aus Bordeaux, Burgund, von der Rhone und aus der Champagne. Letztere kamen von der Mosel, aus dem Rheingau, von Rheinhessen und aus Franken, darunter »Gefrorner Steinwein«, sprich Eiswein vom Würzburger Stein, daneben »Dessertweine« wie »Madeira«, »Portwein«, »Tokayer Essenz Ausbruch«, »Ganz alter Cognac«.

Die »seltenen Delikatessen«, von denen Heine sprach, umfassten vermutlich die Vorspeisen, die am teuersten waren, wohl aber auch am besten: darunter »Austern«, »Frischer Caviar«, »Geräucherter Rheinlachs«, »Rindermark«, »Kalbsbrögen« (Kalbshirn), »Croquetten von Kalbsmilch« (Kalbsbries), »Beef-stakes« (Beefsteaks), zudem gab es frischen Fisch und Geflügel: »Grenadin von Zander m. Krebsen«, »Fricassée von Taube«, »1 jung Huhn glacé mit Ragout fin«.

»Hotels«, »Restaurationen«, »Cafés« und »Conditoreien« wurden zu wichtigen gesellschaftlichen Institutionen – kaum weniger bedeutend als Oper, Theater, Konzertsaal, Museum. Der beliebte Berliner Arzt Ernst Ludwig Heim ging gern ins »Jagor«. Schon im Mai 1818 hatte er in sein Tagebuch eingetragen: »Mittags bei Jagor in Gesellschaft mehrerer Aerzte gespeißt. Eine Zahl von 12 Aerzten haben sich vorgenommen, immer den 1sten Montag des Monats bei einem Restaurateur des Mittags zusammen zu eßen und sich freundschaftlich zu unterhalten.« Darum ging es: dass es zwischen den beruflichen Geschäften auch ein wenig Geplauder, Vertraulichkeit, Vergnügen, Anregung gab.

Heims Tagebuch liest sich fast wie ein früher Großstadtroman. Zwar war er ein nüchterner Chronist, aber man spürt, wie er unter säkularen weltlichen Bedingungen eine neue Kunst des Lebens auslotet. Anfänglich hilft ihm das Tagebuch, Gedanken zu klären und Ordnung in sein Leben zu bringen; doch zunehmend hebt er jene Augenblicke hervor, die das Leben zum Vergnügen machen. Berlin entpuppte sich als Großstadt, die ein Mehr an Möglichkeiten bietet. Zum Nützlichen – Beruf, Ökonomie, Wissenschaft – kam das Schöne hinzu.

Die Einträge im Tagebuch beginnen mit dem Studium in Halle, setzen sich fort mit der Niederlassung als Arzt in Berlin 1783, enden mit dem Tod 1834. Am Anfang der Berliner Zeit geht es im Tagebuch hauptsächlich um Beruf, Haus, Ehe, Familie. Die Arztpraxis und die

Wohnung befanden sich im selben Gebäude, an der südwestlichen Ecke Kronen-/Markgrafenstraße, nahe dem Gendarmenmarkt. Je mehr sich dann Zeltenplatz, Zeltenallee, Lindenallee und Lustgarten in eine langgestreckte Promenade verwandelten, desto mehr fand Heim Gefallen am urbanen Leben. Immer öfter spazierte er in Begleitung seiner Frau, zuweilen auch mit den Kindern oder allein, auf und ab. Er und seine Gattin nahmen an Maskenbällen in der Lindenoper teil. Sie besuchten die Konzerte in der Sing-Akademie oder das Museum auf der Spree-Insel.

Heim wurde zu einem Meister biedermeierlicher Lebensart. Während der Bourgeois des aufstrebenden Industriezeitalters nach Geld und Gewinn strebte, ging es dem Biedermeier um ein erfülltes Leben. Wichtig waren für ihn: Bildung und Beruf; Wohnung und Familie; Gemeinsinn und Gesetzestreue; Stadtleben und Freundschaft; Gesundheit und Natur. Aufgewachsen in der Periode der Aufklärung, durchlief Heim die Phasen von Naturschwärmerei, Klassizismus, Romantizismus und fand seinen eigenen Weg. Im Geist der Aufklärung hatte er sich als Student in Halle an der Saale empirischen Fächern, Naturwissenschaft, Botanik und Medizin, gewidmet, dazu auch der Philosophie. Er unternahm anschließend eine längere Bildungsreise, die ihn in die Niederlande, nach England und Frankreich führte, wo er Jean-Jacques Rousseau noch persönlich kennenlernte.

Schließlich kehrte er mit einem gewissen weltläufigen Zuschnitt nach Deutschland zurück. Spross eines protestantischen Pfarrhauses, bildete für ihn das protestantische Arbeits- und Berufsethos die Grundlage der Lebensführung, ohne besonders nach Rang, Ruhm und Reichtum zu fragen. Über vier Jahrzehnte war seine Arztpraxis frühmorgens von sechs bis acht Uhr für Arme und Bedürftige geöffnet, die er unentgeltlich behandelte.

Allerdings war Heim nicht nur Pastorensohn, sondern auch Epikureer. Er befreite sich vom dogmatischen Protestantismus und eignete sich die Vorstellung von schlichter Menschlichkeit und Lebensfreude an. Er las unter anderem Lukrez. Der lateinische Dichter hatte in seinem Poem »De rerum natura«, »Über die Natur der Dinge«, die Lehre Epikurs getreu vermittelt – nicht, wie gewohnt, als verleumderisches Klischee, als Lehre von maßlosem Genießen und Prassen, sondern als das Gegenteil: als eine Lehre von stillem Genuss und Glück.

Rings um das Achsenkreuz Unter den Linden / Friedrichstraße befand sich das gastronomische Zentrum der Lindenpromenade. An der Südseite stieß man unter anderem auf ein Weinhaus mit Weinstube: das »Habel«, zwischen Charlotten- und Friedrichstraße. Das Weinsortiment war dort ähnlich umfangreich wie im »Jagor«, belegt von einem »Preis-Courant« aus dem Jahr 1827, abgedruckt in der Festschrift *Gebr. Habel Weingrosshandlung* von Bogdan Krieger. Der Gast konnte dort bereits 1827 einen »Cap Constantin« bestellen, einen Süßwein aus Südafrika, der bis heute Weltruf besitzt – die Einkehr im »Habel« gleichsam als lukullische Weltreise. Heim bezeichnete den Gründer des Weinhauses, Johann Simon Habel, im Tagebuch als einen »wahren Freund«.

Neben dem »Habel« gab es ein anderes bekanntes Weinhaus: das »Lutter & Wegner«, nur ein paar Gehminuten weiter südlich, an der Nordwestecke Charlottenstraße / Französische Straße, mit Blick auf den Gendarmenmarkt. E.T.A. Hoffmann war dort um 1820 Stammgast; er wohnte in der Nähe, an der Nordwestecke Charlottenstraße / Taubenstraße. Dort wurde in den 1990er Jahren das »Lutter & Wegner« neu gegründet. Im Vorgängerbau befand sich die Wohnung des Dichters im ersten Stock.

Berlin erlebte so etwas wie eine biedermeierliche Gründerzeit, die die Gastronomie zum Aufblühen brachte. Schließlich wurde 1825 an der Südwestecke Linden / Friedrichstraße die Konditorei »Kranzler« eröffnet – und sie erlangte wie das »Stehely« einen legendären Ruf. Im »Stehely« verkehrten die Intellektuellen, Künstler und Literaten – Leute, die die Welt verbessern wollten, im »Kranzler« die Vertreter des Ancien Régime, die nichts damit am Hut hatten.

Bild 23: »Fashionable Eisesser« auf der Terrasse vor der Kranzlerischen Konditorei, kolorierte Lithografie, von Baron von Knaller (Hermann von Helmhof), 1842

Das »Kranzler« hatte als erstes Lokal der Lindenpromenade eine kleine Terrasse. Hier stellten sich Gardeleutnants und Dandys zur Schau und führten den Passanten vor Augen, dass sie sich dem süßen Nichtstun hingeben konnten, während der gewöhnliche Bürger irgendeinem Geschäft nachgehen musste und letztlich in einer beschränkteren Rolle gefangen war.

Baron von Knaller alias Hermann von Helmhof hat diese Art der Bühneninszenierung 1842 in einer Lithografie festgehalten. Man sieht fast nur Herren, Gardeleutnants und Dandys, lediglich auf der linken Bildhälfte erscheint, schwach umrissen, eine Dame. Die Herren frönen der Lust, ein ganz eigenes Benehmen an den Tag zu legen, modisch, mit Zylinder, schick und lässig, ganz so, als ließen sie sich durch nichts aus der Ruhe bringen. Man gibt sich unterhaltsam, wenn nicht schlagfertig, in der Haltung ein wenig dreist und impertinent. Eine solche Szene sprengte die Normalität – für die Vorbeilaufenden so provozierend wie faszinierend: einfach nur dasitzen, einfach nur sein, schauen, sich unterhalten, ein Eis essen, wie die Götter auf dem Olymp.

Unter König Friedrich Wilhelm III. hatte der östliche Teil der Lindenachse sein endgültiges Aussehen erhalten, das man später kaum noch anzutasten wagte. Es lag etwas Harmonisches, Stimmiges darin, ein Gefüge, das der Stadtmitte eine würdevolle Ausstrahlung verlieh. Doch die Musik spielte nach 1840 immer öfter auch an anderen Orten in der Stadt. Friedrich Saß hatte in seinem Berlin-Buch von 1846 diesem Wandel schon ins Auge geblickt: »Berlin ist zu groß geworden, als daß der Hof, die Bürokratie es noch vollkommen beherrschen könnten.« Industrie und Kapital schufen neue Wirklichkeiten. Die Gesellschaft wurde vielschichtiger. Die Sehnsucht der Bürger, der Arbeiter und Dienstboten nach politischer und gesellschaftlicher Mitsprache wuchs.

Als Ende Februar 1848 von Paris die Nachricht ausging, dass König Louis-Philippe abdanken musste, sprang der Funke revolutionärer Bewegung auch auf deutsche Städte über. Berliner aller Couleur strömten Anfang März zum Lustgarten, zur Lindenallee und zum Zeltenplatz im Tiergarten, um sich zu beraten, was zu tun sei. Auch Preußen sollte ein Verfassungsstaat mit allgemeinem Wahlrecht werden. Die Berliner demonstrierten täglich. Es fielen Schüsse, es gab die ersten Toten. Die Bürger errichteten Barrikaden, noch mehr Tote. Doch niemand konnte sich durchsetzen, weder die Bürger noch der König und das Militär. Über Monate herrschten Chaos und Durcheinander. Bis Friedrich Wilhelm IV. den Belagerungszustand über Berlin verhängte, 40 000 Soldaten einmarschieren ließ und Ende 1848 eine Verfassung vorschlug, die dem Liberalismus entgegenkam. Es sollte in Preußen zwei Kammern geben, wobei für die zweite das allgemeine männliche Wahlrecht vorgesehen war. Allerdings ragten noch Elemente des absolutistischen Staates in diesen neuen verfassungsmäßigen Staat hinein: Dem König wurde ein Vetorecht gegen die Gesetzesbeschlüsse der Kammern eingeräumt. Doch Preußen war nicht mehr derselbe Staat wie vor 1848 – er war moderner, parlamentarischer geworden.

Der Maler Eduard Gaertner konnte sich mit den neuen Verhältnissen vorläufig anfreunden. Er entstammte einer Handwerkerfamilie. Er selbst schätzte zeitlebens handwerkliches Können als Element der Selbstbehauptung. Er liebte geordnete Räume, die überschaubare Stadt – lebensnah und heiter. Historisierende Verklärung war nicht seine Sache, doch er wollte das Beste aus der Stadt herausholen. Er betrachtete die Lindenallee mit Empathie. Er wurde zum Erkunder des Stadtraums, der für ihn etwas Wohnliches vermittelte.

1852 schuf er eines seiner Meisterwerke, das heute in der Alten Na-

Bild 24: »Unter den Linden« von Eduard Gaertner, 1852, Alte Nationalgalerie, Berlin

tionalgalerie hängt. Es zeigt den Boulevard Unter den Linden mit Blick vom Opernplatz zum Schloss und trägt den ausführlichen Titel: »Platz vor dem Denkmals Friedrich(s) II. nach dem Königl. Schlosse gesehen«. Am rechten Bildrand erscheint das Ende der Linden, davor erhebt sich das Denkmal Friedrichs II., hoch zu Ross, das ein Jahr zuvor von Christian Daniel Rauch geschaffen worden war. Doch der Maler postiert sich auf kühne Weise so, dass nicht die königliche Macht oder das vaterländische Gedenken im Mittelpunkt stehen, sondern der breite Boulevard, auf dem das bürgerliche Publikum, sonntäglich herausgeputzt, spazieren geht. Kinder können sich frei und vergnügt bewegen.

Links wird der Boulevard flankiert von der Universität, dem ehemaligen Prinz-Heinrich-Palais, rechts von der Knobelsdorff-Oper – den Symbolen von Wissenschaft und Kunst. Links folgt der Universität das Zeughaus, rechts schließen sich an die Oper das Königliche Palais an, dann das Kommandantenhaus und die nördliche Ecke der Schlossfreiheit. Ganz im Hintergrund schiebt sich die nördliche Schlossfassade ins Bild, dazu die neue Schlosskuppel.

Einen großen Teil des Bildes nimmt der frühsommerliche Himmel ein, der den Boulevard in ein bezauberndes Licht eintaucht und Berlin als einen freundlichen Ort erscheinen lässt. Es dringt sogar etwas von der Eigenart der umliegenden märkischen Landschaft in die Stadt vor: die helle Sandfarbe, die sich über Pflaster und Fassaden zieht. Es liegt ein Gefühl des Leichten darin: eine angenehm warme, luftige Atmosphäre. Grundlagen der Landschaft verbinden sich mit gewachsener Kultur.

Mehr Tempo: Geist der Berliner Moderne

Als Gaertner 1852 den Lindenboulevard malte, zählte Berlin rund 420 000 Einwohner. Das Herz der Stadt präsentierte sich noch einmal in spätbiedermeierlicher Beschaulichkeit. Doch die neuen großen Mächte der Zeit – Industrie und Kapitel, Wissenschaft und Technik, Tempo und Verkehr – nahmen Berlin mehr und mehr in Beschlag und drangen auch in die Mitte vor. Die Einwohnerzahl stieg sprunghaft an. 1877 war Berlin bereits eine Millionenstadt. Von allen Seiten her schoben sich Kopfbahnhöfe ins Zentrum vor, bis schließlich eine Viaduktstrecke ziemlich nah an die Lindenallee heranrückte. Von 1878 bis 1882 entstand an dieser Linie der Bahnhof Friedrichstraße, nur einige Gehminuten vom Lindenboulevard entfernt. Unmittelbar südlich des Bahnhofs wurde zur selben Zeit das Grandhotel »Central« gebaut, das über 500 Zimmer verfügte. Weitere große Hotels folgten im Umfeld des Bahnhofs. Innerhalb weniger Jahre strömten neue gewaltige Energien in den Lindencorso hinein: mehr Menschen, mehr Verkehr, mehr Glitzer und Glamour.

Die Industrialisierung war ein Jahrtausendereignis. Gerade Preußen verfügte über zwei wesentliche Voraussetzungen für die Industrialisierung: über Kohle in den Revieren an der Ruhr und in Schlesien und über eine entwickelte Wissenschaft und Technik. An der Berliner Linden-Universität entstanden berühmte medizinisch-naturwissenschaftliche Institute; mehrere Professoren wurden in den Jahren von 1901 bis 1933 mit Nobelpreisen ausgezeichnet. Kohle, Wissenschaft, Technik, Kapital spielten zusammen: zunächst gefördert seit 1834 durch den »Deutschen Zollverein« unter preußischer Führung, dann seit 1871 durch die politische Einheit des zweiten Deutschen Kaiserreiches mit Berlin als Hauptstadt. Ende des 19. Jahrhunderts war Deutschland die führende Industriemacht in Europa.

Dieser Aufschwung der Industrie von kolossalem Ausmaß war für die bürgerlich-zivile Gesellschaft nicht ohne Tücken. Wenngleich das neue Kaiserreich eine konstitutionelle Monarchie mit Parlament und Reichskanzler war, verfügte der Monarch nach wie vor über eine spätabsolutistische Machtfülle, nicht zuletzt, weil er der Oberbefehlshaber des Heeres blieb. Die Siege der preußischen Armeen zwischen 1864 und 1870 stärkten das Ansehen des Monarchen und der Generalität, während das Bürgertum wieder in eine untertänige Position gedrängt wurde. Obschon es bürgerliche Unternehmer und ihre Arbeiter waren, die die Aufrüstung ermöglichten, beanspruchten der König und die Militäraristokratie die Erfolge der deutschen Einheit für sich. Selbst der eigentliche Drahtzieher der Reichsgründung, der preußische Ministerpräsident und spätere Reichskanzler Otto von Bismarck, der 1862 eine Epoche von »Eisen und Blut« verkündet hatte, stöhnte, dass die Militärs größenwahnsinnig würden. Die Ideale des klassizistisch-biedermeierlichen Berlins, »edle Einfalt und stille Größe«, wurden über den Haufen geworfen.

Der Einzug der siegreichen preußischen Armee 1871 durch das Brandenburger Tor versetzte die Stadt in einen mehrtägigen Rausch. Der Mittelweg der Lindenpromenade war feierlich herausgeputzt. Links und rechts standen hohe Säulen, zwischen die mit kriegerischen Motiven bemalte Segeltücher gespannt waren. Die Darstellung »Kampf und Sieg« des jungen Malers Anton von Werner erhielt den meisten Beifall. In leicht abgewandelter Form schuf der Künstler davon auch ein Gemälde, das heute im Stadtmuseum Berlin zu sehen ist. Mit germanischem Furor stürmen die Krieger nach vorn, über Tote und Verletzte hinweg, in ekstatischer Kraftmeierei. Rechts oben erscheint die Göttin Germania als siegesgewisse Feldherrin. Der Maler traf den Nerv des königlich-kaiserlichen Hofes. Er wurde 1875 zum Direktor der Akademie der Künste ernannt und war bis zu seinem Tod 1915 der offizielle künstlerische Hauptrepräsentant des Wilhelminismus. Die Ägide des Wilhelminismus erstreckte sich ihrerseits von 1861 bis 1918, als Preußen und bald auch Deutschland fast ununterbrochen unter der Herrschaft Wilhelms I. und Wilhelms II. standen.

Der wirtschaftliche und militärische Aufschwung Preußens führte vorübergehend zu kultureller Dürre. Die Malerei darbte. Die traditionelle Natur- und Stadtlandschaft, das Personenporträt sowie der Geist des Humanen spielten keine besondere Rolle mehr. In den Vordergrund rückte das heldenhafte Geschichtsbild, das die Glorie des königlich-kaiserlichen Herrscherhauses sowie der aristokratischen Kriegerkaste verherrlichte. Einfache Menschen, Dienstboten, Arbeiter und Bürger kamen in der offiziellen Hofmalerei nicht vor, bestenfalls als Staffage.

Victor Tissot schrieb zwischen 1874 und 1876 für französische Zeitungen *Reportagen aus Bismarcks Reich*. Die Vorherrschaft des Militärischen in Berlin sprang ihm ins Auge: »Trotz des Ansehens, das die

Bild 25: Preußisch-germanischer Furor: »Kampf und Sieg«, von Anton von Werner, 1871

letzten Ereignisse (die Gründung des Kaiserreichs) der Stadt gegeben haben, wird Berlin niemals eine Hauptstadt sein wie Wien, Paris oder London. Dies wird verständlich, wenn man die ausgerichteten Straßen, die ohne Leben sind, durchwandert hat. Denn wenn man stundenlang nur Säbel, Helme und Federbüsche gesehen hat, überkommt einen eine unsagbare Langeweile.«

Auch der junge Max Liebermann schüttelte den Kopf und dachte sich: Sind alle verrückt geworden? Er weigerte sich, sein Gefühl für das

Menschliche, seinen unbestechlichen Wirklichkeitssinn preiszugeben, und bot der offiziellen Kunstdoktrin die Stirn. Nach seiner Ausbildung zum Maler in Weimar debütierte Liebermann 1872 in Berlin »auf dem Salon«: auf der alle zwei Jahre stattfindenden Ausstellung in der Akademie der Künste Unter den Linden. Er zeigte dort seine »Gänserupferinnen«, die die wilhelminische Kunstkritik in Rage brachte.

Das Bild präsentiert einfache Menschen aus dem bäuerlichen Milieu, hauptsächlich Frauen, in einem dunklen Raum beim Rupfen der Gänse. Keine heldenhafte Beschäftigung, aber eine, die getan werden musste, wenn es warme Federbetten geben oder die Weihnachtsgans auf den Tisch kommen sollte. Die Frauen ordnen sich wie von selbst zu einer Gemeinschaft. Der einzige Mann – der die Gesichtszüge von Goethes letztem Kutscher trägt – bringt fortlaufend Nachschub und nimmt die gerupften Gänse wieder mit. Niemand wirkt gehetzt, die Arbeit wird mit gekonnten Griffen verrichtet.

Der Maler hatte früh eines seiner großen Themen gefunden: das friedvolle Neben- und Miteinander der Menschen, sei es bei der Arbeit in der Scheune, sei es – etwas später – bei der Mußestunde im Biergarten, im Park oder im schattigen Hof eines Waisenhauses. Der Mensch als Lebewesen in der Gemeinschaft, die sich freiheitlich-ungezwungen organisiert.

Das Bild der »Gänserupferinnen« rief in Berlin, wo gerade Germania, Nationalismus, militärische Glorie hoch im Kurs standen, Hohn und Spott hervor ob seines vermeintlich ärmlichen Motivs und der dunklen Farbigkeit. Doch der Eisenbahnmillionär Bethel Strousberg kaufte es. Als er bankrottging, erwarb es der Vater des Malers, Louis Liebermann. Als dessen Vermächtnis gelangte es schließlich 1894 in die Nationalgalerie auf der Museumsinsel, wo es heute wieder zu sehen ist.

Liebermann ließ sich in Paris nieder und setzte dort sowie in den Niederlanden seine Lehr- und Wanderjahre fort. Er wollte über das stark militarisierte Preußen hinauswachsen und Weltbürger sein, so wie vor ihm Goethe, den er zeitlebens verehrte, oder wie die Gebrü-

Bild 26: Würdevolles Tun in der Gemeinschaft: »Die Gänserupferinnen« von Max Liebermann, 1872, Alte Nationalgalerie, Berlin

der Humboldt, wie Schinkel und Henriette Herz. Er fühlte sich als Berliner Patriot, wollte es aber auf menschliche, weltläufige Art sein. Ebenso wie Henriette Herz war er jüdischer Herkunft, dem die verengte Deutschtümelei als bedrohliche Vernebelung erschien. Für deutsch-jüdische Berliner war der weltoffene Charakter der Stadt lebensnotwendig; sie trugen das Ihre dazu bei, dass aus Berlin im Lauf der Zeit eine Weltstadt wurde.

Anders als Liebermann arrangierte sich Adolph Menzel mit den Hohenzollern. Er malte immer wieder Historienbilder, ohne sich jedoch ganz vom Herrscherhaus vereinnahmen zu lassen. Unter seinen Geschichtsbildern befanden sich einige Schlachtengemälde, doch verlegte er sich mehr und mehr auf Szenen des höfischen Lebens, ganz so, als sei es seine Absicht gewesen, die Hohenzollern stärker auf diese friedvolle Seite zu ziehen.

Bilder wie die »Tafelrunde Friedrichs des Großen in Sanssouci« (1850), heute verschollen, und das »Flötenkonzert Friedrichs des Großen in Sanssouci« (1852), das in der Alten Nationalgalerie hängt, machten ihn als Maler hoffähig. Wilhelm I., der im Gegensatz zu seinem Vater, Friedrich Wilhelm III., selten eine Ausstellung besuchte und von Kunst und Malerei wenig Ahnung hatte, verstand sich als Soldat, lud aber Menzel zu Empfängen, Soupers und Bällen ins Schloss ein. Der Maler fand Gefallen am zunehmenden Glanz des preußischen Königs- und deutschen Kaiserhofes. Er war fasziniert von Kronleuchtern, Marmor, Goldverzierungen, ordengeschmückten Uniformen, rauschender Damentoilette, Wunderwerken der Frisuren. Er ließ in seinen höfischen Gemälden Fürsten, Adlige und Großbürger auftreten, führte vor Augen, wie sie sich gegenseitig vor- oder bloßstellten, zuweilen steif und unbeholfen, zuweilen selbstzufrieden und gelangweilt. Menzel hatte seine Freude daran, nicht ohne ironischen Blick.

Er selbst schätzte unter seinen höfischen Bildern besonders den »Cercle am Hof Kaiser Wilhelms I.« (1879). »Cercle« meinte Empfang beziehungsweise Empfänge und Galaveranstaltungen. Es gab dafür im Berliner Schloss mehrere große Säle. Der größte und bedeutendste war der Weiße Saal, der sich in der Beletage an der Nordwestecke des Prachtbaus befand. In Menzels Gemälde erscheint Kaiser Wilhelm I. in rot-weißer Galauniform, vor ihm verbeugt sich eine junge Dame in schulterfreiem Kleid mit Wespentaille und rauschender Courschleppe, die nur vor dem Kaiser auf dem Boden ausgebreitet wurde; ansonsten trug sie die Dame über dem Arm.

Während auf Anton von Werners Hofbildern die Höflinge devot erscheinen, ist Kaiser Wilhelm I. bei Menzel darum bemüht, keinerlei Steifheit aufkommen zu lassen. Der Monarch gibt sich freundlich und entgegenkommend, als Gentleman. Die junge Dame ist vermutlich eine Debütantin, die erstmals ins Schloss eingeladen wurde und nun die Ehre hat, mit dem Kaiser zu plaudern.

Selbst ein Weltmann wie Harry Graf Kessler, wahlverwandt und

Bild 27: Höfischer Glanz: »Cercle am Hof Kaiser Wilhelms I.« von Adolph Menzel, 1879, Museum Georg Schäfer, Schweinfurt

befreundet mit Max Liebermann, zollte dem alten Kaiser als Person Respekt. Kesslers elterliche Familie war von Wilhelm I. in den Adelsstand erhoben worden – und der Herrscher übernahm sogar die Taufpatenschaft für Harrys Schwester. In seinen Erinnerungen *Gesichter und Zeiten* schrieb Kessler: »Denn im Herzen blieb Wilhelm I. immer ein Jüngling, so unverdorben wie ein Student in einer Idylle, weil immer Seele und Gefühl das Übergewicht über seine Sinne behielten. Die Schönheit und der Zauber seiner Mutter, der lieblichen Königin Luise, verliehen seinem ganzen Leben Poesie.«

Anfang der 1880er Jahre gehörte Marie von Bunsen zu den Debütantinnen. In ihren Memoiren *Die Welt in der ich lebte* beschrieb sie ihre feierliche Aufnahme bei Hofe: »Langsam schritten wir die Treppen hinauf, wärmten uns an den flackernden Kaminen. Es begann die unübersehbare, prachtvolle Flucht der Säle. (…) Von der Kleidsamkeit, der Schönheit jenes tausendfachen Kerzenlichtes macht die heutige Menschheit sich keinen Begriff, und in diesem strahlenden Geflimmer funkelten all die Diamanten, leuchtete der Farbenschmelz der seidenen und samtenen Kleider. (…) Dann, in der Königinnenkammer, ließ eine jede (Debütantin) die Courschleppe fallen, der Kammerherr, Graf Kanitz, hatte das Amt, sie schön auszubreiten, feierlich bewegte man sich vor. Im Thronsaal leise Musik, Lichtgeflirr, Goldglanz, ein geradezu unwahrscheinliches Diamantengefunkel. Zu beiden Seiten waren sämtliche Prinzen und Prinzessinnen aufgereiht und begrüßten durch ein Lächeln alle ihre vorbeiziehenden Bekannten, man erwiderte nur durch einen respektvoll freundlichen Gesichtsausdruck, denn nur vor dem Kaiserpaar sollte man sich verbeugen.«

Der Hof als Schule des guten Benehmens, des eleganten Umgangs und der Mode – oder als ein Höchstmaß an Glanz und Verblendung, in der das kritische Denken erlahmt. Auch der Boulevard sollte vornehmer und prunkvoller werden. Neben dem »Kranzler« wurde an der Ostsüdecke Linden / Friedrichstraße 1877 das »Café Bauer« eröffnet, das ebenfalls zu einem gastronomischen Klassiker am Lindencorso werden sollte. Es war ein Kaffeehaus neuen Stils: ein Großraumlokal, prachtvoll im Geschmack des Historismus ausgeschmückt. Auch die neuesten technischen Errungenschaften sollten zum Zug kommen. Der große Raum im Erdgeschoss wurde von schlanken, säulenartigen Eisenträgern gestützt, die den Blick kaum verstellten. Zur Allee hin schaute der Gast durch eine breite Glasfront, die im Sommer hydraulisch versenkt werden konnte.

Das Lokal verfügte auch über ein Obergeschoss: im hinteren Teil als Galerie mit Oberlicht, im vorderen Teil, zur Promenade hin, mit einem größeren Saal sowie einem Damenzimmer. Dort oben gab es einen umlaufenden Balkon mit Sitzgelegenheiten. Der Gast saß hier gleichsam im ersten Rang und konnte auf die Lindenallee oder auf die Friedrichstraße blicken. Es entfaltete sich ein bis dato ungewohnter Perspektivenreichtum. Während in der ersten Hälfte des 19. Jahrhunderts in die »Conditoreien« mit Lesekabinetten hauptsächlich Herren eingekehrt waren, waren jetzt im »Bauer« Herren, Damen und Jugendliche in Begleitung der Eltern gleichermaßen vertreten.

Die Besitzer, Mathias und Therese Bauer, stammten aus Wien und hatten dort ein Café am Praterstern betrieben. Sie kamen an die Spree, um zunächst im neuen Grandhotel »Kaiserhof« am Wilhelmplatz ein Café einzurichten. Nach einem Brand wurden sie am Lindencorso ansässig. Hier entstand ein neues Gebäude in den Formen der Neorenaissance und des Neobarocks mit Mansarddach und Ecktürmchen. Der gleiche Luxus, der das Grandhotel »Kaiserhof« prägte, sollte auch das »Café Bauer« auszeichnen. Kein Geringerer als Anton von Werner wurde beauftragt, den großen Raum im Erdgeschoss zu dekorieren: mit einem Zyklus aus dem imperialen »Römischen Leben«, darunter »Symposium« (Trinkgelage), »Pantomimae« (Tanz), »Thermae« (Bad), »Recitatio« (abendliche Unterhaltung), zudem mit Porträts von Horaz und Ovid, den Dichtern bacchantisch-amouröser Lebensweisheit. Die einen empfanden das als Überdekoration, den anderen gefiel es.

Wie auch immer: Das Lokal wurde erstklassig geführt. Mathias

Bild 28: Sehen und gesehen werden: »Im Café Bauer Unter den Linden« von Friedrich Stahl, um 1890

Bauer war der Kaufmann im Hintergrund, Therese Bauer die eigentliche Gastgeberin, die Seele »vons Janze«, sowohl beim Personal als auch bei den Gästen beliebt. Als sie 1907 starb, wurde sie von der Presse als die erste »Berliner Cafétière« gewürdigt. Danach führten ihre Söhne den Betrieb fort.

Das prunkvolle »Bauer« galt fortan als »Wiener Café« und wurde zum Vorbild für andere Gastronomen. Ähnlich wie das vermehrte Galawesen im Schloss verkörperte auch das »Bauer« den Aufstieg Berlins von der Königs- zur Kaiserstadt. Das Haus war täglich geöffnet – rund um die Uhr. Die Grenzen zwischen Tag und Nacht lösten sich auf, zumal 1884 eine weitere technische Errungenschaft eingeführt wurde: elektrisches Licht, das Glanz und Glitzer erhöhte.

In den Jahren der wilhelminischen Gründerzeit verwandelte sich der Lindencorso endgültig von der Promenade in den großstädtischen Boulevard. Adlige Palais und bürgerliche Wohnhäuser wichen Geschäftsbauten sowie der Hotellerie und Gastronomie. Im westlichen Teil des Lindencorsos, von der Charlottenstraße bis zum Brandenburger Tor, entstanden neue Cafés, Restaurants, Grandhotels, Bankhäuser, Juweliergeschäfte, Kunstsalons, Galerien, Buchhandlungen, eine große Passage, die »Kaisergalerie«, ebenso Tanzlokale, Kabaretts, Varietés, Bars. Noch vor dem Ersten Weltkrieg öffneten hier Kinos. Es entfaltete sich die schöne neue Welt der Vergnügungen.

Noch war es nicht entschieden, ob aus diesen Vergnügungen eine Industrie würde oder ob nach wie vor auch Kunst und Artistik hineinspielten. Noch gab es am Pariser Platz Patrizierhäuser und Adelspalais mit privater Gastlichkeit und feinem geselligen Leben. Noch florierte das kulturelle Leben Unter den Linden, zumal die Linden-Universität internationales Ansehen gewann und am Lustgarten die Welt der großen Museen entstand – als eine neue Hauptattraktion an der Spree.

Berlin lockte als neue deutsche Hauptstadt, die vor Energie strotzte, junge künstlerisch-literarische Talente an. Man sympathisierte mit Begriffen wie »modern« beziehungsweise »Modernität«, mit Ausdrücken, die seit den 1860er Jahren in Paris in Umlauf waren. Man wollte mit der Zeit gehen, wollte sie verstehen und künstlerisch darstellen.

Modern meinte vor allem: mehr Energie, mehr Bewegung, mehr Tempo, einen anderen Lebensrhythmus, eine flüchtigere Wahrnehmung der Dinge, die die tradierten Werte ins Wanken brachte. Ein neuer wirtschaftlicher Schwung setzte neue Lebensmöglichkeiten frei, schuf neue soziale Verhältnisse, die sich kaum mit Gewalt beherrschen oder stillhalten ließen.

In den Augen der jungen Künstler blieb nichts anderes übrig, als sich einer veränderten Welt zu stellen und die Lebensgewohnheiten anzupassen: so kritisch wie bejahend. Die verbesserte Versorgung mit Lebensmitteln sowie die Fortschritte in Medizin und Hygiene sorgten für ein sprunghaftes Wachstum der Bevölkerung. Das traditionelle Familienleben schien nicht länger das Nonplusultra zu sein – im Gegenteil, es war womöglich besser, wenn sich die Menschen nicht mehr so rasant vermehrten. Neue Lebensformen schienen möglich zu werden: eine Existenz als Bohemien oder Bourgeois-Bohemien; ein Leben in wilder Ehe ohne Kinder; ein Leben allein mit wechselnden Liebschaften oder weitgehend für sich, nicht unbedingt von Scham und Schmerz geprägt, sondern als reizvolle Variante empfunden, nicht besser und nicht schlechter als das Paar- und Eheleben. Vielleicht würde früher oder später auch das Bekenntnis möglich werden, lesbisch oder schwul zu sein. Neue Lebensformen lösten die alten nicht einfach ab, sondern kamen hinzu. Es sollte im Lauf der Zeit pluraler, liberaler zugehen.

Die Ideale der Aufklärung, die Ideen von Rousseau und Winckelmann, Kant und Lessing, die universalen, humanistischen Ansätze Goethes oder der Humboldt-Brüder, die Parolen der Französischen Revolution – Freiheit, Gleichheit, Brüderlichkeit, Geschwisterlichkeit, Selbstbestimmung, Demokratie – wurden wieder auf die Fahnen geschrieben. Man baute nicht auf kriegerische Maschinerie oder monarchistischen Machtstaat, ebenso wenig auf übersteigerte Ökonomie, sondern auf die Entwicklung der bürgerlich-zivilen Gesellschaft.

Zum Fanal der Berliner Moderne wurde die feuilletonistische Serie *Berliner Briefe* in der *Breslauer Zeitung*, die 1883 von Heinrich Hart begonnen wurde. Im ersten Brief versprach er ein realistisches Bild der Stadt, ganz der Gegenwart verpflichtet, ohne Scheu vor Widersprüchen, vor den ambipolaren Wesenszügen der Metropole: »In diesen Briefen will ich erzählen von Berlin, wie es arbeitet und träumt, wie es ißt und trinkt, wie es jubelt und klagt, wie es lärmt und genießt, wie es betet und wie es tanzt. Berlin ist mehr als eine Stadt geworden; wie London den Begriff Geschäft, Paris den Begriff Genuß, so vertritt Berlin den Begriff Kraft. Alles an ihm ist noch eckig und ungefüg, aber aus den Augen des jungen Riesen leuchtet die Sehnsucht, alles zu wagen und alles zu erfassen.«

Die Berliner Moderne umfasste ein halbes Jahrhundert: Sie begann 1883 und endete 1933. Anfangs handelte es sich um eine Parallelaktion: Die Berliner Moderne im Wettstreit mit dem Wilhelminismus, der Hohenzollernideologie. Der Hauptschauplatz dieses Wettstreits erstreckte sich vom Brandenburger Tor über die Lindenallee bis zum Berliner Schloss und die Museumsinsel. Die Moderne war eher im Westen angesiedelt, am Pariser Platz und im westlichen Teil der Linden, der Wilhelminismus hatte eher im östlichen Teil der Linden und im Berliner Schloss sein Zuhause. Am Schloss vorbei schlich sich die Moderne aber auch in die Nationalgalerie auf der Museumsinsel ein.

Es begann die große Zeit des Theaters in Berlin. Neben Henrik Ibsen wurde Gerhart Hauptmann zum neuen Stern am Theaterhimmel. Eigentlich hatten die Stücke dieser beiden Autoren vorläufig kaum eine Chance, hier aufgeführt zu werden, denn die wilhelminische Zensur hielt sie für systemkritisch und radikal. Doch das liberale Bürgertum fand Mittel und Wege, die offizielle literarisch-künstlerische Doktrin des Hohenzollernstaats zu unterlaufen. Ein Theaterverein wurde gegründet, der Stücke ausschließlich für Mitglieder inszenierte und so als nichtöffentlicher Verein frei von Zensur war. Initiiert von den Publizisten Theodor Wolff und Maximilian Harden und unterstützt von den Hart-Brüdern, entstand im Frühjahr 1889 der »Verein Freie Bühne«, der rasch über tausend Mitglieder zählte. Erster Präsident und wichtigster Regisseur wurde Otto Brahm. Die Herbstsaison 1889 eröffneten Ibsens *Gespenster* und Hauptmanns *Vor Sonnenaufgang*.

»Tout Berlin« sprach wochenlang über nichts anderes als diese beiden Inszenierungen. Skandalumwitterte Themen wurden auf die Bühne des Lessing-Theaters gebracht. Ibsens *Gespenster* handelte von freier Liebe und der Ehe als Abgrund, von der Feigheit der Hauptfigur, Helene Alving, einer Frau, die darüber hinwegsah, dass sie ständig betrogen wurde, von ihrem Kleinmut, das eigene Selbst zu entfalten, von der Engstirnigkeit und Heuchelei der bürgerlichen Gesellschaft, die auf Rang, Rendite, Rentabilität aus war, während die Lebensfreude auf der Strecke blieb. Helene Alving sagte: »Wir sind alle Gespenster. Nicht nur das, was wir von Vater und Mutter geerbt haben, geht in uns um. Es sind alle erdenklichen alten, toten Ansichten und allerhand alter, toter Glaube.«

Wie Gerhart Hauptmann selbst bekannte, weckte Ibsens *Gespenster* in ihm die Berufung zum Dichter. Sein erstes eigenes Drama, *Vor Sonnenaufgang*, wurde im Frühjahr 1889 vollendet und führte das Leben auf dem Hof eines schlesischen Bauern vor Augen, eines sogenannten »Goldbauern«, eines Profiteurs der Industrialisierung, reich geworden durch die Kohlefunde unter seinen Feldern. Doch er und seine Familie können mit dem neuen Reichtum nicht umgehen: »Suff! Völlerei, Inzucht und in Folge davon, Degenerationen auf der ganzen Linie«, erklärte einer der Beobachter, ein Soziologe aus der Stadt, der das Leben der armen Bergleute erforschen möchte. Er tritt als Vertreter einer »politischen Anschauung« auf, die auf visionäre Art und Weise »grün« genannt wird, bestimmt von den Ideen der Lebensreform, Volksverbrüderung, Freiheit, Gleichheit, Frauenemanzipation, vegetarischer Ernährung und Pazifismus.

Wenngleich das Stück in Schlesien spielte, war es Berlin, das Hauptmann zu diesem Stück bewegte. In seinen Memoiren schrieb er: »Ich lebte damals in einer durch die Nähe Berlins mit bedingten tragisch großen Phantasmagorie. Trat ich des Abends vor das Haus, so sah ich im Westen bei klarer Luft den Widerschein der Riesin blutrot am Himmel. Das wimmelnde Leben der Weltstadt, das ich ja aus vielen Vigilien kannte, lebte in mir. Mit einer Hellsicht, die vielleicht der eines Fiebernden glich, sah ich die wilden, schmerzlichen Verknäuelungen ihres Inneren.« Die Bergarbeiter im Theaterstück verwiesen auf die Arbeiter in Berlin, die in beengten Mietskasernen hausten. Schließlich standen die politisch-ökonomischen Emporkömmlinge in Berlin im Verdacht, ihrerseits den Zuwachs an Macht und Kraft nicht bewältigen zu können.

Während sich Hauptmann, wie viele andere, in einen Berliner Vorort, nach Erkner, zurückzog und die Metropole mit kritischer Distanz betrachtete, stürzte sich ein junger Maler mitten ins Getümmel und schuf neuartige magische Szenen. Lesser Ury hatte seine Kindheit und Jugend zeitweise in Berlin verbracht, bevor er in Düsseldorf Malerei studierte und dann seine Lehr- und Wanderjahre in Brüssel, Paris und München fortsetzte. 1887 kehrte der deutsch-jüdische Künstler nach Berlin zurück, um eine freie Künstlerexistenz zu führen – und das bedeutete vorläufig: als minderbemittelter Bohemien, der das malte, was ihn faszinierte. Er zog es vor, nahe dem Zentrum zu wohnen, zunächst in Kreuzberg, dann im Tiergartenviertel, später in Schöneberg.

In Paris war er mit den großstädtischen Boulevards vertraut geworden – und in Berlin machte er sich daran, zum ersten deutschen Großstadtmaler der Moderne zu werden. Das Achsenkreuz Unter den Linden / Friedrichstraße zählte für ihn zu den herausragenden Orten, wo sich die großstädtische Atmosphäre unter den Bedingungen von Tempo und Beschleunigung entfaltete. Es ging ihm nicht um Einzelheiten, Bauwerke, Menschen, sondern um Energie, Licht, Verkehr, flüchtige Momente, ekstatische Augenblicke, Rausch – um neue Erlebnisformen.

Lesser Ury fing etwas von der Ambiguität, der Mehrdeutigkeit der modernen Metropole ein: seien es Formen der Überreizung oder der Inspiration; seien es düstere Schatten oder glanzvolle Lichter – die große Stadt, die fremd wirkt, aber auch ein Zuhause bietet, für den Flaneur, der eintaucht unter die dahinwogenden Menschen, der beobachtet und plötzlich eine Schönheit entdeckt, eine Frau, die sich als flüchtige Gestalt aus der Menge löst. Blicke treffen sich, für einen Augenblick scheint die Möglichkeit der Liebe auf, bis die Frau wieder in der Menge verschwindet – das flüchtig Schöne als das Erregende der Metropole, so faszinierend wie melancholisch.

Ury nahm die Haltung des Flaneurs ein, genoss das Bad in der Menge und hielt mit dem Pinsel eindringliche Szenen fest. 1888 entstand das Gemälde »Unter den Linden« – mit dem Blick über die regennasse

Bild 29: Ekstatische Augenblicke: »Unter den Linden« von Lesser Ury, 1888, Sammlung Axel Springer, Berlin

Fahrbahn, Richtung Brandenburger Tor, wo der wolkenbehangene Himmel aufreißt und ein glühendes, spätnachmittägliches Licht in den Boulevard strömen lässt. Droschken reihen sich aneinander, Menschen eilen über den Fahrweg, um nicht unter die Räder zu kommen. Im Vordergrund ein schickes Paar. Die junge Dame sieht den Betrachter unbefangen an, fast so, als flirte sie mit ihm, geschmückt mit Federhut, flatterndem Halsband, enganliegendem Mieder und runden Formen – eine Schönheit oder eine Modepuppe, wie man damals in Berlin sagte. Kokett hebt sie den Rocksaum und lässt den raschelnden weißen Unterrock sehen. Der noble Herr neben ihr, mit Zylinder, Gehrock und schmalem Spazierstock, gibt sich verschlossener. Er möchte augenscheinlich nicht erkannt werden. Wer weiß, in welchem Verhältnis sie zueinander stehen? Eine aufreizende, vibrierende Stimmung.

Eine völlig andere Welt als jene, die Eduard Gaertner 36 Jahre zuvor beobachtet hatte. Der Blick wendet sich jetzt nicht mehr nach Osten, zum Schloss, sondern nach Westen, zum Brandenburger Tor: hin zur Öffnung der Stadt, zur Utopie der Moderne. Links im Bild liest man an der Balkonbrüstung den Namen »Bauer«, als Hinweis auf das »Café Bauer«. In die folgende Häuserlücke mündet die Friedrichstraße, in die gerade ein Pferdeomnibus hineinfährt. Ury dürfte dieser Omnibus vertraut gewesen sein. Der Fahrgast kam damit vermutlich bis ans südliche Ende der Friedrichstraße, zum Halleschen Tor. Nicht weit weg davon wohnte der Maler in der Teltower Straße (heute Obentrautstraße), bezeugt durch den Klebezettel auf der Rückseite des Bildes: »Lesser Ury Teltower Straße 44 Unter den Linden«.

Der Maler war häufiger Gast im »Café Bauer«. Wieder und immer wieder malte er Szenen in diesem Lokal. In der Regel sieht man in seinen Bildern nicht den riesigen Raum im Erdgeschoss, sondern einen kleineren Raum im Obergeschoss: mit Blick auf den Balkon und die Lindenallee. Der Maler fühlte sich besonders angezogen von den nächtlichen Szenen, jenen Momenten, in denen das neuartige elektrische Licht der hohen Straßenlampen mit dem elektrischen Innenlicht zusammenspielte und ein Flair schuf, das bis dahin völlig unbekannt war.

Im Gegensatz zur Hektik und Vibration des nachmittäglichen Lindenboulevards waren abends und nachts die oberen Räume im »Bauer« eine Oase der Ruhe und Stille. Jeder konnte hier nach seiner Façon den Tag oder die Nacht pflücken, egal, ob er oder sie zum Bürgertum, zur Halbwelt oder Boheme gehörte. Für Ury zählte ein solches Kaffeehaus zu den Lebensformen der europäischen Moderne: von Venedig über Turin und Paris bis Berlin und Wien.

Ury konnte schon 1890 einen Teil seiner Bilder in einer modernen Galerie ausstellen: im Kunstsalon von Fritz Gurlitt in der Behrenstraße. Der größte Teil des Publikums stand Urys Werken aber skeptisch bis verständnislos gegenüber. Man war mit seinen impressionistischen Maltechniken, die ein nervöses, ekstatisches Lichtspiel erzeugten, sowie mit den halbseidenen nächtlichen Szenen nicht vertraut. Oder man wollte es nicht wahrhaben, dass sich auf dem Boulevard eine neue Art von Leben abspielte, so verlockend wie bedrohlich für das gemäßigte bürgerliche Leben, hellsichtig vom Künstler zugespitzt: temporeich, flüchtig, huschend, mit verschwimmenden Konturen, lasziv und lustvoll, gleichzeitig träumerisch, zauberisch, meditativ.

Das Bild der »Linden« zeigte Ury schließlich auch im Kunstsalon der Akademie der Künste. In der *Kunstchronik* hieß es: »Lesser Ury konnte auf der Akademie-Ausstellung 1890 ein Gemälde verkaufen. Titel: ›Unter den Linden‹.« Trotz mancher Gehässigkeiten des Publikums gegenüber modernen Stilen wie Naturalismus und Impressionismus wuchs ein Kreis von Kennern heran, die die konventionelle Malerei des Wilhelminismus satthatten und die Wagnisse der modernen Kunst zu schätzen wussten. Obwohl Ury einen Teil seiner Bilder zu unwürdig billigen Preisen verkaufen musste, wurden nach und nach solvente Förderer auf ihn aufmerksam, darunter 1891 Harry Graf Kessler.

Auch der alte Menzel und Max Liebermann zählten vorläufig zu den Förderern Urys. Auf Betreiben Menzels erhielt er ein Stipendium für eine Romreise. Von dort schrieb er im April 1890 an einen »lieben Freund«, dessen Name nicht überliefert ist: »Nur vorwärts und kein Verzagen. Rom ist ein alter Müllhaufen, auf welchem ein frisches Leben nicht gedeihen kann. Ich habe auf Berlin geschimpft aber dort ist doch wenigstens Bewegung, Streben nach etwas Besserem, ein nervöses Vorwärtsdrängen.«

Liebermann war seinerseits – nach Aufenthalten in Paris, Holland und München – 1884 nach Berlin zurückgekehrt und hatte Martha Marckwald geheiratet, die ebenfalls einer wohlhabenden jüdischen Familie entstammte. Ein Leben als ungebundener Bohemien, wie es Lesser Ury führte, kam für Liebermann nicht in Frage. Er verstand sich als Patriziersspross, der die traditionellen Lebensformen nicht ohne Weiteres über den Haufen wirft. Im September 1911 schrieb er an Gustav Pauli: »Ich glaube, daß es kaum einen anderen Maler gibt, über den zu schreiben undankbarer wäre, und mir scheint darin ein Vorzug meiner Kunst. Natürlich ist es leichter, über einen zu schreiben, der alle paar Jahre mit einer anderen durchgeht oder jeden Abend in der Gosse liegt oder sonst sich genialisch gebärdet. Ohne Stürme ist mein Leben dahingegangen, wenigstens ohne äußerlich sichtbare.« Er liebte einen geregelten Tagesablauf, fühlte sich zu kontinuierlicher Arbeit als Maler verpflichtet, schätzte Fleiß und Disziplin, Sachlichkeit und Nüchternheit – nach seiner Meinung die alten preußischen Tugenden, womit sich die Familie Liebermann Ansehen und Vermögen erwarb.

Als Liebermanns Mutter erkrankte, zogen er und seine Frau 1892 ins Elternhaus am Pariser Platz. Die Mutter starb kurz darauf, der Vater zwei Jahre später. Max und Martha Liebermann sollten von nun an in dem Stadtpalais Epoche machen und Einfluss ausüben auf das moderne geistige Berlin. Das Haus wurde mit wertvollen antiquarischen Möbeln ausgestattet und einer einzigartigen Sammlung moderner Kunst.

Schräg gegenüber vom Liebermannhaus, dort, wo die Lindenallee in den Pariser Platz mündet, befand sich das Palais Redern, das 1907 vom »Hotel Adlon« ersetzt wurde. Doch 1892 konnte der Flaneur im

Palais Redern den Kunstsalon Eduard Schulte entdecken. Auf Initiative von Walter Leistikow schlossen sich in diesem Jahr elf Maler, darunter Liebermann, Franz Skarbina und Ludwig von Hofmann, zur »Vereinigung der XI« zusammen, um jährlich bei Schulte eine Ausstellung ihrer Bilder zu kuratieren. Der Galerist versprach den Malern, dass der Oberlichtsaal für 50 bis 60 Werke für die Dauer von 3 bis 4 Wochen im Monat April für sie zur Verfügung stehe.

Es gab kein offizielles Programm der »Elfer«, doch man war sich einig, nicht länger Geschichtspanoramen oder Herrscherbildnisse zu malen, sondern sich wieder der Natur, dem bürgerlichen Porträt und dem privaten Leben zuzuwenden, dem Intimen und Romantischen. Insbesondere wollte man sich vom Ausstellungsbetrieb der königlichen Akademie unter dem Vorsitz von Anton von Werner unabhängig machen. Ein solches Unternehmen wurde selbstverständlich als Affront gegenüber der offiziellen wilhelminischen Kunstpolitik empfunden und roch nach Skandal. Am westlichen Ende der Lindenallee bahnte sich eine Kunstrevolution an.

Liebermann fühlte sich ermuntert, ein weiteres bedeutendes Thema seiner Malerei voranzutreiben: das bürgerliche Bildnis, das er bis dahin vernachlässigt hatte. 1892 zeigte er bei Schulte mehrere Porträts, darunter jenes von Gerhart Hauptmann. Er bevorzugte für das Porträt, wie einst Anton Graff, einen neutralen Hintergrund, um sich ganz auf das Gesicht, das rein Menschliche zu konzentrieren, ohne besondere Attribute des gesellschaftlichen Rangs. Hauptmanns Kopf erscheint vor tiefblauem Hintergrund, ganz so, als tauche er magisch aus dem Dunkeln auf, von weißem Mondlicht beschienen – durchaus ein modernes Gesicht, glattrasiert, ohne Maskerade. Der Dichter erscheint entspannt und nachdenklich, mit einem Anflug des Durchgeistigten.

Hauptmann und Liebermann hatten sich bei der Uraufführung des Stückes *Vor Sonnenaufgang* in Berlin kennengelernt. Der Maler schätzte das Frühwerk des Dichters, den frischen Ton und die naturalistische Art. Für Liebermann verkörperte der junge Hauptmann die auf-

Bild 30: Intime Magie: Gerhart Hauptmann, porträtiert von Max Liebermann, 1892, Pastell auf Papier

keimende Berliner Moderne. Seinem Talent und Temperament nach zählte auch Lesser Ury dazu. Er hätte eigentlich zur avantgardistischen »Vereinigung der XI« gehören müssen, doch zwischenzeitlich war es zum Bruch mit Liebermann gekommen. Ury hatte sich zu Indiskretionen hinreißen lassen und unter Künstlerkollegen erzählt, er habe im Atelier Liebermanns einige Details an dessen Bildern verbessert. Überliefert ist Liebermanns Reaktion: »Ury sagt, er hätte meine Bilder malen helfen; mir macht das nichts aus, wenn er das so sagt. Wenn er aber hingeht und sagt, ich hätte seine Bilder gemalt, gehe ich vor Gericht!« Letztlich war Urys Leben als Bohemien für Liebermann zu irritierend. Als er ihn einmal in seiner Wohnung nachmittags im »Nachtgewand« antraf und es so aussah, als habe Ury noch geschlafen, war Liebermann schockiert und verlor endgültig das Interesse an ihm. Für die Berliner Moderne eine tragische Entzweiung, die dem Ruhm Urys lange Zeit schadete.

Umso mehr festigte sich Liebermanns Freundschaft mit Leistikow. Dieser malte kaum Stadtbilder oder Bürgerporträts, sondern fokussierte sich auf die Landschaft. Während Liebermann das bürgerliche Zutrauen der Menschen auf dezente Art zu fördern suchte, machte Leistikow die heimatliche Umgebung zu seinem Thema, entdeckte die Schönheit der märkischen Kiefern- und Seenlandschaft, die bis dahin von vielen als reizlos flach empfunden worden war. Er fand malerische Mittel und Wege, um der heimischen Landschaft eine gewisse Magie einzuhauchen.

Nachdem die erste Ausstellung der »Vereinigung der XI« noch von Schmähungen begleitet war – die Kritik sprach von »Schmierereien« und »Verirrungen« –, gewann bereits die nächste Schau die volle Aufmerksamkeit des Publikums. Der Termin der Ausstellung war sorgfältig gewählt, im ersten Quartal des Jahres, noch bevor die Ausstellungssaison der königlichen Akademie begann. Die »Elfer« wurden zum Stadtgespräch. Schon 1893 hieß es in der *Freien Bühne* (4,1 893): »Was ist dieses geheimnisvolle Etwas, was Freund und Feind zwingt, sich

Bild 31: »Abendstimmung am Schlachtensee« von Walter Leistikow, um 1895, Stadtmuseum Berlin

zu äußern, was Keinen kalt läßt? Es ist die Unabhängigkeit der ›XI‹, die diesen Zauber ausübt.«

1898 stellte Leistikow bei Schulte eines seiner Meisterwerke aus, die »Abendstimmung am Schlachtensee«. Der Maler wählte für sein Bild den frühen Abend, der die hereinbrechende Nacht ankündigt. Es sind keine Spaziergänger mehr zu sehen. Im Vordergrund bilden schlanke Kieferstämme eine Art von Gitterstruktur, die eine gewisse Barriere bilden und den Hintergrund schützen und beruhigen. In der Bildmitte wirft die untergehende Sonne den letzten Glanz auf das Wasser, ein fahles, zitterndes Licht. Die Linien der Wälder sind abgerundet, edel vereinfacht – nichts soll die sanfte Ruhe stören. Man ahnt, dass der Tag bald zu Ende gehen wird und dann nur noch Schweigen herrscht.

Die flache märkische Seen- und Kiefernlandschaft erzeugt eine meditative Stimmung: ein Sich-Ergeben in die schlichte Kraft der Natur, Werden und Vergehen. Doch dem Bild haftet nicht nur Erhabenes an, sondern auch Freundliches, etwas jugendstilartig Schönes. Strenge Moralität oder Religiosität waren nicht die Sache Leistikows. Ihm genügte es, den modernen Zeitgenossen zwischendurch in eine übergeordnete Sphäre zu heben, die Ruhe und Stille vermittelt.

Bereits 1892 hatte es noch eine zweite skandalumwitterte Ausstellung gegeben, gleich um die Ecke im Architektenhaus in der Wilhelmstraße: mit Bildern von Edvard Munch. Obwohl die Organisatoren der Ausstellung den norwegischen Maler kaum kannten, hatten sie ihn eingeladen, seine Bilder zu zeigen, weil man glaubte, dass sie etwas von der Ibsen-Stimmung vermitteln würden. Doch Veranstalter und Publikum waren über die frühexpressionistische Art seiner Kunst entsetzt. Nach kurzer Zeit wurde die Ausstellung geschlossen. Leistikow ergriff jedoch Partei für den modernen Künstlerkollegen und veröffentlichte in der *Freien Bühne* (3, 1892) seinen Aufsatz *Die Affaire Munch*. Es hieß regelrecht programmatisch: »Ein bischen weniger Vorsicht, ein bischen weniger Blinzeln nach Oben und Unter, dafür frischer Mut, frisches Wagen ist hier in Berlin mehr am Platz als anderswo.«

Tatsächlich blieb Munch vorläufig in Berlin und pendelte in den folgenden Jahren häufig zwischen Oslo und der deutschen Hauptstadt. Er merkte, dass es hier auch Fürsprecher und frühe Käufer seiner Kunst gab, und kämpfte um Anerkennung. Er organisierte eigenständig weitere Ausstellungen seiner Bilder, so 1893 in der »Galerie Unter den Linden«, die sich zwischen der heutigen Glinkastraße und der Friedrichstraße befand. Erstmals erblickte die Öffentlichkeit hier jenes Bild, das im Lauf der Zeit weltberühmt werden sollte: »Der Schrei« – als seelischer Ausdruck einer Figur auf einer Brücke vor dramatisch rotem Abendhimmel, als Geste der Verlorenheit oder Ohnmacht des säkularen Menschen in einer Welt der Dynamik und Bewegung. Später kommentierte Munch: »Die Zeit der Bohème kam mit ihrer freien Liebe –

Gott – und alles stürzte zusammen – alle rasten in einen wilden wahnsinnigen Tanz des Lebens – eine blutrote Sonne stand am Himmel (…) Aber ich konnte mich nicht von der Lebensangst befreien.«

Der Zustrom an herausragenden Künstlern und Literaten nach Berlin riss nicht ab. Die Lindenallee sowie der Pariser Platz wurden zu wichtigen Schnitt- und Treffpunkten. Als sich um 1892/93 der schwedische Dichter August Strindberg in der deutschen Hauptstadt niederließ, gründete er einen Künstlerstammtisch in einem Lokal an der Ecke Linden/Neue Wilhelmstraße, schräg gegenüber dem Kunstsalon Schulte. Der Dichter gab der Weinstube von Gustav Türke den Spitznamen »Schwarzes Ferkel«, den sich der Wirt schnell zu eigen machte. Strindberg hatte über dem Eingang einen schwarzen, bauchig ausgestopften Weinschlauch gesehen und meinte: »Das Ferkel grunzt uns den Willkommen zu. In dem Lokal werden wir Schwein haben!«

Zum Kreis um Strindberg gehörten bald Edvard Munch und Knut Hamsun, ferner der deutsch-polnische Autor Stanisław Przybyszewski. Dieser schrieb später in seinen *Erinnerungen an Berlin und Krakau*: »Die ganze Weinstube bestand aus zwei kleinen Räumen, voneinander getrennt durch einen schmalen Tresen, auf dem sich Flaschen mit den mannigfaltigsten Getränken drängten; zwei so kleine Räume, daß kaum zwanzig Leute darin Platz hatten; nach sechs Uhr nachmittags waren keine zehn Zentimeter mehr frei, so überfüllt war alles, seit Strindberg ständig dort hockte.«

Max Osborn berichtete in seinen Erinnerungen *Der bunte Spiegel*: »Ich entsinne mich eines Abends, da ich mit August Strindberg und Edvard Munch in ihre Berliner Stammkneipe, das ›Schwarze Ferkel‹ in der neuen Wilhelmstrasse (später Dorotheenstrasse), einbog – an der Wand hingen hier künstlerische Unika, zwei Ölbilder von Strindberg, Meeresstudien, dem Wirt wohl als Pfand überlassen – und da wir dort Hartleben vorfanden. Ich war junger Dr. phil. und dachte nicht mit Unrecht: das kann gut werden. Er wurde auch gut, aber niemals habe ich eine Nacht menschlicheren Schwärmens, gehobener Geistigkeit erlebt. (…) Dionysos war aufs Neue zu einem Gott heiliger Verzückung, einem Spender hoher Gnaden geworden.«

Für die Bohemiens im »Schwarzen Ferkel« war nicht nur die Kunst des Wilhelminismus obsolet geworden, sondern auch die nüchterne Epoche des Naturalismus. Es kündigten sich Impressionismus, Symbolismus, Jugendstil und Frühexpressionismus an. Aus dem Milieu des »Schwarzen Ferkels« ging schließlich eine bedeutende Kunstzeitschrift hervor: der *Pan*, gegründet 1894/95 von Julius Meier-Graefe, Otto Julius Bierbaum, Richard Dehmel und Eberhard Freiherr von Bodenhausen. Die Genossenschaft des *Pan* wollte, wie es im Einleitungstext des ersten Heftes hieß, »eine große Zeitschrift für schöpferische Kunst im weitesten Sinne« sein. Zu den Autoren der ersten Ausgabe zählten Harry Graf Kessler, der über Henri de Régnier schrieb, und Wilhelm von Bode, der über italienische Bronzen berichtete. Im ersten Heft des zweiten Jahrgangs waren Werke von Max Liebermann und Walter Leistikow zu sehen.

Berlin wurde zu einer Kunststadt, die sich mit München vergleichen konnte. 1899 ging aus der »Vereinigung der XI« schließlich die »Berliner Secession« hervor, die ihr Domizil im neuen Westen der Stadt fand, zunächst in der Kantstraße, dann am Kurfürstendamm. Lovis Corinth und Max Slevogt zogen an die Spree und verliehen der modernen Malerei in Berlin noch mehr Gewicht.

Während Malerei und Literatur der Berliner Moderne vor dem Ersten Weltkrieg weitgehend von Männern dominiert wurden, war es im Theater anders. Frauenrollen mussten mit Frauen besetzt werden. Der Beruf der Schauspielerin bot die Möglichkeit, sich als Frau selbständig zu machen und dem gewohnten Rollenmuster als Ehegattin zu entkommen. Tilla Durieux machte kurz nach 1900 in Berlin Karriere, vorläufig in einem Theater Unter den Linden.

Gegen den Wunsch ihrer Akademikerfamilie hatte sie Schauspielunterricht genommen. Sie ahnte etwas von den Möglichkeiten einer neuen Zeit, setzte ihren Willen durch und machte das, wovon sie träumte. Sie lernte in Wien Schauspielerei und erhielt erste Engagements in Olmütz und in Breslau, bis Max Reinhardt auf sie aufmerksam wurde und sie 1903 nach Berlin holte, damit sie auf seinen Bühnen aufträte: im »Kleinen Theater« Unter den Linden, an der Nordseite, zwischen Friedrich- und Charlottenstraße, sowie im »Neuen Theater« am Schiffbauerdamm. Inszeniert wurden zeitgenössische Stücke: von Maxim Gorki, Oscar Wilde, Hugo von Hofmannsthal, Henrik Ibsen, Arthur Schnitzler. Die Bühnenausstattungen stammten von Malern wie Edvard Munch oder Lovis Corinth. Das Netz der Künstler, die einer neuen Zeit zuarbeiteten, verdichtete sich.

Max Reinhardt war Schauspieler am Deutschen Theater, bis er 1901 das Kabarett »Schall und Rauch« an der Lindenallee gründete, aus dem 1903 das »Kleine Theater« hervorging. 1904/05 trat Tilla Durieux hier in einer ihrer Paraderollen auf, als Salome im gleichnamigen Stück von Oscar Wilde.

Die Schauspielerin träumte nicht vom Eheleben, wie sie in ihren Erinnerungen *Eine Tür steht offen* schrieb, sondern von der Entfaltung ihrer Talente. Es gab Tage, da fühlte sich ihr Leben am Theater wie »im siebten Himmel« an, und Tage, an denen sie Enttäuschung oder Intrigen erlebte und auf dem harten Boden der Wirklichkeit landete. Doch sie hielt stand: setzte auf Übung, Verbesserung und Fleiß. Sie entsprach nicht dem gewohnten Bild der Schauspielerin, zählte nicht, wie sie sagte, zu den huschenden, graziösen Rehen oder den »herrlich junoischen Gestalten« mit »strahlendem Kirschmündchen und wogendem Busen«. Sie war klein und schlank und drang auf die »Wahrheit und Einfachheit« der literarischen Figur: »Wie bestrebt war ich, aus der papierenen Gestalt meiner Rolle einen Menschen zu formen.«

Die Jahrhundertwende veränderte das Lebensgefühl – nach dem Empfinden Tilla Durieux' nicht zuletzt das der jungen Frauen: »Um 1900 wußte die Frau nichts von Sport, Wasser und Sonne, sie saß am liebsten elegisch und müde im sorgfältig verdunkelten Zimmer, das mit schweren Vorhängen Licht und Luft ausschloss. Vom Manne unver-

TILLA DURIEUX
a. Salome.

standen und gelangweilt von der Umwelt, hütete sie sich vor jedem Sonnenstrahl. Diese Art Frauen verkörperte die Triesch (eine Kollegin von ihr), und sie traf es ausgezeichnet. Als ich sie zum erstenmal in einer Ibsen-Rolle sah, fand ich diese Auffassung so fremd, daß alles in mir revoltierte.« Die passiven weiblichen Figuren Ibsens waren für sie nicht mehr das Leitbild, eher schon Salome, Sirene, Circe. Mehrmals hat sie sich von Franz von Stuck bei Gastspielen in München in der Rolle der Circe porträtieren lassen. Eines dieser Porträts gelangte in die Nationalgalerie auf der Spreeinsel, wo es heute noch zu sehen ist.

Die Berliner Moderne trug das Ihre zum Wandel der Gedanken und Gefühle bei. Der Pariser Platz und die westliche Lindenallee waren die Arena: das Liebermannhaus; der Kunstsalon Eduard Schulte; das Künstlerlokal »Schwarzes Ferkel«; die »Galerie Unter den Linden«; das »Café Bauer«; das Kabarett »Schall und Rauch«, aus dem das »Kleine Theater« hervorging.

Das Leben der Tilla Durieux spielte sich im ersten Jahrzehnt des neuen Jahrhunderts hauptsächlich zwischen dem Matthäikirchplatz im Tiergartenviertel und der Lindenallee ab. Am Matthäikirchplatz wohnte sie – vorerst in »wilder Ehe« – mit dem Galeristen Paul Cassirer zusammen; am Pariser Platz stand sie Max Liebermann als Delila Modell, am Lindencorso trat sie als Schauspielerin im »Kleinen Theater« auf, ebenso am Schiffbauerdamm im »Neuen Theater«, nicht allzu weit von den Linden entfernt. Im Lauf der Zeit kam das »Deutsche Theater« als Spielstätte hinzu. Im November 1910 sah man sie im neuen Grandhotel »Adlon« in einer Vorstellung der literarischen Gesellschaft »Pan«. Gegeben wurden *Die Bösen* von Heinrich Mann.

Künstlerische wie bürgerliche Eliten überließen die Entwicklung Berlins nicht einfach den Impulsen des kaiserlichen Hofes oder dem Treiben der Spekulanten, sondern legten eigene Entwürfe vor. Man

Bild 32: Auftritt im »Kleinen Theater« Unter den Linden: Tilla Durieux in der Rolle der Salome im gleichnamigen Stück von Oscar Wilde, Foto von 1904

suchte nach sinnvollen Lebensbezügen jenseits von Thron und Altar, von Nationalismus und Ökonomismus – und fand sie in einem erneuerten Verhältnis zur Natur, bei der Bewegung im Freien, beim Baden und beim Sport, in zivilen Lebensformen, Freundschaft und Persönlichkeit, Gastlichkeit und bildender Kunst, beim Lesen und beim Reisen. Außerdem beim Flanieren auf dem Boulevard, bei Museums- und Cafébesuchen. Es galt das Gebot, eigenständig über sich selbst, die anderen Menschen und die Welt nachzudenken, möglichst ohne Vorurteile, ohne Befangenheit. Am Horizont erschienen ein freieres Verhältnis der Geschlechter zueinander sowie Demokratie mit sozialer Gerechtigkeit und Völkerverständigung – eine Zukunft, in der das Leben nicht länger nur Mühe und Arbeit und Gehorsam hieß, sondern erfüllte Tätigkeit, gegenseitiger Respekt und Freude am Leben.

Liebermann entdeckte das Wohnen als einen Teil der Lebenskunst. Mochte sich auch die Zeit rasant wandeln, so konnte das Zuhause einen gewissen Halt bieten, indem sowohl traditionelle als auch moderne Elemente bei der Einrichtung zum Zug kamen. Er schenkte dem Interieur seines Hauses große Aufmerksamkeit und versuchte, einen eigenen Stil zu entwickeln. Allem Anschein nach behielt er aus Pietät gegenüber den verstorbenen Eltern einen Teil ihrer Möbel im Stil des Historismus bei, ergänzte sie aber durch wertvolle Antiquitäten, ein echtes gotisches Bett oder eine echte Renaissancetruhe. Zu seinem Bedauern waren kaum noch originale Biedermeiermöbel aufzutreiben. Der Historismus hatte wenig Sinn für die Schlichtheit dieser Möbel und zerstörte sie.

Im November 1904 wurde Liebermanns Wohnung in der *Woche* beschrieben, begleitet von einigen Fotografien, um dem Publikum vor Augen zu führen, »wie Künstler wohnen«: »Betritt man das alte Patrizierhaus am Pariser Platz dicht neben dem Brandenburger Tor, in dem schon die Eltern Liebermann heimisch waren, so weht es einem entgegen wie ein feiner Duft von altmodischer Vornehmheit, ein Duft, der in seltsamen Gegensatz steht zu der Kunst des Mannes, der in dieser ererbten Atmosphäre groß ward und doch so erstaunlich hoch darüber hinauswuchs.« Für Liebermann sollte die Wohnung großbürgerliche Tradition verkörpern, zugleich aber deutlich machen, dass Tradition nicht alles sei und man auch neue Wege einschlagen könne oder müsse.

Der Journalist fuhr fort: »Steigt man die gewundenen Stiegen hinan bis zur zweiten Etage, so steht man am Eingang zu des Meisters Wohnung. (…) Wohin der Blick fällt, begegnet das Auge den auserlesensten alten Möbelstücken. (…) Was diesem Heim indes die stärkste und eigentümliche Wirkung verleiht, das sind die wahrhaft verblüffenden Bilderschätze, die rings die Wände zieren. In ihnen liegt die eigentliche Seele der Wohnung, ja mehr noch, die Seele Liebermanns selbst (…). Ein Triumphzug des französischen Impressionismus! Fünfzehn Manets, ein Vierteldutzend Degas, mehrere Claude Monets, ein Troyon, Renoir, Daubigny, Corot, kurz man traut seinen Augen kaum.«

Die Gesellschaftsräume befanden sich an der südlichen Seite des zweiten Obergeschosses, hin zum Brandenburger Tor. Wohnzimmer und Musikzimmer blickten auf den Pariser Platz, Speisezimmer und Arbeitszimmer auf den Tiergarten. Das Atelier befand sich seit 1899 auf dem Dach, erreichbar über eine schmale Wendeltreppe. All die berühmten Leute, die sich von Liebermann porträtieren lassen wollten, mussten durch dieses Nadelöhr der Wendeltreppe hindurch und sich dann auf einen schlichten Stuhl setzen. Jedes falsche Pathos sollte sich verlieren.

Liebermann empfand sein Haus am Pariser Platz – sorgsam inszeniert – als Gegenresidenz zum Berliner Schloss. Mochte sich dort Wilhelm II. gegen das Neue in Kunst und Gesellschaft stemmen, gegen Naturalismus, Impressionismus, Jugendstil, Sachlichkeit, so öffnete der Maler sein Haus der neuen Schicht von Weltbürgern, die sich in Berlin versammelten.

Eigentlich wollte der Kaiser die Häuser links und rechts vom Brandenburger Tor abreißen lassen, damit das Tor frei stehe. Aber Liebermann dachte nicht daran, sein ererbtes Haus an Wilhelm II. abzutre-

Bild 33: Das Wohnhaus der Liebermanns rechts neben dem Brandenburger Tor, Pariser Platz 7, 1892

ten. Er wies den Höfling, der mit ihm verhandeln sollte, mit den Worten zurück: »Nu will ick Ihnen mal wat sagen, Exzellenz: Jehn Se zum Kaiser und sagen Se, der Liebermann hätte gesagt: Der Kaiser wohne uff det Ende von de Linden un der Liebermann wohne uff dies Ende von de Linden, un ebenso wie der Kaiser nich uff det Ende von de Linden rausjeht, jeht der Liebermann nicht uff dies Ende von de Linden raus.«

1897 besuchte Henry van de Velde Dresden, wo die Kunstgewerbeausstellung einen Ruheraum von ihm zeigte, der das Publikum entzückte. Anschließend kam er in Begleitung des Bildhauers Constantin Meunier nach Berlin. Beide stiegen im neuen Luxushotel »Bristol« an der Lindenallee ab, nicht weit entfernt von der Ostsüdecke Linden/Wilhelmstraße. Ein paar Tage später versammelte Max Liebermann zu Ehren der beiden Künstler die offiziellen und inoffiziellen Vertreter der Berliner Kunstszene in seinem Haus.

Van de Velde berichtete darüber in seiner Autobiografie *Geschichte meines Lebens*: »Liebermann führte dort das Leben eines Grandseigneurs und berühmten Künstlers, beides mit vollendeter Natürlichkeit und Würde. Eine gewisse Vornehmheit legte er nur in jenen Augenblicken ab, in denen er, unter Freunden, die unwiderstehliche Lust verspürte, köstliche oder burschikose Wendungen des Berliner Jargons zu gebrauchen. Das Diner hatte offiziellen Charakter. Zur Feier der Anwesenheit Constantin Meuniers in Berlin waren die höchsten Beamten des Kultusministeriums eingeladen worden, dem die Kunstinstitute unterstanden: die Museumsdirektoren Wilhelm von Bode, Hugo von Tschudi und Friedrich Lippmann, der Direktor des Kupferstichkabinetts, sowie viele andere bedeutende Vertreter des Berliner künstlerischen Lebens.« Liebermanns Gesellschaftsräume boten maximal 150 Gästen Platz. An diesem Abend waren es weniger: »Wir waren etwa vierzig Personen bei Tisch. An den Wänden befanden sich Bilder von Manet, dem Liebermann ganz besondere Verehrung entgegenbrachte, und von Vincent van Gogh. Für alle Anwesenden bedeutete der Abend die feierliche Ehrung Meuniers, dem zu jener Zeit nur Rodin als Bildhauer verglichen werden konnte. In diesem Sinne hatte Liebermann in seinem Toast bei Tisch gesprochen.«

Der Maler war ein glänzender Gastgeber und verstand es, seine Gäste zu unterhalten und jeden nach Gebühr zu würdigen. Nicht zuletzt hatte er Sinn für die Tafelfreuden. Schon 1873 hatte er sich in einem Stillleben als junger Mann mit Kochmütze und Lebensmitteln dargestellt. Er bevorzugte – auch in diesem Fall modern – die leichte, pflanzlich geprägte Küche mit etwas Fisch und Fleisch, insbesondere Geflügel und Wild. Aus heutiger Sicht könnte man sagen: Er war Flexitarier. Gemüse und Salat waren für ihn Kennzeichen der Zivilisation. 1927 meinte er gegenüber dem Kunsthistoriker Ernst Benkard: »Ick sage immer, wo det Salatessen anfängt, bejinnt de Kultur.«

Als er sich um 1910 ein Landhaus am Wannsee bauen ließ, legte er neben dem Ziergarten einen Obst- und Gemüsegarten an. Sein Zeitgenosse und früher Biograf, Erich Hancke, meinte, der Landsitz sei sein Stolz gewesen: »Er führte den Gast durch Haus und Garten, zeigte ihm seine blühenden Pfirsichbäume, seinen Spinat, seine Bohnen, seine Artischoken.«

Ende der zwanziger Jahre wurde der Chirurg Ferdinand Sauerbruch Liebermanns Nachbar am Wannsee. Es entwickelte sich eine enge Freundschaft zwischen dem Arzt und dem Maler. In seiner Autobiografie würdigte Sauerbruch Liebermann als Connaisseur und Kenner der Genüsse: »(...) und nachbarlich war er uns deshalb, weil sein berühmt schönes Haus in unserer Nähe, am Ufer des Wannsees lag. Im Winter zog Liebermann in seine ›Stadtwohnung‹ (...). Befand man sich in deren Mauern, so war man im echtesten Berlin. Sie war mit kostbaren alten Berliner Stücken eingerichtet. Im Hause Liebermann zu essen, war ein großes Vergnügen. Mit Recht galt er als ein großer Feinschmecker. Spargel à la Liebermann war ein unübertroffenes Glanzstück des Hauses.«

Liebermanns Frau Martha achtete darauf, dass die Abende nicht zu lang wurden. »Wenn wir uns«, fuhr Sauerbruch fort, »ins Gespräch verbissen hatten – und worüber hatten wir nicht alles zu sprechen –, wenn ihre leisen Mahnungen, den Tag zu beenden, nichts gefruchtet hatten, so erhob sie sich und sagte: ›Max, du mußt ins Bett!‹ Dann ging sie mit ihm davon.«

Henry van de Velde hatte, wie Liebermann, eine Ausbildung als Maler absolviert und den Naturalismus und Impressionismus entdeckt, bis er sich dem Jugendstil zuwandte. Er wurde Designer, Möbelbauer und Architekt, weil sich für ihn die Erneuerung der Kunst auf alle Bereiche des Hauses oder des menschlichen Lebens erstrecken sollte.

Was Lieberman für seine Malerei beanspruchte, das galt in ähnlicher Weise für van de Velde beim Bau und Ausbau des Hauses: zurück zu Einfachheit und Vernunft, zur Freude an Farbe und Linie. Das Dekor sollte nicht mehr aufgenagelt, angeklebt oder übergestülpt werden, sondern aus der Konstruktion der Gegenstände hervorgehen. Er entwarf für sich und seine junge Familie ein Musterhaus, »Bloemenwerf«, in einem Vorort von Brüssel, fertiggestellt 1896. Rasch wurden Kritiker und Autoren aus dem Zirkel des »Schwarzen Ferkels« und der Zeitschrift *Pan* auf van de Velde aufmerksam und besuchten ihn in seinem Haus: Julius Meier-Graefe, Eberhard von Bodenhausen und Harry Graf Kessler. Sie ließen umgehend eigene Wohn- und Büroräume von van de Velde ausstatten. Kesslers Wohnung in Berlin, Köthener Straße 28, südlich vom Potsdamer Platz, war bereits im Februar 1898 bezugsfertig und stellte eine der ersten modernen Wohnungen in der deutschen Hauptstadt dar: entschlackt und hell, ohne überladenes Dekor. Sowohl die Bilder und als auch die Möbel muteten hier neuartig an, jung und frisch. Kesslers Beispiel folgten bald andere, so auch Paul Cassirer. Er ließ in seiner avantgardistischen Kunsthandlung in der Viktoriastraße, etwa dort, wo sich heute die Philharmonie befindet, ein Lesezimmer von Henry van der Velde einrichten.

Graf Kessler nahm es in die Hand, Henry van der Velde nach Berlin zu locken. Er lud ihn wiederholt an die Spree ein, in der Hoffnung, dass der Künstler hier seine Zelte aufschlagen möge. Die Bühne, auf der Kessler van de Velde dem Publikum vorstellte, war die Lindenallee. Seit 1899 führte hier Cornelie Richter einen Salon, der sowohl den konservativen Hofkreisen als auch wagemutigen Künstlern offenstand. Die Hausherrin, die Tochter des Komponisten Giacomo Meyerbeer, war neben dem Liebermannhaus am Pariser Platz aufgewachsen. Sie lebte mit ihrem Mann, dem Maler Gustav Richter, im Tiergartenviertel. Nach dem Tod ihres Mannes kehrte sie als wohlhabende Frau an den Pariser Platz zurück, wenngleich nicht ins Elternhaus, sondern in ein benachbartes Palais. Sie wollte nicht nur die Rolle der Witwe übernehmen, die den Ruhm ihres verstorbenen Mannes pflegte, sondern eine eigenständige Rolle in der Gesellschaft spielen und gründete einen Salon in bester Lage.

Harry Graf Kessler empfahl ihr, Henry van de Velde zu Vorträgen einzuladen, damit er seine neuen Ideen der Wohnkultur als modernes Gesamtkunstwerk der Berliner Welt vermittle. Der Künstler hielt in seinen Erinnerungen fest: »Drei Vorträge fanden in der ersten Hälfte Februar 1900 vor einem Auditorium von etwa vierzig Gästen statt, unter denen sich hohe Würdenträger des Hofes, Diplomaten, hohe Staatsbeamte, Museumsdirektoren, Gelehrte, Künstler und Schriftsteller einfanden.« Die Einrichtung des Salons war ihrerseits noch vom Historismus und Eklektizismus der feineren Art geprägt, was auf die vorwiegend traditionell gesinnten Gäste erst einmal beruhigend wirkte: »Die Pracht der Räume, wo sich alles zu einer Einheit von höchstem Geschmack und sicherstem Stilgefühl zusammenschloß, hatte etwas von genuesischen, venezianischen oder römischen Palästen. Die Gäste fühlten sich vor dem Angriff eines Neuerers gefeit, den die Hausherrin, die seines Taktes sicher war, ihnen zu präsentieren wagte.«

Zu den Gästen zählten, wie nicht selten auch im Liebermannhaus, die einflussreichen Direktoren von der Museumsinsel, Wilhelm von Bodo und Hugo von Tschudi, ebenso Walther Rathenau, ein Vetter Liebermanns, der als Direktor der AEG einer der führenden Unternehmer in Deutschland war und international operierte – ein Industrieller, Kosmopolit und Kulturmensch zugleich. Hinzu kamen der kaiserliche Hofbaurat Ernst von Ihne sowie Baron von dem Knesebeck, Vizeoberzeremonienmeister der Kaiserin Auguste Viktoria. Unter den Damen des Abends befand sich auch Baronin Spitzemberg, die legendäre Chronistin der wilhelminischen Hofgesellschaft, die wie gewohnt »spitz« in ihrem Tagebuch notierte: »Vieles war sehr geistreich, was er vorbrachte, vieles unklar, übertrieben.« Helene von Nostitz war ebenfalls da und bemerkte in ihrem viel beachteten Buch *Aus dem alten Europa*, dass van de Velde an der Einrichtung des Salons doch einiges auszusetzen hatte. Aber die Hausherrin habe dafür gesorgt, dass der Ton nie allzu scharf wurde.

Die traditionell gesinnte, feine Berliner Welt, die Hofgesellschaft, ließ sich von den revolutionären Ideen Henry van de Veldes nicht allzu sehr irritieren. Cornelie Richter lud den Belgier auch einmal zu einem intimen Diner ein, an dem Reichskanzler Bernhard von Bülow teilnahm.

Er dominierte das Tischgespräch in einer Weise, dass der Gedanke an moderne Kunst überhaupt nicht aufkommen konnte. Van der Velde bemerkte: »Er beherrschte das Wort während des ganzen Diners, das als Musterbeispiel einer Geselligkeit gelten konnte, deren Sinn darin besteht, fade Worte ohne jede Bedeutung auszutauschen. (...) Was eine solche Einladung auch an Luxus, Toiletten, Perlenkolliers und Schmuck, an feierlicher Bedienung, vorzüglichen Speisen, duftenden Weinen bieten mag – man verläßt das Haus mit dem gleichen Gefühl, das man empfindet, wenn man eine Visitenkarte auf einem Silbertablett abgibt: man hat eine leere gesellschaftliche Pflicht erfüllt.«

Selbst wenn Henry van der Velde die wilhelminische Hofgesellschaft als langweilig empfand, so war er von den Kreisen der Berliner Moderne doch so angetan, dass er an die Spree zog: »Ich ließ mich in dem Augenblick in Berlin nieder, als eine Welle der Begeisterung und Aktivität die geistig und künstlerisch Interessierten erfaßt hattc. (...) In keinem andern Land Europas war in die Vorherrschaft der offiziellen Kunst eine derartig große Bresche geschlagen worden wie in Deutschland.«

Schließlich kam es im Salon der Cornelie Richter für ihn zu einer epochalen Begegnung. Er lernte dort Elisabeth Förster-Nietzsche kennen, die Schwester des verstorbenen Philosophen Friedrich Nietzsche. Er gab sich als Verehrer ihres Bruders zu erkennen, und die Schwester lud ihn ein, nach Weimar zu kommen und gemeinsam das Grab des Bruders in Röcken zu besuchen.

Es entstand ein Dreierbund zwischen Elisabeth-Förster Nietzsche, Henry van de Velde und Harry Graf Kessler. Gemeinsam wollten sie aus Weimar wieder einen Ort der Musen und Grazien machen: ein Mekka der Goethe- wie der Nietzsche-Verehrer sowie der modernen Kunst. Die Schwester des Philosophen, so der Plan, sollte dort einem Nietzsche-Archiv vorstehen, Henry van de Velde Direktor der Kunstgewerbeschule werden und Harry Graf Kessler das Kunstmuseum leiten. So kam es. Als van de Velde einige Jahre später, im Ersten Weltkrieg, als Belgier in Weimar nicht mehr gelitten war, schlug er den jungen Berliner Architekten Walter Gropius als seinen Nachfolger vor. Gropius kam und verwandelte die Kunstgewerbeschule in das Bauhaus, das 1919 eröffnet wurde.

Am Lindencorso geschahen damals Dinge, die die Welt der Kunst und der Kultur langfristig veränderten. Graf Kessler war die glänzendste Erscheinung der Berliner Moderne. Die Nahtstelle zwischen dem Pariser Platz und der Lindenallee wurde für ihn zum magischen Ort. Er war sowohl bei den Liebermanns als auch bei Cornelie Richter häufiger Gast – und als 1907 das Grandhotel »Adlon« seine Pforten öffnete, ging er dort ein und aus und hielt Hof, lud hier Freunde und Bekannte zum Essen ein und förderte die gemeinsamen Interessen.

Kessler entstammte einer Familie mit europäischem Hintergrund. Der Vater war ein reicher Hamburger Bankier, der von Kaiser Wilhelm I. in den Grafenstand erhoben worden war. In Paris befand sich der Hauptsitz des väterlichen Unternehmens, während die Familie die Sommermonate in deutschen Kurorten verbrachte. Die Mutter entstammte irischem Uradel, eine geborene Baroness Blosse-Lynch. Harry wuchs dreisprachig auf, besuchte Schulen in Paris, Ascot und Hamburg. Er absolvierte die Militärzeit als Einjährig-Freiwilliger bei einem elitären Garde-Ulanen-Regiment in Potsdam, das ihm die Tür zur höfischen Gesellschaft in Berlin öffnete. Anschließend studierte er in Bonn und Leipzig Jura, nebenher auch Altphilologie, Archäologie, Kunstgeschichte und Psychologie. Er erbte ein großes Vermögen, das ihn finanziell unabhängig machte. Er konnte als junger Mann tun und lassen, was er wollte. Im Wesentlichen wurde er zum Förderer der Berliner Moderne oder der modernen Kunst und Gesellschaft allgemein.

Seit 1892/93 verlegte er seinen Lebensmittelpunkt nach Berlin. Um 1901 kam für ihn als ein zweiter wichtiger Lebensort Weimar dazu, während er zwischendurch immer wieder Europa und die Welt bereiste. Ein Mann mit vielen Eigenschaften: Kosmopolit, Gentleman, Dandy,

Flaneur, Kunstsammler, Mäzen, Autor, Essayist und Tagebuch-Chronist mit brillanten Analysen. Er war sowohl mit dem Cercle bei Hofe als auch mit dem Zirkel des »Schwarzen Ferkels« vertraut, bewegte sich nonchalant zwischen Gala und Boheme.

In seiner kurzen Zeit als Direktor des Großherzoglichen Museums für Kunst und Kunstgewerbe in Weimar (1903-1906) machte er Furore, indem er moderne deutsche und französische Malerei und Bildhauerei ausstellte. Da er jedoch vom Großherzog kaum Unterstützung erhielt, reichte er im Sommer 1906 sein Abschiedsgesuch ein, just als Edvard Munch in Weimar erschien. Ein norwegischer Unternehmer hatte den Künstler mit einem Nietzsche-Porträt beauftragt. Munch wollte sich mit wichtigen Lebensstationen des verstorbenen Philosophen vertraut machen und Gespräche mit seiner Schwester führen. Als das Bild fertig war, bat Kessler ihn, ihn ebenfalls zu malen.

Beide, Munch wie Kessler, waren glühende Nietzsche-Verehrer, insbesondere bewunderten sie die Figur des Zarathustra, der als Prophet vom Berg hinabsteigt und neue Lebensformen verkündet. Nietzsches legendäres Werk *Also sprach Zarathustra* beginnt in nahezu biblischem Ton: »Als Zarathustra dreißig Jahre alt war, verließ er seine Heimat und den See seiner Heimat und ging in das Gebirge. Hier genoß er seines Geistes und seiner Einsamkeit und wurde dessen zehn Jahre nicht müde. Endlich aber verwandelte sich sein Herz, – und eines Morgens stand er mit der Morgenröte auf, trat vor die Sonne hin und sprach zur ihr also: ›Du großes Gestirn! Was wäre dein Glück, wenn du nicht die hättest, welchen du leuchtest!‹« Munch schwebte diese Szene im *Zarathustra* vor, als er Kessler ins Bild rückte, hinterleuchtet vom Sonnenlicht: einem glühenden, expressiven Gelb mit morgenrötlichem Einschlag. Obwohl Gott – nach Zarathustras Worten – »tot« ist, erscheint die menschliche Figur nicht als nichtiges Wesen, sondern als Glanzpunkt der Natur.

Eine Diagonale, die hinter der Figur von Mitte rechts nach links unten verläuft, deutete an, dass Kessler leicht abwärts geht, gestützt auf

Harry Graf Kessler

einen schmalen Spazierstock, das symbolische Zeichen des Gentleman. Der Maler zeigt Kessler als einen modernen Menschen, selbstbestimmt, als ein freier Herr, schlank und elegant, sportlich und agil. Das Kessler-Porträt von 1906 erscheint unter Munchs Bildern wie ein Gegenpol zum »Schrei«. Nichts zu sehen von Angst oder Verzweiflung angesichts einer liberalen Welt der Moderne ohne Gott.

Nach 1906 hielt sich Kessler wieder öfter in Berlin auf, insbesondere am Pariser Platz und Unter den Linden. Im Februar 1911 war er bei den Liebermanns zum Ball eingeladen. Das Tanz- und Ballvergnügen gehörte jetzt zum ausgelassenen Berliner Leben dazu. Kessler notierte im Tagebuch: »Nachher mit Helene Nostitz zum Ball bei Max Liebermann. Viel mit Helene und der Frau von Hofmannsthal getanzt. Nach dem Ball bestand Helene darauf, (…) zu Fuss durch den Tiergarten nachhause zu gehen. So wanderten wir im Schnee, sie in Ballschuhen, ihr Diadem unter einem Tüllschleier kaum verhüllt, ich, ein grosses Blumenbukett in der Hand, um drei Uhr Morgens durch den menschenleeren, schwach vom Mond und fernen Bogenlampen erhellten Tiergarten.« So stellten sich Vertreter der Berliner Moderne das schöne Leben vor. Kessler war schwul, wagte es aber nicht, sich öffentlich dazu zu bekennen, weil es strafbar und ruinös gewesen wäre.

Max Liebermann hatte zwischenzeitlich ein neues, beeindruckendes Selbstporträt gemalt, auf dem er in ähnlich monumentaler Pose zu sehen ist wie Kessler in der Darstellung Munchs, nur dass der triumphale, mythische Hintergrund des expressiven Sonnenlichts fehlt. In seiner nüchternen Berliner Art mochte sich Liebermann gedacht haben: Da wollen wir man keen Theater machen.

Er stand auf der Höhe seines Künstlertums, war zu einem international beachteten Maler geworden. Auch er erscheint, wie Kessler, im bürgerlichen Anzug mit Weste, Hemd und Krawatte. Statt der Jacke

Bild 34: Ikone der Berliner Moderne: Harry Graf Kessler, porträtiert von Edvard Munch, 1906, Neue Nationalgalerie, Berlin

Bild 35: Künstler, Patrizier, kritischer Zeitgenosse: Max Liebermann, Selbstbildnis, 1909/10, Hamburger Kunsthalle

trägt er einen hellen, sandfarbenen Malermantel: der Bürger als Künstler bei der Arbeit. Arme und Hände muten lässig und nonchalant an: die eine Hand in der Hosentasche, die andere hält eine Zigarette. Liebermann erscheint in selbstbewusster, weltmännischer Pose, als einer, der es durch sein Schaffen zu etwas gebracht hat. Er gibt sich vornehm zurückhaltend, regelrecht von aristokratischer Würde. Doch sein Blick bleibt wach, feinnervig, mit einem Anflug von Skepsis. Möglich war für den Maler eine tonige Aufhellung des Lebensraumes, die Entwicklung zur Persönlichkeit, ein Urlaub am Strand, wo man reiten konnte – wie es auf dem Bild, das am Boden steht, angedeutet ist. Die Moderne, das war für Liebermann ein Versuch, den man wagen sollte. Aber wie weit die Moderne tragen würde, das blieb offen und erforderte einen kritischen Blick. Als Jude sah er seine Position in Deutschland latent gefährdet – und Erlösung auf Erden gab es für ihn nicht.

Grandhotels und Schatzhäuser der Kunst

Berlin ist im 19. Jahrhundert immer wieder über sich hinausgewachsen. Die preußische Residenz wurde zur Hauptstadt der Deutschen, zur Millionenstadt, zur Weltstadt. Immer häufiger wurde Berlin mit Paris und London, New York oder Chicago verglichen, manchmal schmeichlerisch, manchmal weniger schmeichlerisch. An seiner internationalen politischen und wirtschaftlichen Macht war kaum noch zu zweifeln. Strittig blieb lediglich, ob Berlin sich auch kulturell zur Weltstadt entwickelte.

Die künstlerischen Impulse, die vom kaiserlichen Hof ausgingen, waren eher nationaler Art. Ein Prestigeprojekt Wilhelms II. war die Siegesallee, die seit 1901 in nordsüdlicher Richtung durch den Tiergarten führte. Der Kaiser ließ seine Vorfahren in der Pose germanisch-deut-

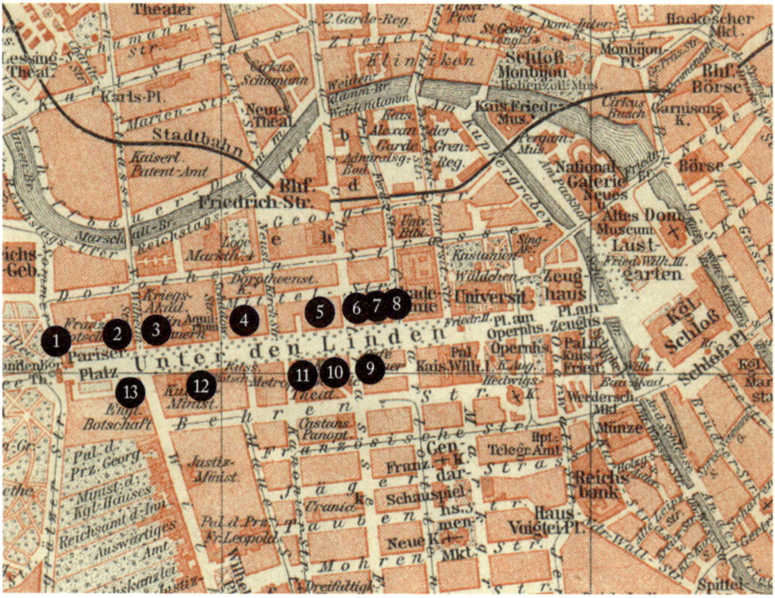

Bild 36: Bedeutende Orte der Berliner Moderne um 1900: im westlichen Teil der Allee Unter den Linden und am Pariser Platz

1 Liebermannhaus, 2 Salon der Cornelie Richter, 3 Künstlerlokal »Schwarzes Ferkel«, Mitte der 1890er Jahre Umzug in die Dorotheenstraße, 4 Restaurant »Hiller«, 5 Restaurant »Dressel«, 6 Café »Viktoria«, 7 Kabarett »Schall und Rauch«, seit 1903 »Kleines Theater«, dort 1904 Tilla Durieux in der Rolle der Salome, 8 Hotel de Rome, 9 Café »Bauer«, 10 Café »Kranzler«, 11 Galerie Unter den Linden, dort 1893/94 die Munch-Ausstellung mit dem Bild »Der Schrei«, 12 Hotel »Bristol«, 13 Kunstsalon Eduard Schulte im Palais Redern, dort von 1892–98 die Ausstellung der »Vereinigung der XI«, 1907 ersetzt durch das Hotel »Adlon«

scher Krieger aufreihen. Doch so mancher Bürger fühlte sich in dieser Kunstwelt nicht aufgehoben. Ausländische Beobachter fanden die Parade der Hohenzollern lächerlich. Guillaume Apollinaire sprach 1902 in der *Revue Blanche* von den »Vogelscheuchen der Siegesallee«. Immer mehr Berliner wandten sich der Kunst der Moderne zu, die die eigene Zeit spiegelte und internationales Ansehen errang.

Zum Signum einer Weltstadt gehörten auch Museen mit älterer Kunst von Weltrang sowie Grandhotels für Gäste aus aller Herren Länder. In dieser Hinsicht gab sich der Kaiser aufgeschlossener. Seit dem ausgehenden 19. Jahrhundert entstanden am westlichen Ende der Lindenallee Grandhotels – und am östlichen Ende des Lindencorsos wurde das Areal hinter dem Alten Museum zur imposanten musealen Tempellandschaft ausgebaut.

Lange hatte man in Berlin Hotels und Restaurants schlicht in Wohnhäusern eingerichtet. Erst nach und nach wurde das Hotel als eigenständige Bauaufgabe entdeckt, nach den Vorbildern in anderen europäischen Ländern und in Amerika. Das Hotel sollte selbst zu einer Attraktion werden, zu einem Vergnügungsort, der sich am räumlichen Konzept der Schlösser orientiert. Neben dem Speisezimmer oder dem großen Speisesaal sollte es eine große Empfangshalle geben, dazu verschiedene Salons, ein Café, einen Grillraum, eine Bar und einen Ballsaal. Das Haus sollte nicht nur den Reisenden offenstehen, sondern auch den Bewohnern der Stadt.

Im Prinzip erodierte im Grandhotel die geschlossene höfische Gesellschaft – wie zuvor schon im adlig-bürgerlichen Salon. Fürstinnen und Fürsten saßen im Grandhotel zwischen Vertretern der bürgerlichen Hochfinanz und der Industrie. Man genoss hier mehr Freiheit als im Schloss, eine größere Unbeschwertheit und wurde dennoch fürstlich bedient und umsorgt. Das Grandhotel als Fortschritt, sei es in sozialer Hinsicht, sei es in Bezug auf Komfort, Freude und Genuss.

Der »Kaiserhof« war das erste luxuriöse Grandhotel in Berlin. Er wurde 1875 eröffnet und lag am Wilhelmplatz, verbunden mit der Wilhelmstraße, die nördlich in die Lindenallee mündete. Das Hotel befand sich im damaligen Regierungsviertel, schräg gegenüber dem Kanzler-Palais. Kaiser Wilhelm I. besuchte den »Kaiserhof« bei der Eröffnung und machte ihn hof- und salonfähig.

Zu den Hotels ersten Ranges zählte auch das »Bristol« am Lindencorso, nicht weit von der Ecke Linden/Wilhelmstraße entfernt, etwa dort, wo sich heute der westliche Teil der russischen Botschaft befindet. Das Hotel wurde 1890 eröffnet und sechs Jahre später erweitert. Es erstreckte sich in die Tiefe des Grundstücks und gruppierte die Gesellschaftsräume um einen Innenhof.

Aus diesem Duo der gastronomischen Spitzenklasse in Berlin wurde ein Trio: mit der Eröffnung des »Adlons« 1907 an der Ecke Linden/Pariser Platz, nur ein paar Gehminuten vom »Bristol« entfernt, in Sichtweite zum Brandenburger Tor und zum Liebermannhaus. Für nicht wenige sah es so aus, als nähme das »Adlon« unter den Berliner Hotels den Platz an der Sonne ein.

Der Gründer, Lorenz Adlon, entstammte einer Schusterfamilie in Mainz und machte eine märchenhafte Karriere. Er war Millionär, noch bevor er das Hotel »Adlon« baute, für das er mindestens fünfzehn Millionen Mark – manche Quellen sprachen von zwanzig Millionen – Kredit aufnehmen musste. Adlon war kühn und mutig – ein ungemein fleißiger Mensch und glänzender Organisator, einer, der weit herumkam und Erfahrungen sammelte, ein Gastronom mit Kunstsinn und Gespür für die Wünsche der Gäste, ein kühler Rechner und ein Visionär, der die Entwicklung der Gastronomie und Hotellerie in Berlin vorantrieb.

Vielleicht lag sein eigentliches Geheimnis darin, dass er sich die Gesetze der Distinktion zu eigen machte: die Regeln des takt- und würdevollen Umgangs mit Menschen, die Kunst, sie zu erfreuen und zu verzaubern, ohne das rechte Maß zu verlieren. Er hatte als Heranwachsender in Mainz eine Lehre als Schreiner angetreten, und zwar nicht in irgendeinem Betrieb, sondern in der Kunst- und Möbelschreinerei Anton Bembé, die damals schon über hundert Mitarbeiter hatte und sich zu einem der renommiertesten Möbelhersteller in Deutschland entwickelte und später zu den Ausstattern des Hotels »Adlon« zählte. Adlon dürfte früh ein Gefühl dafür entwickelt haben, was nobles, zeitgemäßes Wohnen heißt. Überdies war seine Mutter Hebamme am Darmstädter Hof und hat ihren Kindern vermutlich vom höfischen Leben erzählt. Darüber hinaus las Adlon Goethe, um mit feinerer Lebensart und Konversation vertraut zu werden. 1870/71 nahm er am Deutsch-Französischen Krieg teil. Er soll dabei die Chance genutzt haben, die französische Gastronomie kennenzulernen. Er sattelte schließlich beruflich um und wurde Gastronom. Er fing an, die Bewirtung bei großen Veranstaltungen, Vereinsfesten und Ausstellungen, zu organisieren. Gleichzeitig betrieb er in Mainz ein großes Ausflugslokal, den »Raimundigarten«.

Nach 1880 ließ er sich in Berlin nieder. Zunächst erwarb er das Café »Hiller« Unter den Linden, nahe der Nordwestecke Linden/Neustädtische Kirchstraße, ein Lokal, das im pompösen gründerzeitlichen Stil ausgestattet war. Er verwandelte es in eines der renommiertesten Restaurants in Berlin; einige Beobachter meinten sogar: in das beste Restaurant Deutschlands.

Adlon führte im »Hiller« die französische Grande Cuisine ein, die bald auch für andere Restaurants an der Spree die Richtung vorgab. Überdies wurde er Mitpächter der »Zooterrassen« im neuen Westen der Stadt, wo er ebenfalls die französische Küche einführte und die Berliner mit der Bouillabaisse bekannt machte. Die »Zooterrassen« boten innen und außen mehr als 10 000 Gästen Platz. Prinz Wilhelm, der spätere Kaiser Wilhelm II., kehrte mit seiner Entourage dort ein. Es entwickelte sich eine freundschaftliche Verbindung zwischen dem Prinzen und dem Gastronomen. Schließlich pachtete Adlon 1898 zusätzlich das Luxushotel »Continental« in der Neustädtischen Kirchstraße, nur einen Katzensprung vom Lindencorso entfernt. Als dann 1905 das Palais Redern an der Südwestecke Linden/Pariser Platz zum Verkauf stand, war für Adlon der Augenblick gekommen, selbst ein Hotel zu bauen und seinen Traum von Hotellerie zu verwirklichen. Ihm schwebte ein Grandhotel vor, das Maßstäbe setzen und selbst zu einer Sehenswürdigkeit werden sollte.

Es sprach sich rasch herum, dass Adlon das ehrwürdige Palais Redern abreißen will, ein Gebäude, das nach Plänen von Karl Friedrich Schinkel errichtet worden war und unter Denkmalschutz stand. Der Kaiser sorgte persönlich dafür, dass der Neubau des Grandhotels genehmigt wurde. Er warb ebenso dafür, dass Adlon die nötigen Kredite erhielt. In der Berliner Presse befürchtete man das Schlimmste. Man hatte Angst, dass am Pariser Platz ein ähnlicher Zyklop entstünde wie die neue Hofkirche am Lustgarten. Noch 1908 schrieb Walter Leistikow im *Berliner-Lokal-Anzeiger*: der Berliner Dom sei der »Schrecken eines jeden Europäers«.

Doch im Gegensatz zu seinem Förderer, Wilhelm II., hatte Adlon ein Faible für Understatement. Er beachtete die Regeln der zivilen Gesellschaft und stellte sich der öffentlichen Debatte. Einige Zeit nach der Eröffnung des Hauses erschien eine Werbebroschüre für das »Hotel Adlon Berlin«, ausgestattet mit vielen Bildern und einem Text von Max Rapsilber. Dort hieß es: »Adlon wollte keineswegs selbstherrlich handeln, er suchte die Fühlung mit der öffentlichen Meinung, um sich zu erklären und seine Anschauungen durch die anerkannten Meister klären zu lassen. Unermüdlich war er in der Bearbeitung und Vervollkommnung des Fassadenentwurfs, bis schließlich nach menschlichem Ermessen nichts Besseres erzielt werden konnte.«

Die Fassade nahm Rücksicht auf die Proportionen des Pariser Platzes und des Brandenburger Tores. Adlon wies die Architekten Carl Gause und Robert Leibnitz an, einen schlossartigen Bau zu schaffen, der die Umgebung nicht erdrückt. Sie orientierten sich an Alfred Messel, der damals in Berlin als der modernste Architekt galt. Nach Messels Plänen wuchs fast gleichzeitig mit dem »Adlon«, schräg gegenüber an der Nordostecke Lindenallee / Neue Wilhelmstraße, wo früher das

»Schwarze Ferkel« zu finden war, ein neues Geschäfts- und Wohnhaus empor. Wesentliche Strukturelemente der Fassade waren die gleichen wie beim »Adlon«: Über einem Sockelbereich mit großen Rundbogenfenstern und Eingängen sah man geschossübergreifende, flache Pilaster, die das Gebäude optisch hochhoben und der Fassade Eleganz und Rhythmus verliehen. Das vierte Obergeschoss sprang zurück, verband sich mit dem Dach und verminderte den Höhenzug. Es entwickelte sich ein subtiles Spiel zwischen Horizontale und Vertikale – ähnlich wie am Brandenburger Tor. Eine solche Ausgewogenheit vermisst man heute an der rekonstruierten Fassade des »Adlons«, da nun horizontale Linien vorherrschen und das Gebäude zu einer schweren kompakten Masse machen.

Das »Adlon« wurde im Kern als Eisen-Beton-Skelettbau errichtet, wodurch es möglich wurde, im Erdgeschoss um den Innenhof herum – den »Goethe-Garten«, der sich tief ins Grundstück erstreckte – große Gesellschaftsräume zu gruppieren: Empfangshalle, Wintergarten, mehrere Restaurants, eine Bar sowie Lese- und Musiksalons, die viel Tageslicht erhielten.

Nach außen präsentierte sich das Hotel vornehm reserviert. Die Räume im Erdgeschoss gingen teilweise ineinander über und wechselten die Stilelemente: mal feierlicher, mal luftiger; mal heller, mal dunkler. Das galt ebenso für die 300 Gästezimmer darüber, von denen etwa die Hälfte bereits mit einem Badezimmer ausgestattet wurde.

Der Gast fand ein weltbürgerliches, kosmopolitisches Flair vor: »Tatsächlich strömen in dem Hause des Herrn Lorenz Adlon, wenn wir es klassisch ausdrücken dürfen, die Festgesandtschaften aller Völker zusammen, wie einstmals in Delos oder Delphi«, so Max Rapsilber in der Broschüre. Es blitzte eine Frühform des Globalen auf, wenngleich vorläufig nur für die oberen Zehntausend.

Fünf Dinge entscheiden über den Rang eines Lokals oder sorgen dafür, dass es zum Mythos wird: die Lage, die Einrichtung, der Service, die Küche, der Keller. Die Lage des »Adlons« war die bestmögliche in

Bild 37: Eine Art von Traumschloss: Das »Adlon« auf der Titelseite einer Werbebroschüre des Hotels, um 1911, Faksimile 1998

der Stadt und die Einrichtung edel, wenn nicht herausragend. Auf die anderen drei Punkte ging Hedda Adlon, die Schwiegertochter des Hotelgründers, in ihrem Buch *Hotel Adlon* näher ein. Der exzellente Service des Hauses fing für sie beim Patron an. Lorenz Adlon versteckte sich nicht hinter dem Bürotisch, sondern war im Haus präsent, zurückhaltend, taktvoll, aber auch beredt und »schlagfertig«, wenn es sein musste. Weder der Patron noch die Gäste durften vom Personal bedrängt, gerufen oder gestört werden. Gefasstheit, Gemessenheit, Diskretion waren die obersten Prinzipien des Hauses.

Lorenz Adlon sorgte für eine ausgezeichnete Schulung der Pagen und Kellner. Es lag ihm daran, dass auch die Angestellten gutes Essen bekamen. Zwischen allen, die im Hotel arbeiteten, sollte so etwas wie ein Familiengefühl entstehen. Jeder, ob Patron oder Page, ob Empfangschef oder Kellner, sollte tadellos und gepflegt auftreten, unaufdringlich zuvorkommend sein und nett zu jedermann. In einem Reglement für die Pagen hieß es: »Ehrlichkeit, Pünktlichkeit, Fleiß und Energie. Ferner Sauberkeit an Körper und Kleidung, tadellose Frisur, ruhiges und anständiges Benehmen gegen Vorgesetzte und Kameraden.«

Auch der Küchenchef sollte sich nicht nur mit der Warenbestellung, der Kalkulation und dem Schreiben der Speisekarte beschäftigen. Vielmehr oblag es ihm, die Köche ständig zu schulen, selbst am Herd zu stehen und die Gerichte abzuschmecken. Er musste dafür sorgen, dass die Qualität der Speisen tipptopp war. Hedda Adlon behauptete zwar, dass Auguste Escoffier, der berühmteste europäische Koch der damaligen Zeit, der erste Küchenchef im »Adlon« gewesen sei, doch das lässt sich nicht bestätigen. Sie selbst war erst 1920 ins »Adlon« gekommen und kannte die Anfangszeit des Hauses nur vom Hörensagen. Was jedoch stimmte, war die Tatsache, dass die Escoffier-Schule, sprich die französische Haute Cuisine mit ihrer Rangordnung der erlesensten Produkte sowie mit dem Primat der Soße, die »Adlon«-Küche prägte. Eine Speisekarte vom »Eröffnungs-Souper« am 26. Oktober 1907 hat sich erhalten und bezeugt diesen Einfluss.

Bild 38: Ruhe und Gemessenheit: Lorenz Adlon, Foto in der Werbebroschüre für das »Hotel Adlon Berlin«, um 1911, Faksimile 1998

Die Karte war sachlich und elegant. Das Druckbild und die Ausdrucksweise muten modern an, ohne Pomp, ohne Getue und lyrische Verrenkungen. Der Einstieg in das Menü: Austern, Geflügelbrühe, Seezunge, Ochsenrippenstück – sprich: Muschel, Suppe, Fisch, Fleisch – gilt bis heute als klassischer Akkord, vom Leichteren zum Gehaltvolleren.

Natürlich würde man heutzutage auf der Karte das Gemüse stärker hervorheben, nicht nur als Beilage, sondern als eigenen Gang – und dafür manche Fisch- oder Fleischspeise weglassen. Immerhin kann man ersehen, dass Champignons, grüner Spargel, Römischer Salat als Delikatessen geachtet wurden, ergänzt von hauseigener Eiscreme und Obst, besonders geschätzt: der Pfirsich.

ERÖFFNUNGS-SOUPER

Austern

—

Geflügel-Kraftbrühe mit Anchovisgebäck

—

Suprême von Seezungen mit frischen Champignons

—

Ochsenrippenstück vom Spieß
Grüne Spargelspitzen

—

Medaillons von Hummer à la Favorite

—

Toulouser Wachteln Souwaroff
Römischer Salat

—

Eisüberraschungen – Pfirsiche à l'Aurore
Friandises

—

Früchte

Schon um 1900 richtete sich das Augenmerk auf das Reifen und Garen des Fleisches. Die Werbebroschüre des »Adlon« von 1911 zeigte ein Kühlhaus, in dem Rumpsteak und Entrecôte, auf Deutsch das Ochsenrippenstück, trocken am Knochen abhängen. Heute nennt man diese Trockenreifung »dry-aged«. Hedda Adlon hatte nicht zuletzt ein Faible für den Rotisseur, den Grillmeister und Spießbrater, der etwas vom genauen Garen des edlen Fleisches verstand, wie es in England üblich war. Ihrer Meinung nach sollte man auf den Rost, unter dem Holzkohlen glühen, nicht verzichten. Eines der Restaurants im »Adlon« war bereits ein »Grill« beziehungsweise ein »Grillraum«.

Lorenz Adlon betrieb darüber hinaus eine große Weinhandlung; im Keller seines Hotels lagerten die besten Weine der Welt. Eine wichtige Position nahm – passend zum gegrillten Beef – der rote Bordeaux ein. Fast alle klassifizierten Weingüter des Bordelais waren 1912 auf der Weinkarte des »Adlon« gelistet, nicht zuletzt die Premier Crus, »Château Lafite«, »Château Latour«, »Château Margaux«, »Château Haut-Brion«. Ebenso prominent waren die deutschen Weißweine auf der Karte vertreten: »Rheingauer, Rheinhessische und Pfälzer Weine«. Adlon hatte für die Weine seiner Heimatregion eine Schwäche und wusste, dass sie seinerzeit zur Weltspitze zählten (und heute womöglich wieder).

Das »Adlon« sollte ein Traumschloss sein: eine kleine, schöne, zauberhafte Welt für sich, der Gast umgeben von feinsten Materialien, Edelhölzern, Blattgold, überströmt von Licht, Glanz und Glitzer. Desgleichen sollte er umsorgt sein von zuvorkommenden Kellnern und verwöhnt werden von versierten Köchen. Eine Utopie des sorglosen, wenn nicht göttlichen Lebens, mochte die Welt draußen auch noch so hektisch und laut sein. Nicht zuletzt war das Grandhotel – wie der Salon, wie das Café, wie die Universität oder das Kunstmuseum – ein Labor der Moderne, wo neue Formen der Begegnung und Kommunikation erlernt wurden und sich Horizonte erweiterten.

1910 verkaufte Lorenz Adlon das »Hiller« an Alfred Walterspiel, der zu einem der bedeutendsten deutschen Köche des 20. Jahrhunderts wurde, federführend bis in die sechziger Jahre hinein. Sein Buch *Meine Kunst in Küche und Restaurant*, das 1952 erschien, prägte hierzulande eine Generation von Köchen. Obwohl Walterspiel beim Verfassen des Buches längst in München tätig war, gestand er freimütig: sein Werk sei »vielfach das Resümee aus der Hiller-Zeit«.

Walterspiel war, wie Adlon, ein Weltmann. Er stammte aus der Nähe von Baden-Baden, hatte dort Konditor und Koch gelernt, hatte in Cannes, London, Stockholm und St. Petersburg gearbeitet, bevor er nach Berlin ging und zunächst im Grandhotel »Bristol« Unter den Linden eine Stelle als Koch antrat. Zwischendurch war er kurz in Hamburg tätig und eröffnete mit Franz Pforte das Grandhotel »Atlantik« an der Außenalster.

Ein Erfolgsrezept der Gastronomie Unter den Linden war für Walterspiel die gute Kollegialität der führenden Köpfe: Neben Lorenz Adlon zählten dazu Konrad Uhl, der Patron des »Bristol«, Adolph Mühling, der Patron des »Hotel de Rome«, und Rudolph Dressel, der Chef des gleichnamigen Restaurants. »Adlon, Uhl, Mühling und Dressel hatten einen Stammtisch, den sie unter sich täglich wechselten. Dabei wurden nicht nur Küche und Keller gustiert, es kamen auch manche geschäftlichen Dinge zum Austrag. Fast täglich konnte man dieses Quartett Unter den Linden prominieren sehen. Die Berliner in ihrem Humor meinten dazu: ›Die Lindenwirte lüften sich aus‹.«

Beim Kauf des »Hiller« übernahm Walterspiel nicht nur das prachtvolle gründerzeitliche Intericur, sondern auch das Personal, das Lorenz Adlon ausgebildet hatte. Walterspiel setzte die Tradition des Hauses fort, das damals schon »weltbekannt« war. Die Gästeschar glich jener im »Adlon« und war international, darunter Opern- und Theaterstars wie der berühmte Tenor Caruso oder »die unvergessliche Eleonore Duse«.

Walterspiel folgte den Vorgaben der französischen Haute Cuisine, allerdings unter dem Gebot, mit der Zeit zu gehen. Das bedeutete, die Speisen leichter und bekömmlicher zu machen: »Das starre, eigensinnige Festhalten am Althergebrachten ist in der Kochkunst ebenso unangebracht wie bei anderen Künsten, die vielleicht viel weniger Einfluß auf die Gesundheit und das körperliche Wohlbefinden haben.« So sollte ein Abendmenü mit zarten, erlesenen Dingen beginnen: »Die Vorspeisen sind wie die Ouvertüre einer Oper lediglich ein Vorspiel für das noch Folgende. Ihre Aufgabe ist es, einen Appetitanreiz darzustellen: (…) leicht und graziös sollen sie durch Aussehen und raffinierten Geschmack auf die noch folgenden Gerichte hinweisen.«

Unter den Vorspeisen behandelte er im Buch zuerst den Kaviar – eine Kleinigkeit, eine Petitesse, die durch ihre perlenartige Struktur Glanz und Glamour vermittelt, dazu am Gaumen diesen bezirzenden hauchzarten Knack. Gemeint war schwarzer Kaviar vom russischen Stör. Heute schätzt man längst auch Kaviar von anderen Süßwasserfischen, von der Forelle oder vom Saibling, ob solo, ob als Zierde.

Der Meisterkoch hob als Vorspeisen ebenso Auster, Krebs, Hummer, geräucherte Fische und Matjeshering hervor. Heute bekommt man viel zu selten den zarten, milden Matjes, der im Ganzen im Fass reift und erst vom Koch filetiert wird und so cremig auf der Zunge zergeht. Ausgiebig ging Walterspiel auf das Gemüse ein, beginnend mit Kartoffel, Spargel, Artischocke, grüne Erbse, Spinat, fortgesetzt von Kohlgemüsen und Sauerkraut. Er war nicht mehr unbedingt auf die Rangordnung der Zutaten in der französischen Hochküche fixiert: »Nicht immer wollen sie (die Gäste) Gänseleber, Trüffel, Schnepfen, Ortolane; sehr häufig gefallen ihnen einfache Hausgerichte lokaler oder nationaler Art, sorgfältig zubereitet, viel besser.« Ein halbes Jahrhundert vor der Nouvelle Cuisine versuchte Walterspiel, die Regeln der Grand Cuisine zu lockern. Geist der Berliner Moderne.

Schließlich profitierte das »Hiller« von der gastlichen Malaise bei Hof. Während frühere Hohenzollern wie König Friedrich I. und Königin Sophie Charlotte oder König Friedrich Wilhelm II. und seine Mätresse Gräfin Lichtenau sowie König Friedrich Wilhelm III. und Königin Louise gute bis glänzende Gastgeber waren, orientierte sich Wilhelm II. am byzantinischen Hofzeremoniell, das nicht das Wohl des Gastes im Sinn hatte, sondern die Herrlichkeit des Regenten.

Walterspiel schrieb: »Nach dem Essen am Kaiserlichen Hof durften wir uns immer eines regen Zuspruches erfreuen, weil ein großer Teil der Geladenen infolge des dort gepflogenen schnellen Services nicht satt wurde. Ein Essen von manchmal sieben Gängen mußte oft in einer Stunde herunterserviert werden. Und wenn gar Seine Majestät die Gnade hatte, einen der Geladenen ins Gespräch zu ziehen, bekam dieser meist überhaupt nichts, weil sich die Lakaien an ihre vorgeschriebene Zeit halten mußten und sogar unberührte Speisen einfach wegräumten.«

Die Lindenwirte sprangen in die Bresche und übernahmen als Gastgeber die Rolle des Grandseigneurs, während Seine Majestät, Wilhelm II., kaum über jene Manieren hinauswuchs, die er als junger Gardeleutnant in Potsdam gelernt hatte: Pünktlichkeit und Disziplin, Unterwerfung und Gehorsam – Tugenden, die für ihn in der Kaserne wie bei Hofe galten. Was darüber hinausging – Leichtigkeit, Geschmeidigkeit im Umgang mit Menschen –, fiel ihm schwer.

Die Gastronomen des Lindencorsos schauten aber nicht nur auf die fürstliche Tafelkunst. Sie boten ebenso eine gute Gastronomie für Gäste mit mittleren Einkommen. Nach und nach entstanden Großraumlokale, Cafés oder Restaurants mit mehreren Sälen nebeneinander, die nicht selten 1000 Gäste aufnehmen konnten. Es sollte etwas von der boulevardesken Atmosphäre in die Gasträume strömen, etwas von der Dichte und Intensität des großstädtischen Lebens, zugleich sollte den Sälen eine gewisse schlossartige Großzügigkeit eigen sein. Es war eine Gratwanderung, Quantität und Qualität in Einklang zu bringen. Eine neue Sachlichkeit trat auf den Plan und sorgte für Balance.

Immer öfter verabschiedete man sich von den überladenen Bauformen des Historismus, der Neogotik, der Neorenaissance, des Neobarock. Die Berliner Architektur fand wieder zur »edlen Simplizität« eines Langhans oder Schinkels zurück. Reform-Architekten sorgten für eine gewisse weltläufige Eleganz, indem sie bei der Gestaltung auf klassizistisch-biedermeierliche Strukturen zurückgriffen, die sich gut mit den neuen Formen des industriellen Bauens und der Möbelherstellung vertrugen: Einfachheit, Sachlichkeit, Maß, Rhythmus, Tektonik.

1910/11 entstand am Lindencorso, zwischen der Neustädtischen Kirchstraße und der Friedrichstraße, der »Zollernhof«, ein Büro- und Geschäftshaus mit Gastronomie. Der Gesamtentwurf stammte von Kurt Berndt, die Fassadengestaltung von Bruno Paul, der seinerzeit zu den renommiertesten Reform-Architekten und Möbeldesignern in Deutschland zählte.

Bis heute ist die Fassade von Bruno Paul an der Lindenallee zu sehen, wenngleich das Haus ursprünglich nur halb so breit war und erst 1938 von sechs auf zwölf Achsen ausgedehnt wurde, indem man, östlich daneben, eine kleine Sackgasse überbaute. Der neue Teil übernahm die Fassadengestaltung von 1910/11. Die ursprüngliche Einrichtung des Gebäudes ging im Zweiten Weltkrieg verloren. Zu Zeiten der DDR befand sich hier die Zentrale der »Freien Deutschen Jugend«. In den 1990ern wurde das Haus unter der Leitung des Architekten Thomas Baumann saniert und im Innern elegant umgebaut.

Kurz vor dem Ersten Weltkrieg errichtete man einen Eisen-Beton-Skelettbau, dessen Pfeiler mit Naturstein ummantelt wurden, fast ohne Schmuck. Die Schönheit des polierten Muschelkalksteins sollte für sich sprechen und eine sachliche, moderne Haltung vermitteln – nichts Übertriebenes, kein prahlerischer Luxus, sondern Understatement, gediegener Wohlstand und Komfort.

Allerdings erhob der Kaiser Einspruch, als er den Entwurf sah, ganz so, als wollte er sagen: Nur nicht so bescheiden! Zur Lindenfront hin sollte Schmuck zu sehen sein, Girlanden an der Fensterbrüstung im ersten Stock sowie lebensgroße Figuren im Attikageschoss, der vierten Etage. Im Erdgeschoss waren aber zwischen den Pfeilern lediglich große Schaufenster. In den Geschossen darüber wurden zwischen die Pfeiler Doppelfenster eingefügt, ohne schmückende Rahmen. Edles Material, Struktur und Tektonik der Fassade waren an sich Schmuck genug.

Bild 39: Vorschule der Bauhausarchitektur: der »Zollernhof« an der Nordseite der Lindenallee, Fassadengestaltung von Bruno Paul, 1910/12, später, 1938, nach Osten hin, von sechs auf zwölf Achsen erweitert, in den 1990er Jahren saniert. Foto von 2001

Im Grunde handelte es sich um eine architektonische Gestaltung, die knapp hundert Jahre zuvor bereits Karl Friedrich Schinkel für sein Kaufhaus Unter den Linden vorgesehen hatte. Bruno Paul ließ sich jedoch von den neuen Geschäftshäusern an der Wall Street in New York anregen, wie es biografische Notizen belegen. Kurz zuvor, 1909, war er mit dem Schnelldampfer »George Washington«, für den er einen Teil der Möbel entworfen hatte, dorthin gefahren.

Es war damals beim Bau eines Bürohauses noch selbstverständlich, dass das Erdgeschoss für Flaneure und Fußgänger zugänglich blieb – eine Lösung, die man sich auch heute wieder für Bürohäuser am Boulevard wünscht: mit unkomplizierten, ebenerdigen Eingängen für die Läden und Lokale. Während in den oberen Geschossen des »Zollernhofs« Büros eingerichtet wurden, stand das Erdgeschoss fast komplett der Gastronomie zur Verfügung, ein riesiges Areal, das sich rückwärts bis zur Mittelstraße erstreckte. Man schuf ein Lokal mit mehreren großen Sälen, die teils vom Innenhof her, teils von der Mittelstraße her mit Licht durchflutet wurden und rund 1000 Gästen Platz boten.

Das Restaurant »Zollernhof« wurde von dem Architekten Henry Gross eingerichtet. In schier unendlicher Zahl sah man – angelehnt an das Möbeldesign Bruno Pauls – schnörkellos elegante Stühle mit ledergepolsterten Sitzen und Lehnen: ein modernes Industrieprodukt in gediegener, kunstvoller Ausführung.

Der Lindenboulevard bildete eine einmalige Struktur heraus, die man so anderswo nicht fand. Unterschiedliche Institutionen reihten sich aneinander und schufen neue Formen der Kommunikation, des Vergnügens, der Horizonterweiterung mit materiellen, sozialen und geistigen Gütern: Akademien, Salons, Cafés, Restaurants, Bars, Tanzdielen, Grandhotels, Oper, Theater, Universität, im Osten ein königlich-kaiserliches Schloss und Kunstmuseen auf der Spree-Insel.

Schinkels Museum am Lustgarten, das 1830 eröffnet wurde, war ein Magnet, sowohl für die Berliner als auch für die Besucher der Stadt. Wer eine Bildungsreise durch Deutschland unternahm, für den gehörte die Besichtigung dieses Museums unbedingt dazu. Später, als dahinter das »Neue Museum« eröffnet wurde, erhielt es den offiziellen Namen »Altes Museum«. Für die Berliner blieb es aber noch lange Zeit schlechthin das Museum.

Es war ein Ort der Kunst wie der Gesellschaft und Geselligkeit. Magnus von Pontin schrieb 1830 in seinen *Bemerkungen auf einer Reise über Berlin nach Hamburg*: »Nächst der Anschauung der Kunstgegenstände selbst in diesem Museum war es ein nicht geringes Vergnügen, die große Menge der versammelten Zuschauer zu betrachten. Gewisse Stunden traf sich hier fast ausschließend die feine Welt Berlins und von dieser besonders die Damen.«

Berlin hatte mit diesem Museum einen neuen Mittelpunkt erhalten,

Bild 40: Von einer gewissen weltläufigen Eleganz: einer der gastronomischen Säle im »Zollernhof«, eingerichtet von Henry Gross, Foto von 1912, Einrichtung im Zweiten Weltkrieg zerstört

so wie es sich Karl Friedrich Schinkel erhofft hatte. Ein wesentliches Anliegen des Baumeisters war die Erziehung des Menschen durch das Schöne. Fanny Lewald, die 1832 als junge Frau ihren Vater auf einer Reise von Königsberg nach Berlin begleitete und sich das Museum am Lustgarten anschaute, verkörperte Schinkels Ideal einer Museumsbesucherin. 1871 hielt die Schriftstellerin die jugendlichen Eindrücke in ihrer Autobiografie *Meine Lebensgeschichte* fest: »Aus dem heißen Frühlingstage, aus dem Lärm der Straße traten wir durch den damals noch unbemalten und darum ruhigen Säulengang in die kühle, stille, von oben beleuchtete Rotunde der Antiken-Galerie ein. Ich hatte nie ein edles Bauwerk, nie ein Werk der Plastik gesehen, und es war mir, als werde ich plötzlich in eine andere Welt, in eine Welt versetzt, von der ich in unklaren Ahnungen wie von einer fernen Heimat geträumt hatte. (…) Ich genoss zum ersten Mal die Seelenbefreiung, welche mir in späteren Jahren so oft durch die Betrachtung des Schönen, durch die Kunst überhaupt, gewährt worden ist.«

An der Schauseite des Museums war über der ausschwingenden Säulenreihe die lateinische Inschrift zu lesen: »FRIDERICUS GUILELMUS III STUDIO ANTIQUITATIS OMNIGENAE ET ARTIUM LIBERALIUM MUSEUM CONSTITUIT MDCCCXXVIII« – »Friedrich Wilhelm III. hat dieses Museum für das Studium aller Arten Altertümer und der freien Künste gestiftet 1828«. Bedeutsam war der Hinweis: »aller Arten«. Gemäß den Wünschen der Gebrüder Humboldt, Schinkels und Hirts wurde ein universalgeschichtlicher, weltumspannender Ansatz für das Kunstverständnis verkündet. Die Potentiale des Menschlichen sollten frei von nationaler oder zeitlicher Enge in Erscheinung treten.

Das Museum erhielt auch einen Etat für Neuerwerbungen, um Lücken im Bestand zu schließen. Deshalb war das Haus bald zu klein. Friedrich Wilhelm IV. plante, das Areal hinter Schinkels Museum, das als Halbinsel von der Spree und dem Kupfergraben umflossen wurde, in eine museale Tempellandschaft zu verwandeln. In einer königlichen Kabinettsorder von 1841 hieß es, »daß die ganze Spree-Insel hinter dem K(öniglichen) Museum zu einer stillen reichbegabten Freistätte für Kunst und Wissenschaft umzuschaffen« sei. Die Halbinsel wurde flugs in »Spree-Insel« umgetauft, bald auch »Museums-Insel« genannt. Der Begriff Insel unterstrich die herausgehobene Position der Museumsprojekte – eine Welt für sich. Heute Weltkulturerbe.

Der König selbst legte einen ersten architektonischen Plan dafür vor. Darauf drängten sich mehrere Tempel aneinander, in der Mitte überragt von einem Monument, das an die Walhalla erinnerte, die zur selben Zeit der bayerische König Ludwig I. nach Plänen von Leo von Klenze nahe Regensburg errichten ließ, wo Persönlichkeiten »deutscher Zunge« mit Marmorbüsten geehrt wurden, während in Berlin das neue überragende Tempelgebäude ein öffentliches Hörsaal- und

Festspielgebäude sein sollte. Der Eifer des Königs für diesen Plan ließ aber bald nach, während sein Architekt, der Schinkel-Schüler Friedrich August Stüler, ein Konzept vorlegte, das gemäßigter, beruhigter, klassizistischer war. Stülers Entwurf sah mehrere Museumsbauten vor, die gleichberechtigt nebeneinanderstanden. Das erste Gebäude, das in Angriff genommen wurde, war das Neue Museum. Es sollte die Fortsetzung des Alten Museums sein. Der Ostgiebel wurde mit der lateinischen Überschrift geschmückt: »Museum A Patre Beatissimo Conditum Ampliavit Filius MDCCCLV« – »Das vom Vater überaus glücklich gegründete Museum wurde vom Sohn 1855 erweitert«.

Es dauert lange, bis das Neue Museum eröffnet werden konnte. Der Rohbau war zwischen 1843 und 1846 erstellt worden. Doch die revolutionären Wirren, die Berlin um 1848 erfassten, verhinderten den zügigen Innenausbau. Erst 1856 war das Museum vollständig zugänglich. Unmittelbar hinter dem Alten Museum erstreckte sich von Süd nach Nord ein rechteckiger Putzbau mit drei Geschossen, ohne eine besondere Schauseite. Doch im Innern nahm das Treppenhaus im Mitteltrakt die Höhe von drei Geschossen ein und wirkte erhaben wie Schinkels Rotunde im Alten Museum, wenngleich wesentlich reicher und bunter dekoriert. Im Neuen Museum machte sich historisierender Überschwang bemerkbar. Wilhelm Kaulbach stattete das Treppenhaus mit riesigen Wandgemälden aus, die die großen Ereignisse der Menschheitsgeschichte zeigten.

Die ägyptische Sammlung wurde zum Prunkstück des Hauses. Hinzu kamen Artefakte der Prähistorie sowie der außereuropäischen ethnografischen Sammlungen. Überdies erhielt das Kupferstichkabinett hier sein vorläufiges Domizil, ergänzt von einer umfangreichen Gipsfigurensammlung, die fehlende Kunstwerke als Abgüsse ersetzen sollte. Der König und seine Museumsleute waren der Auffassung, dass die große Zeit der Neuerwerbungen europäischer Kunstwerke aus antiker, mittelalterlicher und frühneuzeitlicher Periode vorbei sei, weil die Museen in Paris oder London längst alles abgeschöpft hätten.

Während im Alten Museum vorwiegend Originale zu sehen waren, trumpfte das Neue Museum mit Imitaten auf. Schinkels Primat – »Erst erfreuen, dann belehren« – kehrte sich um. Kaulbachs riesige Wandgemälde und die Gipsfiguren sollten belehrend sein und die menschheitsgeschichtliche Entfaltung von Kunst und Kultur dokumentieren. Später gelangten dann aber doch wieder berühmte Originale ins Haus, so 1913 die Büste der Nofretete.

Nach außen sah es so aus, als ob die Museumsinsel ein königliches Projekt sei, dokumentiert durch die Inschriften an den Fassaden der Museen. Doch die Ideengeber stammten aus bürgerlichen oder adligbürgerlichen Kreisen. Sie gehörten vorwiegend der akademisch gebildeten Mittelschicht an. Peu à peu kamen vermögende Kaufleute und Industrielle aus dem großbürgerlichen Milieu als Finanziers und Stifter hinzu und hatten gegenüber dem Hof eigene Ziele.

1858 übergab König Friedrich Wilhelm IV. aus gesundheitlichen Gründen die Regierungsgeschäfte an seinen Bruder Wilhelm. Ein Jahr später erhielt der Prinzregent von dem Bankier Johann Heinrich Wilhelm Wagener eine umfangreiche Sammlung zeitgenössischer Malerei, hauptsächlich von deutschsprachigen Künstlern, darunter Gemälde von Caspar David Friedrich und Karl Friedrich Schinkel, verbunden mit dem Wunsch, dass diese Schenkung die Gründung einer »nationalen Galerie« befördere. Die Idee einer Nationalgalerie war schon 1848 vom demokratisch gewählten Frankfurter Parlament in die öffentliche Debatte eingeführt worden. Wagener verstand sich als ein liberaler, stolzer Bürger und begriff die Kunstpflege als Bestandteil des nationalen Lebens, unabhängig vom persönlichen Geschmack des einzelnen Monarchen.

Die Schenkung war zu bedeutend – und konnte deshalb nicht abgelehnt werden. Ohnehin war auf der Spree-Insel bislang kaum zeitgenössische Kunst zu sehen. Als Kronprinz Wilhelm nach dem Tod seines Bruders 1861 als Wilhelm I. den preußischen Thron bestieg, nahm er die Schenkung offiziell an und steuerte seinerseits 20 Gemälde aus den Beständen der königlichen Schlösser zur Sammlung bei, die vorläufig in der Akademie der Künste Unter den Linden gezeigt wurde. Von 1866 bis 1876 entstand schließlich auf der Museumsinsel – ähnlich wie es sich Friedrich Wilhelm IV. einst gewünscht hatte – ein erhobenes Tempelgebäude im Stil der bayerischen Walhalla, in dem die Nationalgalerie eingerichtet wurde, mit der Inschrift: »Der deutschen Kunst«. Der Entwurf des Gebäudes stammte von Friedrich August Stüler, ausgeführt wurde er von Johann Heinrich Strack. Und selbstverständlich erhielt das Haus nach außen ein königliches Zeichen: das Reiterstandbild Friedrich Wilhelms IV.

Begriffe wie »deutsche Kunst« oder »nationale Galerie« waren vorläufig etwas hochgegriffen, denn dort wurden vor allem Werke von Berliner Malern und Bildhauern oder von solchen, die mit Berlin in Verbindung standen und dem 19. Jahrhundert angehörten, gezeigt. Durch Zukäufe und Schenkungen entstand eine Sammlung, die – neben allerhand Unbedeutendem – Werke von Anton Graff, Caspar David Friedrich, Johann Gottfried Schadow, Christian Daniel Rauch, Karl Friedrich Schinkel, Carl Blechen, Franz Krüger, Eduard Gaertner, Adolph Menzel und Max Liebermann vereinte.

Erst Hugo von Tschudi, von 1896 bis 1908 Direktor der Nationalgalerie, schärfte das Profil des Hauses und erweiterte das Spektrum. Schon in seinem ersten Amtsjahr unternahm er mit Max Liebermann eine Reise nach Paris und stieß dort im Kunsthandel auf erstrangige Werke französischer Impressionisten. An sich war es aussichtslos, dass Tschudi für den Ankauf dieser Werke Staatsmittel erhielt, weil die konservative Landes-Kunst-Kommission dem Gewohnheitsrecht folgte, keine Werke ausländischer Künstler aus Staatsmitteln zu erwerben. Tschudi ersann den kühnen Plan, für seine Erwerbspolitik Mäzene zu finden, die ihn unabhängig machten. Werke von Courbet, Manet, Monet, Degas, Rodin oder Meunier gelangten so in den Besitz der Nationalgalerie, finanziert von adlig-bürgerlichen Förderern, die größtenteils jüdischer Herkunft waren: Eduard Arnhold, Robert und Ernst von Mendelssohn, Hugo Oppenheim, Karl von der Heydt oder Oscar Huldschinsky. Liebermann schenkte der Nationalgalerie Rodins »Porträt des Bildhauers Dalou«. Tschudi erklärte im Ausstellungskatalog vom Dezember 1896: »Ohne einen Blick auf das Ausland wird ein tiefergehendes Verständnis auch der deutschen Kunst der neueren Zeit nicht möglich sein.«

Fast im Handstreich wurde die Nationalgalerie zu einem Ort der Moderne, vertreten durch französische und deutsche Künstler. Mittelmäßige Werke wanderten ins Depot oder gelangten als Leihgaben in die Museen der Provinz. Die Gemälde der führenden deutschen Maler des 19. Jahrhunderts, die schon vorhanden waren, traten auf diese Weise strahlender in Erscheinung. West- und süddeutsche sowie schweizerische Maler waren von nun an ebenfalls zu sehen; neben der Berliner Schule die Düsseldorfer, Münchner oder Dresdener Schule, Gemälde von Wilhelm Leibl, Anselm Feuerbach, Hans von Marées, Arnold Böcklin, ermöglicht durch weitere Mäzene wie James Simon, Arnold von Siemens sowie dem Pariser Kunsthändler Charles Sedelmeyer.

Die freisinnige Presse feierte Tschudi, doch die verstockte Kunst-Kamarilla bei Hofe schäumte und wiegelte den Kaiser gegen ihn auf. Dieser besuchte 1899 die Nationalgalerie und verfügte einige Zeit später, dass Neuerwerbungen, auch Schenkungen, von ihm persönlich genehmigt werden mussten. Im Lauf der Zeit wurde diese Bestimmung zwar etwas gelockert, dann wieder verschärft. Das »persönliche Regiment« des Kaisers auf dem Gebiet der Kunst zermürbte Tschudi. 1908/09 schied er aus dem Amt aus und fühlte sich zugleich geschmeichelt, dass ein bayerischer Prinz ihn als Direktor der Staatlichen Galerien nach München lockte. Als Liebermann ihn zum Abschied traf, sagte ihm Tschudi: »Was liegt daran! – habe ich doch die Nationalgalerie gemacht!«

Ausländischen Besuchern gefiel die weltoffene Art der Berliner Nationalgalerie. Bis dahin waren französische Impressionisten in Museen nicht gezeigt worden, selbst in Frankreich nicht. Louis Réau veröffentlichte 1907 in der Zeitschrift *La Revue* seinen Artikel *Musées de France et d'Allemangne* und schrieb: »Muss man also heute nach Preußen fahren, um ein Museum zu finden, das sich nicht schämt, Bilder von Cézanne und Renoir, dekorative Ausstattungen von Maurice Denis oder Arrangements von Bonnard, Statuetten von Maillol und arlesische Landschaften des französisch-holländischen Malers van Gogh zu kaufen oder sogar auszustellen.«

Museen der gehobenen Mittelklasse verwandelten sich in Museen von Weltrang. Bevor Hugo von Tschudi 1896 zum Direktor der Nationalgalerie ernannt wurde, war er Assistent Wilhelm von Bodes gewesen, der seinerseits Direktor der Gemäldegalerie war, die sich zu diesem Zeitpunkt noch im Obergeschoss von Schinkels Altem Museum befand. Wilhelm von Bode war bürgerlicher Herkunft und wurde erst 1914 von Kaiser Wilhelm II. als überragender Museumsleiter in Berlin in den Adel erhoben.

Bodes museale Karriere begann 1872, als er formell Assistent der Antikensammlung im Alten Museum wurde und inoffiziell auch Assistent der Gemäldegalerie. Er erhielt ein Gehalt, sollte aber in beiden Abteilungen arbeiten. Das war eigentlich eine Zumutung, zugleich entsprach es dem Temperament Bodes, seinen Einfluss so weit wie möglich auszudehnen. Die bisherige Berliner Museumspolitik, die lieber Gipsabgüsse erwarb, als Originale aufzustöbern, war ihm ein Gräuel. Er unternahm fast jedes Frühjahr eine Reise, die ihn zu den Kunstzentren des Kontinents führte, nach Venedig, Florenz, Rom, Madrid, Paris, Amsterdam, London, St. Petersburg, Wien. Er besuchte Museen, Kunsthändler, Agenten, baute ein Netz von Informanten auf, um Kunstwerke ersten Ranges zu finden, die noch zu haben waren. Bode wurde zum leidenschaftlichen Sammler, aber auch zum gründlichen Wissenschaftler, der die Geschichte der Kunst erforschte.

Er wusste, was er wollte: Sammlungen auf der Spree-Insel, die mehr oder minder lückenlos die Entwicklung der Kunst vor Augen führen. Seit 1883 war er informell, seit 1890 formell Direktor der Antikensammlung und Gemäldegalerie im Alten Museum. 1905 wurde er zum Generaldirektor der Königlichen Museen zu Berlin ernannt.

Die aufblühende Industrie in Preußen brachte es mit sich, dass es an der Spree plötzlich einen neuen Reichtum gab und sich Förderer für die Kunst und das Mäzenatentum gewinnen ließen. 1883 organisierte Bode erstmals eine Ausstellung mit Werken aus privaten Sammlungen in der Akademie der Künste am Lindencorso. Er beriet die Sammler, spornte sie zum Kauf an und hoffte, dass die eine oder andere private Sammlung früher oder später als Geschenk auf der Museumsinsel landen würde, was tatsächlich auch geschah. Bevor bedeutende Sammler und Stifter wie James Simon, Eduard Arnhold, Karl von der Heydt oder Oscar Huldschinsky 1896 den neuen Direktor der Gemäldegalerie, Hugo von Tschudi, unterstützten, hatten sie längst schon mit Wilhelm von Bode zusammengearbeitet.

Natürlich verfügte auch der Staat jetzt über mehr Einnahmen und gab nach und nach die altpreußische Sparsamkeit und Knausrigkeit auf. Bode wusste, dass man für originale Meisterwerke viel Geld locker machen musste, wenn man andere europäische Museen von Rang ausstechen wollte. Er tat alles dafür, besser als die Konkurrenz über den Kunstmarkt informiert zu sein. Und er scheute sich nicht, hohe Summen auszugeben, wenn er der Meinung war, dass es angemessen sei.

Liebermann schrieb über ihn: »Bode ist vor allem ein leidenschaftlicher Sammler. Er kennt alle alten Bilder in den Museen Europas und Amerikas, und womöglich besser noch kennt er die alte Kunst, die noch im Handel ist. Er weiß, wo jedes Bild sich befindet, wo es früher war und – wer es kaufen wird. Er beherrscht den Bildermarkt, und er disponiert nicht nur über die Mittel, die der preußische Staat für den Ankauf alter Kunst aussetzt, sondern er gebietet auch über das Heer von Amateuren, das auf ihn schwört; und mit Recht auf ihn schwört; denn kein Mensch auf der Welt hat wie Bode eine auch nur annähernd große ›Warenkenntnis‹.« Andere sahen in Bode einen »Museums-Condottiere« oder den »Bismarck der Berliner Museen«. So wie Bismarck

Bild 41: Wilhelm von Bode, Frontispiz in seiner Autobiografie »Mein Leben«, Bd. 2 (1930 postum erschienen)

die preußischen Territorien, so habe Bode die Bestände der Berliner Museen mit originalen Werken von Rang vergrößert, in diesem Fall mit allen erdenklichen friedlichen Mitteln, wenngleich nicht ganz frei vom Gedanken der Megalomanie.

Unter Bodes Ägide wuchsen die Bestände der Antikensammlung und der Gemäldegalerie im Alten Museum rasch an, so dass etwa 1880 über einen weiteren, vierten Museumsbau auf der Spree-Insel nachgedacht wurde. Es kristallisierte sich die Idee heraus, im Alten Museum für die antike Skulpturensammlung mehr Platz zu schaffen, indem man die Gemäldegalerie auslagert und in einem neuen Museum unterbringt, dazu die spätantiken, mittelalterlichen und frühneuzeitlichen Plastiken, die zwischenzeitlich ebenfalls einen bedeutenden Bestand ausmachten. Doch erst 1904 konnte Bode seine Museumspläne verwirklichen. Das neue Museum erhielt den Namen »Kaiser-Friedrich-Museum«. Es erhob sich im Norden der Musemsinsel, nach den Plänen des Hofarchitekten Ernst von Ihne: nach außen in majestätischer neobarocker Pracht, wie es Kaiser Wilhelm II. liebte. Erst zu Zeiten der DDR wurde das Museum nach seinem eigentlichen Schöpfer benannt: Bode-Museum.

Bode hatte sich durchgesetzt, im Innern des Museums nicht nur Gemälde und Skulpturen auszustellen, sondern in dezenter Art und Weise auch Räume zu schaffen, die etwas mit der ursprünglichen Umgebung der Kunstwerke zu tun hatten: mit Hilfe von Architekturfragmenten, gotischen Türbögen, Renaissance-Truhen und Schränken, mit Dingen, die eine gewisse Wohnlichkeit vermittelten. Außen sowie in der Eingangshalle herrschte wilhelminischer Pomp vor, doch im Haus konnte der Besucher eintauchen in andere Zeiten, insbesondere in jene Epochen, in denen der frühbürgerlich-republikanische Gedanke wach war: in die deutsche und die italienische Spätgotik und Renaissance, desgleichen in den Barock der Niederlande.

Bedeutende originale Kunstwerke fanden im Kaiser-Friedrich-Museum ihren Platz: darunter Meisterwerke von Giovanni Bellini, Giorgione, Tizian, Sandro Botticelli, Mantegna, Desiderio da Settignano, Andrea della Robbia, Tilman Riemenschneider, Albrecht Dürer, Hans Holbein d.J., Jan van Eyck, Rubens, Rembrandt, Frans Hals, Jan Vermeer. Die Einheit der Bode-Sammlung ging allerdings nach dem Zweiten Weltkrieg verloren. Gemäldegalerie und Skulpturensammlung sind heute getrennt. Gegenwärtig befindet sich die Gemäldegalerie am Kulturforum westlich vom Potsdamer Platz, doch sie soll langfristig nach Berlin-Mitte zurückkehren: in einen Neubau gegenüber der Museumsinsel, westlich vom Kupfergraben.

Bild 42: Von zarter Empfindung: der Evangelist Markus alias Tilman Riemenschneider, ehemals im Retabel des Münnerstädter Altars, von Tilman Riemenschneider, 1490, Bode-Museum, Berlin. Man mag an die Arie »Erbarme dich, mein Gott« in der Matthäuspassion von Johann Sebastian Bach denken.

Die plastischen Werke aus Spätantike, Mittelalter und früher Neuzeit, hauptsächlich aus Italien und Deutschland, sind längst wieder im Bode-Museum zu bestaunen. Bezaubernd, wenn die vier holzgeschnitzten Evangelisten auftauchen, die ehemals zum Münnerstädter Altar gehörten, den Tilman Riemenschneider 1490 schuf. Markus, der Evangelist mit dem Löwen an seiner Seite, trägt die Gesichtszüge des Bildhauers, der den Blick nach innen wendet, eingedenk menschlicher Schwäche und Bedürftigkeit. Wenn die Rede von der besonderen Innerlichkeit und Musikalität der Deutschen einen wahren Kern haben sollte – so Madame de Staël in ihrem berühmten Buch *Über Deutschland* –, dann hat Riemenschneider etwas davon zum Ausdruck gebracht.

Die Deutschen ahmten nicht nur von Zeit zu Zeit die wilden Germanen nach, sondern schlossen sich an das Kulturleben Europas an und schufen künstlerische Höhepunkte. Zu den Glanzpunkten der Bode-Sammlung gehörten auch zwei Spätwerke Dürers. Eines davon, das Porträt von Hieronymus Holzschuher, war schon vorhanden, als Bode nach Berlin kam, das andere wurde unter seiner Leitung erworben, jenes von Jakob Muffel. Muffel gehörte um 1500 zu den wohlhabenden Kaufleuten der Freien Reichsstadt Nürnberg und saß im regierenden Inneren Rat der Kommune, zeitweise war er auch Bürgermeister – Inbegriff eines gut situierten, kommunal engagierten Patriziers. Dürers Kunst markierte den Übergang von der Spätgotik zur Renaissance. Für ihn ging es nicht mehr um die durchdringende innere Bewegung des Menschen, um Gefühl, sondern um waches Bewusstsein und Klarheit. Muffel gibt sich besonnen und überlegt, als ein Mann des Verstandes, mit offenen, munteren Augen und freigelegter Stirn.

Den Vorwurf der Megalomanie handelte sich die Museumsinsel erst mit dem fünften und letzten Museum ein, das dort errichtet wurde: mit dem Pergamonmuseum in seiner endgültigen Form, geplant und erbaut zwischen 1907 und 1930. Das Alte Museum, die Nationalgalerie sowie das Kaiser-Friedrich-Museum boten längst Kunst von Weltrang, doch das Pergamonmuseum sollte den Übertritt ins Kolossale gewäh-

Bild 43: Ein Mann von Verstand und Bestimmtheit: Jakob Muffel, von Albrecht Dürer, 1526, Gemäldegalerie Berlin

ren. Hier ging es nicht mehr um einzelne Skulpturen oder Gemälde, sondern um rekonstruierte Tempelanlagen und Stadttore mit originalen Teilen: um den Pergamonaltar, das Markttor von Milet oder das Ischtar-Tor von Babylon.

Was sollte eine Stadt, die Weltstadt werden wollte, auch anderes machen angesichts der eigenen Geschichte, die nicht einmal tausend Jahre zurückreichte. Man musste, so der Tenor, aus anderen Teilen der Welt uralte Dokumente einer Hochkultur zusammentragen. Vielleicht war das, aus heutiger Sicht, nichts anderes als preußisch-wilhelminische Großmannssucht, vielleicht aber auch die bewundernswerte Vision der Berliner Archäologen, Historiker, Kunsthistoriker, Museumsdirektoren.

Die ersten Fragmente des Altarfrieses aus Pergamon in Kleinasien aus dem 2. Jahrhundert v. Chr. hatte der deutsche Bauingenieur Carl Humann 1871 entdeckt und zur Begutachtung nach Berlin geschickt. Sechs Jahre später veranlasste der neue Direktor der Antikensammlung, Alexander Conze, die systematische Ausgrabung. Mehrere Lieferungen trafen zwischen 1878 und 1886 in Berlin ein. Schon seit 1880 wurden die ersten Funde in der Rotunde des Alten Museums ausgestellt – es war eine Sensation.

Bis dahin hatte die Wissenschaft der künstlerischen Periode des Hellenismus, die sich nach 300 v. Chr. entwickelte, nichts Dramatisches zugetraut. Und nun sah man in Berlin den Kampf der Götter mit den Titanen. Sogar der große Jacob Burckhardt, der nüchtern abwägende Baseler Kunst- und Kulturhistoriker, war hingerissen und schrieb 1882 in einem Brief aus Berlin: »Diesmal aber musste ich hierher. Wer meines Amtes ist und die pergamenischen Sachen nicht gesehen hat ist ein armer Wurm: Diese Entdeckung hat den Archäologen ihre Systeme sauber durcheinander geworfen!«

Das erste Pergamonmuseum öffnete 1901 seine Pforten. Doch typisch für die Museumsinsel: Kaum war das Gebäude fertig, war es schon wieder zu klein, weil stets weitere Funde und Erwerbungen in Berlin eintrafen. Wilhelm von Bode trieb einen Neubau des Pergamonmuse-

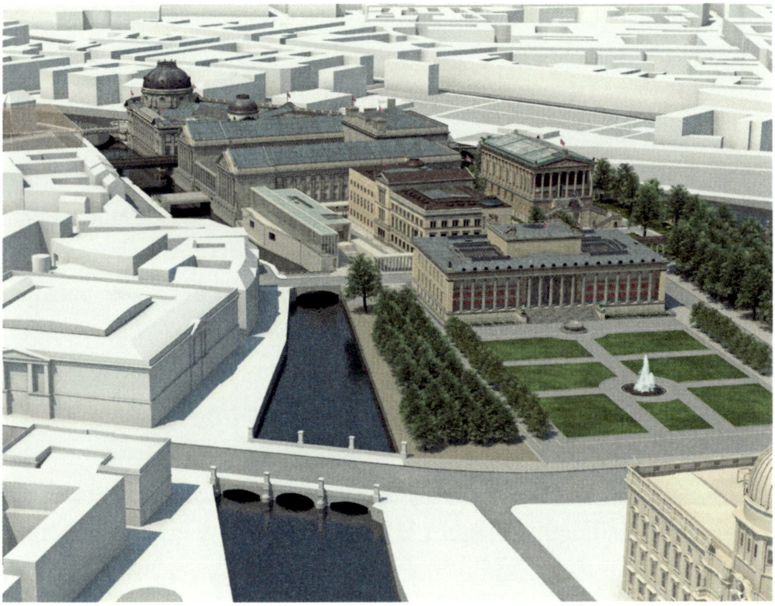

Bild 44: Ein Ort der Träume: Museumsinsel Berlin, 3-D-Modell, Gesamtansicht, Stiftung Preußischer Kulturbesitz/ART + COM Studios, 2012.

ums voran, der auch andere antike und mittelalterliche Kunstwerke aus dem Nahen Osten aufnehmen konnte. Bode umging dieses Mal den Hofarchitekten Ernst von Ihne. Er wollte ein Museum mit ruhigen plastischen Formen und gewann dafür Alfred Messel, der 1907 die ersten Entwürfe vorlegte. Messel träumte schon seit langem von Gebäuden auf der Museumsinsel, die einen »würdigen monumentalen Charakter und eine schlichte, auf entbehrlichen Schmuck verzichtende« Erscheinung aufweisen sollten. Sein Plan sah eine Dreiflügelanlage mit Ehrenhof vor, ausgerichtet zum Kupfergraben hin, zwischen dem Kaiser-Friedrich-Museum an der nördlichen Spitze der Insel und dem Neuen Museum in der Mitte. Da die Kunstwerke des Museums größtenteils aus der Antike stammten, sollten antike Architekturelemente die Fassaden schmücken. Die vorderen Fassaden der Seitenflügel erhielten dorische Säulenreihen mit steilen Giebeln. Als Messel 1909 starb, führte sein Freund Ludwig Hoffmann den Bau fort und übernahm im Wesentlichen die vorliegenden Pläne.

1910 erschien eines der berühmtesten Berlin-Bücher: Karl Scheffler, *Berlin ein Stadtschicksal*. Nicht nur die geschichtliche Darstellung war faszinierend, auch der künstlerische Schwung des Buches: angelegt als expressionistisches Drama, in dem Berlin unentrinnbar auf ein vermeintliches Grundgesetz festlegt wurde, so wie es der letzte Satz des Buches formulierte: »Berlin [sei] dazu verdammt, immerfort zu werden und niemals zu sein.« Die Stadt an der Spree komme nie zu sich selbst, sei traditionslos, aufsteigerhaft, stürze von einem Projekt zum nächsten.

In der Hochphase der Industrialisierung, die Berlin in der zweiten Hälfte des 19. Jahrhunderts erfasste und mindestens bis 1910 anhielt, mochte dieser Eindruck nicht falsch sein. Auch die Museumsinsel schien in dieser Zeit ständig über sich hinauszudrängen, ohne ein Ziel zu kennen. Scheffler deutete die Berliner Historie nicht als eine Plus-, sondern als eine Minus-Geschichte und zählte auf, was seiner Meinung nach im Vergleich mit wirklichen Weltstädten fehle: Tradition und humanes Maß.

Mehr Licht und Luft: ein freieres Leben

Der Boom der Industrialisierung ließ auch andere Metropolen kaum zur Ruhe kommen, weder Paris noch London, weder New York noch Chicago. Viele Menschen sehnten sich nach dionysischem Rausch, wenngleich die neuen Ideen der Lebensreform sowie die Ideen von Demokratie mit sozialer Gerechtigkeit und Völkerverständigung, längst vorhanden waren.

Das Attentat auf das österreichisch-ungarische Thronfolgerpaar in

Sarajevo war ein Auslöser des Ersten Weltkriegs im Sommer 1914. Fast überall in Europa jubelten die Menschen beim Ausbruch des Krieges, weil man sich Wunder was davon versprach. In Deutschland feierte man im Geist germanischen Furors wieder einmal kriegerische Urzustände, wie schon 1870/71.

Der junge Maler George Grosz nahm 1914/15 als Soldat am Krieg teil, bis er als untauglich aus der Armee entlassen wurde und nach Berlin zurückkehrte. Er gewann den Eindruck, dass sich das Inferno der Schlachtfelder im Treiben der großen Stadt fortsetzte. Die Trunkenheit des Industriezeitalters endete für ihn auf dem Boulevard in Alkohol, Syphilis, Pest und Tod.

Gerade die Deutschen erschienen ihm, so in einem Brief an Robert Bell um 1916/17, »ungepflegt, dick, deformiert«, erzogen zum »Herden- und Massentier«, verblendet von Begriffen wie »Gott, Vaterland, Militarismus«, ohne »ein Pünktchen anderes Wollen«, ohne »ein Atom Selbstbesinnung zur Menschlichkeit«. 1917/18 schuf er ein Bild, das den Titel erhielt: »Widmung an Oskar Panizza«. Es stellt einen belebten nächtlichen Boulevard dar, eingefasst von schwankenden Häusern, die jeden Moment einzustürzen drohen. Fassadenbeschriftungen wie »Café«, »Bar«, »Heute Tanz« kennzeichnen die Achse unmissverständlich als Vergnügungsmeile, blutrot, höllisch hinterleuchtet. Menschen schlängeln sich mit fratzenhaften Gesichtern durch die Straße, darunter in Form eines Skeletts der Teufel, der alle Menschen holt. Die Stadt als große Hure Babylon, als Ort von Lust und Untergang: das Glücksversprechen als Verhängnis.

Die Zeit der Belle Époque war unwiederbringlich dahin. Die Grausamkeit des Krieges und seiner Folgen verlangte nach einer neuen künstlerischen Sprache, die aufrütteln sollte: zynisch, traumatisch, packend, hart an der Wirklichkeit und zugleich surreal. Die Kunst der kommenden Zwanziger, der so genannten Goldenen Zwanziger, war nichts für Idealisten und Schöngeister. Die Künstler fühlten sich dazu aufgefordert, schonungslose, expressive Kritik zu üben.

Bild 45: Babylonisch: »Widmung an Oskar Panizza« von George Grosz, 1917/18, Staatsgalerie Stuttgart

Seit Mitte der zwanziger Jahre ging man aber in Berlin zu kühler Sachlichkeit über. Das Bild von der Hure Babylon wich einer Stadt mit mehr Licht und Luft, einem Ort mit Witz und Charme, Eleganz und Toleranz. Das geheime Motto lautete: Licht und Luft – sprich Aufklärung, Helligkeit, Weite, Gesundheit, Sportlichkeit, Natürlichkeit – sind wichtiger als rasante Industrialisierung und Beschleunigung. Das meinte gleichzeitig: Suche das Heil nicht in Rückständigkeit, sondern in moderater bürgerlich-ziviler Entwicklung. Pflege die Tradition, aber bete sie nicht an. Wer allzu starr an einem Weltbild festhält, das vor der explosionsartigen Vermehrung der Menschen in Zeiten der Industrie entstanden war, bewegt sich auf ein unheilvolles autoritäres Regime zu.

Für den Schriftsteller Franz Hessel konnte gerade der Boulevard mit seinen Cafés und Restaurants sowie musealen Tempeln eine Sphäre der Besinnung sein, inmitten in der hektischen, nervösen Stadt. Es galt: das Flanieren als Kunst zu erlernen, sprich: das Tempo herauszunehmen, müßiggängerisch zu schlendern – als distanzierter Liebhaber der Stadt.

1929 erschien Hessels Buch *Spazieren in Berlin* – mit dem Untertitel: »Ein Lehrbuch der Kunst in Berlin spazieren zu gehen ganz nah dem Zauber der Stadt von dem sie selbst kaum weiß. Ein Bilderbuch in Worten.« Schon dieser lange Untertitel deutete das schriftstellerische Verfahren an: nicht expressiv-dramatisch, sondern erzählerisch-episch, mit leichtem, launigem Ton.

Das verstörende, aufschreckende Berlin-Buch Schefflers zeigte Wirkung. Hessel wollte seinerseits ein Berlin vorstellen, das Tradition hat, ein kulturelles Gedächtnis – und nichtsdestoweniger ein Ort ist, der mit der Zeit geht und etwas Neues hervorbringt: eine neue Freizügigkeit und Menschenfreundlichkeit, neue Lebenswelten und Lebensräume. Es gab keinen Kaiser mehr; die junge Demokratie konnte sich vorläufig behaupten; die Berliner hatten Lust zu leben.

Flanieren hieß seit den Tagen von Balzac und Baudelaire: Gehe vors Haus, erkunde die große Stadt, eigne sie dir an, tauche ein ins Gewusel der Promenaden, Boulevards und Passagen, fühle sanfte Berauschung darin, eine Art von Geborgenheit, eine Vereinigung mit der Metropole, quasi wie in einem Liebesrausch. Hessel ergänzte: Entdecke, wenn möglich, ein heimatliches Ambiente, sieh nicht jede Veränderung als Bedrohung an, sondern erkenne manches als Verbesserung, als Grund zur Freude. Passe deine moralischen Grundsätze der neuen Zeit an. Er erklärte: »Ich muß etwas für meine Bildung tun. Mit dem Herumlaufen allein ist es nicht getan. Ich muß eine Art Heimatkunde treiben, mich um die Vergangenheit und Zukunft dieser Stadt kümmern, dieser Stadt, die immer unterwegs, immer im Begriff, anders zu werden, ist.«

Ihm fiel auf, dass sich Berlin architektonisch aufhellte, dass Bauten mit mehr Licht und Luft entstanden, um das »Mietskasernenelend« zu überwinden und die Arbeitsbedingungen in den Fabrikhallen zu verbessern. Was heute unter dem Begriff »Bauhausarchitektur« bekannt ist, war in vieler Hinsicht die sachliche Architektur der Berliner Moderne.

Nicht nur die Räume der Architektur wurden gelüftet, auch die gesellschaftlichen Verhältnisse. Beim Schaufensterbummel stach Hessel die Mode ins Auge, die ihr Scherflein dazu beitrug, einen »neuen Frauentyp« zu schaffen, »die junge Avantgarde und Nachkriegsberlinerin«, die sich eigenständiger, leichtfüßiger, lebensfroher bewegte: »Ist es schon wahr, was man immer lauter und allgemeiner zu behaupten anfängt, die Berlinerin könne sich an Eleganz mit den besten Europäerinnen messen? Wir wollen nicht kleinlich nachprüfen, wie es sich genau damit verhält. Es soll uns genügen, diese Scharen von jungen und jüngsten Mädchen zu sehn, dieses Défilé von Jugend und Frische in den knappen, gut sitzenden Kleidern mit Hütchen, denen eine Locke entquillt, die elastischen Schritte der langen Beine, um überzeugt zu sein, daß Berlin auf dem besten Weg ist, eine elegante Stadt zu werden.«

Waren es im späten 18. oder im 19. Jahrhundert noch kleine, elitäre Zirkel, die im Salon den Kult des Jugendlichen feierten, das Zwanglose und Vorurteilsfreie, so wurde Anfang des 20. Jahrhunderts das Jugendliche zu einem Wert an sich: zum Zeichen einer Populärkultur, die breite Schichten der Bevölkerung erfasste. Die jungen Leute griffen nach dem Leben. Die Gesellschaft wurde durchlässiger. Was zählte, waren Schick, Witz, Charme, Schönheit, Talent, Fleiß. Fortan spielte die Schicht der Büroangestellten, die körperlich nicht mehr schwer arbeiten musste, eine größere Rolle, Männer und vor allem ledige Frauen, die erstmals über ein kleines, aber eigenes Einkommen verfügten. Die Nachkriegsberlinerin lebte unabhängiger vom Mann, war nicht aufs Heiraten erpicht, sondern wollte sich erst einmal vergnügen – ein Flirt, eine Affäre, eine Liebschaft.

Die Pointe war, dass man sich nicht blind vom Konsum verführen ließ, sondern eigene Noten setzte. Das hieß: Sei Individuum, nicht Masse. Entdecke die Anonymität in der Menschenmenge der großen Stadt, weil sie Freiheit bietet. Genieße Dinge, die nicht viel kosten, aber wertvoll sind: das Natürliche und das Sportliche, das Geschichtliche und das Literarische, das Persönliche und das Besondere. Erkunde die Stadt durch Spaziergänge: Boulevards, Museen, Kieze, Parks, Uferwege.

Die riesige Vergnügungsindustrie in Form der »Monsterspeisehäuser« rund um den Potsdamer Platz war für Hessel etwas für den »Berliner von gestern«. Während die Väter, so Hessel, »das gigantische Entrecôte« bestellten, wählten die Töchter schon Aparteres: »französische Gemüseplatten, Chicorée und Laitu braisé«. Die Genusskultur der jungen Berliner wurde gewiefter, ausgewählter, raffinierter: »Was das Essen, Trinken und Rauchen angeht, da haben sie mancherlei neue Methoden, charmante Enthaltsamkeiten, hygienische Kasteiungen, sportliche Grundsätze. Sicher wie durch das Gedränge der Straße steuern sie durch das der Vergnügungen, finden die paar Tanzpfade im Dickicht der Menschenanhäufungen, wissen, in welchem Hotel oder Lokal man allenfalls noch nachmittags tanzen kann (…). Es ist bewundernswert, wie sie den Berliner Karneval bewältigen.« Die Botschaft lautete: Freue dich über den freieren Lebenswandel in der Metropole, aber wertschätze zugleich Gesundheit und Erholung, Beruf und Freundschaft, wäge ab zwischen Ehe, Familie, Libertinage und Alleinsein.

Die Berliner Malerin Jeanne Mammen war Ende der zwanziger Jahre fast täglich in Magazinen und Satirezeitschriften der liberalen bürgerlichen Presse präsent. Im Februar 1929 erschien im *Simplicissimus* ihr Bild »Zwischen den Klassen«, eine Faschingsballszene, in der zwei junge Frauen im Vordergrund stehen und sich unterhalten. Der einen werden die Worte in den Mund gelegt: »Mein Boxer trainiert uff Meistertitel un' mein Regierungsrat uff Jroße Koalition – wat bleibt een'da übrig als det Restchen Fasching!« Das klang ein wenig verrucht und halbseiden, passend zum rötlichen Kolorit im oberen Teil des Bildes. Aber in der großen Stadt war ein solches Verhalten möglich: Die Metropole eignete sich vorzüglich zur Geheimhaltung von Affären – und seien es gleich zwei auf einmal: mit einem Boxer und einem Regierungsrat, »zwischen den Klassen«.

Die Malerin gab sich nicht grimmig wie George Grosz. Sie brachte den jungen Frauen eine gewisse Sympathie entgegen, ließ sie kess und keck auftreten, urban und großstädtisch, mit Hütchen und knappen, gutsitzenden Kostümen, als zwei Berlinerinnen, die die eigene Person entdecken und Freude an sich selbst haben. Die Künstlerin zwischen Nähe und Distanz.

Hessel führte in seinem Berlin-Buch den Ausflug durch die Stadt mit einem Besuch des Berliner Schlosses fort. Er ging dort nicht nur in das neu eingerichtete Kunstgewerbemuseum im Erdgeschoss und in Teilen des ersten Obergeschosses, sondern schaute sich ebenso das restliche Schloss an, das jetzt, da die Hohenzollern dort nicht mehr residierten, besichtigt werden konnte, auch »die Königskammern und Repräsentationsräume und sogar die historischen Wohnräume«.

Hessel war davon beseelt, dass der Spaziergänger Vergnügungen entdecken konnte, die weitgehend gratis zu haben waren. Der Lustgarten und die Museumsinsel stellten für ihn Paradebeispiele dar, Orte, wo

Bild 46: Blitzmädels: »Zwischen den Klassen«, von Jeanne Mammen, Simplicissimus, Februar 1929, Jahrgang 33, Heft 47

sich der Betrieb der Stadt verlangsamte, ähnlich wie weiter draußen, im Grünen, im Grunewald oder am Wannsee: »Der große weite Platz dem Schloss gegenüber, der Lustgarten, geht bis an die Stufen des Alten Museums und die führen in ein wunderbares Eiland mitten in der Stadt. Es ist nicht nur topographisch richtig, daß dieser von schützenden Wassern umflossene Stadtteil die Museumsinsel genannt wird. Die Welt, die hier mit Schinkels jonischer Säulenhalle beginnt, ist des jungen Berliners Akademoshain.«

Anders als das nervöse Treiben am Potsdamer Platz, am Alexanderplatz oder in der nördlichen Friedrichstraße, mit den großen Revuetheatern und Nachtlokalen, bot die Folge von Museumsinsel, Schloss und Linden ganz eigene, delikate Erlebnisse: mal ruhiger, mal lebendiger, mal Orte der Erinnerung und der freien Künste, mal Orte der angewandten Künste und der Gastronomie. Wenngleich es Unter den Linden ein paar größere Cafés und Restaurants gab, fand man hier ebenso kleinere, traditionelle Lokale wie das »Weinhaus Habel«, gegründet 1779.

Hessel bemerkte: »Der neugierige Fremde interessiert sich wohl vor allem für die berühmte Ecke Friedrichstraße und fragt nach Café Bauer und Kranzler. Nun, Bauer heißt nicht mehr Bauer, sondern schlechthin Café Unter den Linden, die wacker dionysischen und elysäischen Wandgemälde sind verschwunden und eigentlich ist im gegenüberliegenden Café König mehr los – womit ich nichts gegen die Annehmlichkeiten eines Aufenthalts im Café Unter den Linden gesagt haben will, im Gegenteil! Und Kranzler? Da sind zwar noch die merkwürdigen Eisenpfähle und Ketten, über die schon die eleganten Offiziere des alten Regiments Gensd'armes (…) ihre enghosigen Beine hängen gelassen haben, aber seit dem letzten Umbau hat es sein altes Cachet verloren, womit ich wiederum nichts gegen die Kuchen, die man dort verspeisen kann, sagen will.« Der preußische Gardeleutnant hatte seine vorherrschende Stellung im »Kranzler« längst eingebüßt. Jetzt sah man dort auf den besten Plätzen der Terrasse elegante Damen ohne

Bild 47: Damen ohne Begleitung auf den besten Plätzen: Terrasse des Café Kranzlers Unter den Linden, Foto 1927

Begleitung: die neue Frau oder die Flaneuse. Sie betrachtete das Geschehen und schaute, was die Welt so hergab.

Für Hessel bildete schließlich der Pariser Platz als westlicher Endpunkt der Linden das Gegenstück zum Lustgarten am östlichen Schlusspunkt: »Die Form dieses Platzes mit dem abschließenden Tor, den zurückweichenden Fassaden der einfachen Palais und dem erfrischendem Rasengrün zur Rechten und zur Linken bewahrt eine Stille und Geschlossenheit, die vorübertosender Lärm und Betrieb nicht stören können.« Man fand institutionelle Vielfalt vor: das Wohnhaus eines Malers, das Liebermannhaus, die französische Botschaft, das Grandhotel »Adlon«, die neue Akademie der Künste.

Es war eine einzigartige Verbindung von Lindenallee und Museumsinsel, Elemente, die sich gegenseitig ergänzten: die Grandhotels,

Restaurants und Cafés des Boulevards – sowie die Schatzhäuser der Kunst auf der Spree-Insel. Der serbische Dichter Miloš Crnjanski schrieb in seinem Buch *Iris Berlina*, das 1929 erschien: »Die ermüdende und vergebliche Amerikanisierung (sprich Industrialisierung und Kommerzialisierung) aller Dinge und des Verkehrs in zahllosen, sich ewig wiederholenden Formen trägt dazu bei, dass die Museen in Berlin eine besonders angenehme Stille und Frieden vermitteln. Trotz des ganzen Gewühls und Gerennes auf dem harten Asphalt ist die Welt draußen der musealen eigentlich nicht unähnlich. Man findet die gleiche Ruhe sowohl bei der Vergangenheit in den Museen, als auch bei der Gegenwart auf den Terrassen der Cafés über den Straßen. Dort genießt man, erfüllt von aus Museen mitgenommenen Eindrücken, die Entspannung und wartet auf den Abend und die Nacht.«

HEUTE: ERNEUERUNG UND UTOPIE

Kultivierte Leichtigkeit und Dauer

Im Mai 1945 war Berlin ein Trümmerfeld. Auf der Museumsinsel waren 80 Prozent der Gebäude beschädigt oder zerstört, das Schloss erschien als ausgebrannter Torso, am Lindencorso war lediglich ein gutes Dutzend der Häuser unversehrt geblieben. Nur wenige jüdische Einwohner hatten die Naziherrschaft in Verstecken überlebt. Martha Liebermann hatte Selbstmord begangen, als sie ins Konzentrationslager gebracht werden sollte. Franz Hessel konnte nach Frankreich emigrieren, wurde aber dann von den deutschen Besatzern interniert und starb an den Folgen der Lagerhaft.

Die Mitte der Stadt befand sich nun im Ostsektor, wo unter russischem Diktat ein autoritäres Regime errichtet wurde, möglichst frei von »dekadenter« Tradition. Die Schlossruine wurde gesprengt. Mit der Museumsinsel ging man pfleglicher um. Die Trümmer wurden beseitigt, die Gebäude gesichert, behelfsmäßig restauriert, und der Museumsbetrieb wurde provisorisch wieder in Gang gebracht, lediglich das Neue Museum stand nach wie vor als Fragment da, unbenutzbar, bis zur Wende. Die Bestände der Museen waren größtenteils erhalten geblieben, verteilten sich aber jetzt auf den Ost- und den Westteil der Stadt, da sie während des Krieges ausgelagert worden waren.

Am Lindencorso wurden die Gebäude, die ehemals dem höfischen Bereich angehörten, im Bestand gesichert. Es gab engagierte Denkmalpfleger im Ostteil der Stadt, die taten, was sie konnten. Im Lauf der Zeit wurden einige Gebäude sogar rekonstruiert, wie das Kronprinzenpalais in der Form von 1857 und daneben das Prinzessinnenpalais mit der ehemals barocken Fassade. Für die DDR kam es allerdings nicht in Frage, Unter den Linden wieder ein Flair von freiem Gedankenaustausch, Geselligkeit und Genuss zu entfalten. Das alte Herz der Stadt schlug nicht mehr.

Lediglich der Palast der Republik, 1976 eröffnet, wurde zu einem lebendigen Ort. Es handelte sich um einen annehmbaren modernen Bau, der jedoch kein wirklicher Counterpart war für die Museumsinsel und die Lindenallee in alter Grandeuer. Auch einige Cafés und Restaurants an der Kreuzung Linden/Friedrichstraße verbesserten die Lage kaum.

Das Projekt der »kritischen Rekonstruktion« der historischen Mitte nach dem Mauerfall von 1989 sollte das alte Herz der Stadt wiederbeleben und zugleich verjüngen. Das Ziel lautete nicht länger Abschied von der Tradition, sondern Wiedergewinnung, um mit Hilfe der Vergangenheit etwas Neues zu schaffen: einen Flow von Kontinuität und Wandel.

Erneut ging es um Aufklärung und Lebensreform – um mehr Licht und Luft. Ein Brite half dabei: David Chipperfield beziehungsweise das Architekturbüro David Chipperfield Architects in Berlin, mit Alexander Schwarz als Design Director und Partner. Zwischen 1997 und 2009 bauten sie das Neue Museum auf der Museumsinsel wieder auf und schufen ein sechstes Gebäude: die James-Simon-Galerie als zentrales Eingangsgebäude der Insel. Schließlich errichteten sie vis-à-vis davon ein privates Galeriehaus. Sie brachten neue Berliner Ikonen hervor.

Wenn man heute von der Schlossbrücke aus nach Norden schaut, blickt man auf den Kupfergraben und die Museumsinsel. In der Mitte erscheint die James-Simon-Galerie, die sich auf dezente Weise in das historische Ensemble einfügt und dabei eigene Akzente setzt: hell, weiß, in der Farbe moderner Bauhausarchitektur. Das Gebäude wird durch eine schlanke Säulenreihe filigran rhythmisiert, ein Motiv, das der antiken griechischen Baukunst entstammt. Abstraktes und Figürliches verzahnen sich.

Wie das Brandenburger Tor, so zitiert auch die James-Simon-Galerie die Propyläen in Athen. Eine breite Freitreppe führt hoch zum

Bild 48: Blick von der Schlossbrücke auf die Museumsinsel mit der James-Simon-Galerie, von David Chipperfield Architects, eröffnet 2019

Eingang und erweckt den Eindruck, als steige man zur Akropolis auf, wörtlich: zur Stadt auf dem Berg. Allerdings befindet sich hier die berühmte Säulenreihe mit fünf Interkolumnen nicht am Ende der Treppe, sondern seitlich versetzt. Oben angekommen, durchschreitet der Besucher die Türen einer gläsernen Wand. Innen breiten sich großzügige, hohe und klare Räume aus.

Jegliche Einschüchterung durch Dekor oder Pomp wird vermieden. Das Haus besticht durch die Schönheit der Materialien, die sorgfältig und schnörkellos bearbeitet wurden, ob natürliche oder industrielle Stoffe – heller polierter Beton, Glas, Muschelkalk, Bronze, Walnussholz, Filz: edle Vereinfachung, sachliche Eleganz, gediegene Noblesse. Das Haus verfügt über einen Informationsbereich, ein Café, eine Kasse, Garderobe, Buchhandlung, Toiletten, Räume für wechselnde Ausstellungen sowie tief unten im Gebäude, teils schon unter dem Wasserspiegel des Kupfergrabens, über eine Aula für Vorträge. Bei der

Einweihung des Hauses hatte David Chipperfield den Wunsch geäußert, dass international führende Künstler, Wissenschaftler und Politiker eingeladen werden sollten, um hier die Fragen unserer Zeit zu erörtern. – Das wäre Weltkultur.

Chipperfield verkörpert selbst etwas von großer weiter Welt. Er hat Architektur in London studiert, baute seine ersten Häuser in Japan, bald auch in Deutschland, in anderen europäischen Ländern, in Nordamerika und in Südostasien. Sein zentrales Architekturbüro befindet sich heute in London, doch das Büro in der Joachimstraße in Berlin bildet für ihn einen wichtigen Ort. Es ist verbunden mit einem Wohnhaus Chipperfields und einer öffentlichen Kantine. Er will nicht nur Gebäude schaffen, sondern Orte, wo sich Menschen treffen und miteinander reden. Gelegentlich laden er und seine Frau Evelyn in ihre privaten Wohnräume Persönlichkeiten des Berliner Kulturlebens zum Abendessen ein.

Als während der Millenniums-Phase viele Architekten auf High-Tech schworen, um die Gebäude so flüchtig wie möglich erscheinen zu lassen, oder andere Kollegen postmoderne dekorative Spielereien betrieben, fragte Chipperfield nach den Grundlagen der Architektur, nach der Würde des Materials, nach klar strukturierten Räumen, die etwas Selbstverständliches vermitteln und doch etwas Besonderes sind. Er wollte nicht vordergründig originell sein, sondern Häuser bauen, in denen man gern wohnt und verweilt. Er hielt am sachlichen Zug der Bauhausmoderne fest, orientierte sich an Le Corbusier, Gropius, Mies van der Rohe, die alle drei in jungen Jahren, kurz vor dem Ersten Weltkrieg, im Berliner Architekturbüro von Peter Behrens gearbeitet hatten. An Sonntagen machte das Büro Behrens gemeinsame Ausflüge und schaute sich die Gebäude von Karl Friedrich Schinkel an. Gropius und Mies van der Rohe wurden nach dem Ersten Weltkrieg Direktoren des Bauhauses in Weimar beziehungsweise Dessau und Berlin.

Chipperfield schätzt zudem das handwerkliche Ethos und Materialverständnis der japanischen Architektur, verbunden mit dem Respekt vor der Tradition. Er will mit seinen Bauten die Spielräume des Menschlichen erweitern, mit kommunikativen Räumen. Das gehe am besten mit Bescheidenheit, Schlichtheit, stiller physischer Präsenz der Räume.

Von der James-Simon-Galerie aus gelangt man schließlich zur »Archäologischen Promenade«, die vier der fünf Museen auf der Insel unterirdisch zugänglich macht: das Neue und das Alte Museum nach Süden hin, das Pergamonmuseum und das Bode-Museum nach Norden hin. Allerdings ist dieser unterirdische Verbindungsweg derzeit noch nicht vollständig ausgebaut. Lediglich das Neue Museum ist von der James-Simon-Galerie aus bereits erreichbar.

James Simon war ein wohlhabender jüdischer Kaufmann, Kunstsammler und Stifter. Er beschenkte die Berliner Museen reich – unter anderem mit der Büste der Nofretete. Anders als Wilhelm von Bode legte er keinen Wert auf die Erhebung in den Adel. Er verstand sich als Patrizier mit Bürgersinn und unterstützte neben musealen Institutionen ebenso karitative.

Anfang der 1990er Jahre stand das Neue Museum immer noch als Kriegsruine da. Chipperfield und Schwarz entschieden sich, das Erhaltene so weit wie möglich zu sanieren und die Lücken durch moderne Teile zu schließen, unaufdringlich und dezent. Auf den ersten Blick sieht das Gebäude heute so aus, als sei es nicht zerstört worden, wenn man aber näher tritt, erkennt man die Narben. Weder wurden die Zeugnisse des Krieges übertüncht, noch passt sich das Neue ganz an das Alte an. Beide Teile sprechen eine eigene architektonische Sprache, korrespondieren jedoch miteinander. Exemplarisch für diese Bau-Idee erscheint die große Treppenhalle.

Die Rekonstruktion der vormals reichen Ausschmückung stand nicht zur Debatte, da die Wandbilder Kaulbachs ohnehin nicht mehr vorhanden waren. Die alten und die neuen Architekturteile erhielten ruhige Formen, die das Material würdevoll hervortreten lassen: im unteren Bereich der hellgrau polierte Beton der Treppenläufe, im oberen die historischen rötlich grauen Ziegelsteine. Der Besucher schaut in einen

Bild 49: Eine neue Berliner Ikone: Das Treppenhaus des Neuen Museums auf der Museumsinsel, ursprünglich erbaut von Friedrich August Stüler, 1841-1859, im Zweiten Weltkrieg stark beschädigt, saniert und erneuert von David Chipperfield Architects, 1993-2009

kathedralhaften, meditativen Raum. Tradition und Moderne spielen zusammen – ein Ort von kultivierter Leichtigkeit und Verwurzelung.

Im Neuen Museum taucht man – wie in allen anderen Museen der Spree-Insel – in längst vergangene Zeiten ein. Das Haus führt den Besucher zurück zu Kunstwerken der ägyptischen Antike, zu Nofretete und zu anderen Plastiken oder zu Artefakten aus der Prähistorie. Man kann – wie es Jacob Burckhardt in seinen *Weltgeschichtlichen Betrachtungen* sagt – aus der eigenen Kulturhülle ausbrechen, Vergleiche anstellen und eine gewisse Freiheit des Denkens gewinnen.

Auf der Spree-Insel steht ein Museum gleichberechtigt neben dem anderen. Dennoch möchte man Schinkels Altem Museum einen gewissen Vorrang einräumen. Mit ihm begann die museale Entwicklung

Bild 50: Weltleute – Künstlerdandy und Gentleman: Alexander Schwarz (links) und David Chipperfield, im Hof der James-Simon-Galerie, angrenzend an das Neue Museum

auf der Insel – und es war ein fulminanter Auftakt, der Lust auf mehr machte. Die ausschwingende Säulenreihe des Alten Museums wirkt zu einladend, als dass man daran vorbeilaufen könnte, um zuerst die James-Simon-Galerie anzusteuern. Wenn die Flaneuse und der Flaneur vom Lindenboulevard her in den Lustgarten einbiegen, entfaltet das Alte Museum seinen Charme. Es ist, als breite es die Arme aus, um die Besucher herzlich zu empfangen.

Beeindruckend fällt hier ein Vergleich zwischen griechischer und römischer Kunst aus. Die antiken Griechen suchten offenbar nach menschlicher Schönheit – oder nach der Schönheit des Lebens überhaupt, nach dem Kulturleben, nach Kunst, Muße, Unterhaltung, Genuss. Unübertroffen die Bronzeskulptur des »Betenden Knaben«, erworben von König Friedrich II. von Preußen. Man mag an den Satz des griechischen Dichters Menander denken: »Wie schön ist der Mensch, wenn er menschlich ist.« Der Besucher entdeckt daneben die Büste des Perikles, des athenischen Staatsmanns und Verfechters der Demokratie, unter dessen Ägide die Propyläen auf der Akropolis errichtet wurden. Die Büste ist die römische Kopie eines griechischen Originals. In Perikles spiegeln sich die Erztugenden der freiheitlichen Gesellschaft: Besonnenheit und Maß – zugleich deutet sich Wehrhaftigkeit an, betont durch den Helm, der aus dem Gesicht nach oben geschoben ist.

Ganz anders viele originale Kunstwerke aus römischer Zeit. Die Gesichter drücken oft den Willen zur Macht aus, das Streben nach Rang und Reichtum. Großartig versinnbildlicht in der Büste Julius Caesars. Unglaublich die entschiedene Konzentration im Blick des Imperators. Diese Büste wurde ebenfalls, wie der »Betende Knabe«, von König Friedrich II. von Preußen erworben. Man mag etwas davon erahnen, welche unterschiedlichen Kräfte und Neigungen in diesem König miteinander stritten.

Ebenso aus römischer Zeit stammt die Kopie einer älteren griechischen Skulptur, die vermutlich der Epoche um 340/330 v. Chr. angehörte, genannt die »Berliner Tänzerin«, ein Torso, dem Kopf und Arme fehlen. Betörend, wie sich die Figur nach vorn bewegt und zugleich den Körper nach hinten wirft, dabei Energie, Leidenschaft, Eleganz zum Ausdruck bringt. Allein die Art, wie das luftige Kleid, das die Hälfte des Oberkörpers bedeckt, gerafft ist, ist hinreißend. Fanny Lewald beschrieb in ihrer Autobiografie, wie ihr Vater beim Besuch des Alten Museums im Jahr 1832 vor Scham errötete angesichts der entblößten oder halbentblößten antiken Figuren.

Es ist zweifellos reizvoll, zuerst Schinkels Altes Museum zu besuchen, dann die James-Simon-Galerie, dort die Treppe hochzugehen, sie wie die Treppen der Propyläen des Perikles zu erkunden – und so gleichsam in Spuren zu verwandeln.

In jüngerer Zeit wurden alle Museen auf der Spree-Insel behutsam saniert; lediglich die Restaurierung des Pergamonmuseums ist noch in Gang. Eine treibende Kraft dieser Verjüngung der Museumsinsel war Peter-Klaus Schuster, der um die Jahrtausendwende die Doppelposition als Generaldirektor der Staatlichen Museen zu Berlin und als

Direktor der Nationalgalerie innehatte. Er knüpfte enge Bande mit dem Förderverein »Freunde der Nationalgalerie«, nutzte bürgerliches Mäzenatentum und machte sich dafür stark, die zerstreuten Kunstbestände in Ost und West wieder auf der Museumsinsel zu vereinen. Dabei setzte er sich auch für die Verlegung der Gemäldegalerie vom Kulturforum in einen Neubau gegenüber der Museumsinsel ein. Das wurde tatsächlich beschlossen – doch dann, zumindest mittelfristig, zurückgenommen.

So oder so: Es ist ein Vergnügen, die Museen auf der Spree-Insel zu erkunden. In der Regel sind die Räume nicht zu vollgestopft; oftmals sind die bedeutendsten Kunstwerke so gestellt oder gehängt, dass sie einem sofort ins Auge fallen. Man fühlt sich von der Menge der Artefakte nicht erdrückt, sondern hat Luft zum Atmen, zum Genießen und Nachdenken.

Schinkels Museum wurde vom Architekturbüro Hilmer & Sattler und Albrecht restauriert, so unaufdringlich und elegant wie möglich. Das Büro war ebenso an der Rekonstruktion des Berliner Schlosses beteiligt. Wie in der Einleitung erwähnt, stammte der Generalplan für das neue Berliner Schloss von Franco Stella, doch Hilmer & Sattler und Albrecht wurden beim Planen und Bauen hinzugezogen, ebenso eine Tochterfirma der gmp-Architekten für das Baumanagement.

Am schönsten ist es, das teilrekonstruierte Berliner Schloss von West nach Ost zu durchschreiten. Zunächst erblickt man die imposante hochbarocke Außenfassade, feierlich und festlich. Doch wenn man das Eosanderportal passiert, verändert sich der Eindruck. Es öffnet sich eine große hohe Halle, die über alle Geschosse hinweg ansteigt, geschützt und abgeschlossen von einem Glasdach – ein heller, lichtdurchfluteter, freundlicher Raum, das Herzstück des Humboldt Forums: Empfangshalle mit Informationsbereich und Kasse; in der Nähe auch eine Buchhandlung und Toiletten, dazu im ersten Stock des Treppenhauses das hübsche »Forum Café«.

Befreiend, dass dem gravitätischen Eosanderportal ein so geräumiges Forum folgt. Umlaufende Galerien von Stock zu Stock erscheinen schlicht modern und vermitteln doch etwas Schlossartiges. Ehemals befanden sich hier in der Beletage vom 2. bis zum 3. Stock die wichtigsten Ballsäle und der Thronsaal, genauer gesagt: Der Thronsaal lag als Weißer Saal im Westflügel, erstreckte sich vom Eosanderportal bis an die Nordwestecke, die übrigen Säle folgten im Nordflügel. Die jungen Leute, die bei Hofe aufgenommen wurden, defilierten über die Säle im Nordflügel zum Thronsaal.

Im Foyer spielen heute Tradition und Moderne zusammen. Wenn man sich noch einmal umdreht, erscheint auch nach innen hin das prachtvolle barocke Eosanderportal; schaut man wieder nach vorn, erblickt man durch hohe gläserne Türen das Treppenhaus und dahinter die Passage. Es ist, als würde sich das Gebäude von innen her dehnen und an Transparenz gewinnen.

Nichts ist verlockender, als einfach weiterzulaufen, ins Treppenhaus hinein, in die Passage, in den Schlüterhof – Höhepunkt der Fassadenrekonstruktion, gipfelnd im zentralen Portal, das ehemals den Eingang zum Ostflügel bildete. Sechs Säulen springen hervor, oben geschmückt von korinthischen Kapitellen mit plastischen Akanthusblättern, bekrönt von Postamenten, auf denen bewegte Statuen stehen. Welch ein Empfang, welch barocke Lebensfreude, welch künstlerische Grandeur – königliche Macht und Herrlichkeit als spektakuläre Theaterkulisse.

Man mag sich daran erinnern, dass diesem Eingang ehemals ein Treppenhaus folgte, das zu den Wohn- und Residenzräumen König Friedrichs I. und Königin Sophie Charlottes führte: in die Beletage, wo die Gäste mit feinster Küche »à la française« verwöhnt wurden. Der ursprüngliche Baumeister des Schlosses, Andreas Schlüter, hatte mit diesem Eingangsportal zum Ostflügel des Schlüterhofs das berühmte architektonische Berlin-Motiv geschaffen: ein Portal mit sechs Säulen und fünf Interkolumnien, so wie es später nachgeahmt wurde an der Lindenoper und am Brandenburger Tor, eben nur nicht mehr hochbarock, sondern klassizistisch vereinfacht.

Bild 51: Foyer des Humboldt Forums im Berliner Schloss, eröffnet 2021, Blick vom Eosanderportal in das Foyer

Bild 52: Der Glanz des Hochbarocks als großes Welttheater: Portal im Ostflügel des Schlüterhofs. Ursprünglich gebaut um 1700.

Der Flaneur kann durch den Ostflügel des Schlüterhofes laufen, bis er auf der Terrasse steht, die den Blick auf die Spree, einen Park, das Rote Rathaus und den Fernsehturm freigibt. Es handelt sich um das Areal des spätmittelalterlichen Zentrums von Berlin. Einzig die gotische Marienkirche erinnert noch daran, innen mit einer barocken Kanzel von Andreas Schlüter.

Man kann auf der Terrasse kehrtmachen, zurück zur Treppenhalle am Foyer gehen und dort in den Fahrstuhl steigen, der zur Dachterrasse fährt, die ihrerseits einen noch besseren Blick auf Berlin bietet. Hier oben ist auch das Restaurant »Baret« – ein Lokal mit gepflegter Terrasse, nettem Service und guter Küche. Im Innenraum muss man sich allerdings an die grauschwarze Ausmalung gewöhnen. Womöglich ist es morgens oder abends, zum Frühstück oder zum Dinner, wenn nicht ganz so viele Leute da sind, auf der Terrasse am angenehmsten. Ideal für eine Verabredung.

Das ist das Schönste am Schloss: dieses Foyer-, Hof- und Dachterrassensystem, diese Durchlässigkeit des Hauses, diese Offerte an den Spaziergänger, das Schloss von allen Seiten zu erschließen, von West nach Ost, von Nord nach Süd, von unten nach oben. Die Kulisse verkörpert nicht mehr die Macht an sich, sondern nur noch das Theater der Macht. Verblüffend dieser Wechsel der Perspektiven, diese Collage von heiterem, pomphaftem Barock und strenger, sachlicher Moderne.

An der Nordseite des fürstlichen Baus ist mehr oder minder ein neuer Platz entstanden, ein großes weltoffenes Forum, eine europäische Piazza. Der Ort hat keinen Namen, aber das Auge fasst den nördlichen Vorplatz des Schlosses, den Lustgarten und die Gebäude ringsum zu einer Einheit zusammen. Am Fuß der nördlichen Schlossfassade erstreckt sich eine kleine Grünanlage mit Sitzbänken, davor ist die Fläche einfach nur gepflastert. Der Blick kann schweifen, geradeaus über die Straße zum Lustgarten und zum Alten Museum mit seiner breiten klassizistischen Säulenreihe, westlich zum barocken Zeughaus. Dann kommt jene Stelle, an der sich die Lindenmeile in das Häusermeer einsägt. Großzügige Dimensionen, ein Festort der Menschen. Auf der Schlossbrücke herrscht babylonisches Sprachengewirr. Menschen aus aller Welt gehen friedvoll, mit erwartungsvollen Blicken hin und her und freuen sich, da zu sein.

Biegt man in den Lindencorso ein, so erscheint an der Südseite als zweites Gebäude das ehemalige Kronprinzenpalais, auch Königliches Palais genannt, weil hier Friedrich Wilhelm III. als Kronprinz und später als König residierte. Das Schloss nutzte er lediglich für größere Empfänge, Galadiners, Bankette und Bälle. Nach seinem Tod wurde das Gebäude um 1856/57 im neoklassizistischen Stil umgebaut. Im Zweiten Weltkrieg fiel es den Bomben zum Opfer. Doch zu Zeiten der DDR wurde es in den Formen des Neoklassizismus rekonstruiert und ist heute noch so zu sehen. Das Palais gehört dem Staat, der es für »außergewöhnliche Events« vermietet: für Konferenzen, Tagungen, Podiumsdiskussionen, Modeschauen oder Galadinners.

Gegenüber, an der nördlichen Seite der Linden, erhebt sich das barocke Zeughaus. Es blieb äußerlich über die Zeiten hinweg weitgehend original erhalten. Im Innern wurde 2002 das Deutsche Historische Museum eröffnet, erweitert an der Rückseite durch einen Neubau von Ieoh Ming Pei. Wer in Berlin nach wilhelminischem Pomp und byzantinischer Hofhaltung Ausschau hält, kann in diesem Museum die riesigen Historienschinken von Anton von Werner bestaunen, unter anderem »Die Eröffnung des Reichstages im Weißen Saal des Berliner Schlosses durch Wilhelm II« (1888).

Westlich des Zeughauses befindet sich die weitgehend original erhaltene klassizistische Neue Wache von Karl Friedrich Schinkel, heute zentrale Gedenkstätte für die Opfer von Krieg und Gewaltherrschaft. Im schlichten Innenraum erblickt man die vergrößerte Form der Skulptur »Mutter mit totem Sohn« von Käthe Kollwitz. Ein ruhiger, würdevoller Gedenk- und Erinnerungsort.

Das Gebäude wird von drei Seiten vom Kastanienwäldchen umzogen, das in biedermeierlicher Zeit der Treffpunkt der bürgerlichen Welt war. Heute erscheint das Wäldchen öd. Offenbar will man aus Pietät gegenüber der Gedenkstätte die Besucher davon abhalten, den schattigen Ort zu betreten; der Boden ist größtenteils mit schnöden Steinplatten ausgelegt.

Westlich von der Neuen Wache lugt, zurückgesetzt, das Maxim-Gorki-Theater hervor, ehemals die Sing-Akademie, wiederum nach Plänen von Karl Friedrich Schinkel errichtet. Das Theater hat sich einen guten Ruf erworben und führt Stücke auf, die sich mit der Integration von Emigranten beschäftigen. Zuweilen blitzt schon etwas von einer neuen, bunteren Stadtgemeinschaft auf – wenn schon nicht im Kastanienwäldchen, so doch wenigstens im Theater.

Gegenüber, wieder auf der südlichen Seite der Linden, sieht man das ehemalige Prinzessinnenpalais, wo die Töchter Friedrich Wilhelms III. wohnten. Auch dieses Gebäude ging, wie das Kronprinzenpalais, im Zweiten Weltkrieg verloren und stellt eine Rekonstruktion aus DDR-Zeit dar: nach außen mit der alten barocken Fassade. Bis vor einigen Jahren befand sich darin eine der schönsten gastronomischen Erbschaften aus sozialistischer Zeit: das beliebte Operncafé. Jetzt ist das Haus im Besitz von Mathias Döpfner, dem Vorstandsvorsitzenden von Springer. Er ließ es sanieren und verpachtete es an die Deutsche Bank, die dort ein Kunsthaus einrichtete, dem ein kleineres Café mit Terrasse angehört. Eigentümer wie Pächter versprachen sich offensichtlich von einem Kunsthaus mehr Distinktionsgewinn als von einem Kaffeehaus.

Das Gebäude trägt nun den ambitionierten Namen »PalaisPopulaire«, nach eigenen Worten »ein Forum für alle, die Kunst und Kultur interdisziplinär und unter einem Dach erleben möchten«, man biete »ein breit gefächertes Programm, das die unterschiedlichsten Aspekte der Gegenwartskultur vereint«. Nichts weniger als das. Doch natürlich macht es Sinn, am Lindencorso ein Forum für zeitgenössische Kunst und Kultur zu eröffnen, da die Museumsinsel hauptsächlich Kunst und Kultur der Vergangenheit zeigt. Im Auftrag der Deutschen Bank wurde das Haus von dem Architekturbüro Kuehn Malvezzi eingerichtet.

Man bemerkt die handwerkliche Güte, mit der die Räume des Hauses eine moderne Anmutung erhielten. Da allerdings, wie erwähnt, dieses Palais mit barocker Hülle eine Rekonstruktion darstellt, schälte man, mit einem gewissen Übereifer, auch die nackten Betonpfeiler frei, um die Geschichte des Gebäudes offenzulegen.

Der Gast sitzt im Café vor diesen Enthüllungen und erblickt an der Decke allerlei Lüftungsrohre. Die Lehnen der Sitzbänke sind tief installiert, vom Design beeindruckend, aber auf die Dauer unbequem. Gestalterisch besser gelungen ist die gastronomische Terrasse des Hauses: gepflegt, mit kleinen, straff bespannten weißen Sonnenschirmen ohne Werbung und Kommerz. Man blickt entspannt auf das Grün der daneben liegenden Parkanlage, die nach Westen hin an das Opernhaus grenzt. Eine der schönsten Terrassen am Lindencorso – und der Apfelkuchen schmeckt wirklich gut.

Selbstverständlich, möchte man sagen, wurde die Lindenoper jüngst saniert und erstrahlt in neuem Glanz, ebenso wie die anderen Gebäude am Bebelplatz, dem ehemaligen Opernplatz: die vormalige Königliche Bibliothek und das Alte Palais an der Nordwestecke, in dem Kaiser Wilhelm I. wohnte. Das Gleiche gilt für das ehemalige Prinz-Heinrich-Palais, das jetzige Hauptgebäude der Humboldt-Universität. Der große, monoton gepflasterte Bebelplatz sollte aber noch menschenfreundlicher werden, geschmückt mit Rasenflächen, Blumen und bequemen Sitzbänken.

Es wäre ein Traum, wenn das Alte Palais, das zur Universität gehört, ein gastliches Haus werden könnte: für Studenten und Passanten. Dort hatte schon Kaiserin Augusta im oberen Stock einen Salon eingerichtet, während sich das Arbeitszimmer des Kaisers im Erdgeschoss an der Nordostecke befand, mit Blick auf die Linden und den Opernplatz. Bismarck stellte sich dort regelmäßig zu Gesprächen mit dem Monarchen ein. Ähnlich wie sein Vater, Friedrich Wilhelm III., nutzte Wilhelm I. das Berliner Schloss nur für größere Empfänge, Galadiners, Bankette und Bälle.

Einen gleichsam kaiserlichen Blick auf den ehemaligen Opernplatz gewährt von Süden her die Dachterrasse des »Hotel de Rome«. Es ist derzeit das erste Haus am Platz in Berlin, eingerichtet in einem ehemaligen Bankhaus aus der Belle Époque mit hohen großen Räumen und Marmorsäulen, verbunden mit modernem Schick. Man findet dort im Erdgeschoss auch ein angenehmes Restaurant mit schattigem Innenhof. Seit einiger Zeit sorgt hier Tim Mälzer für eine schnörkellose, gute italienische Küche mit leichtem japanischen Einschlag.

Geht man auf der südlichen Seite der Linden ein Stück weiter nach Westen, dann folgt dem Alten Palais das Niederländische Palais, wo in den 1790er Jahren Gräfin Lichtenau residierte. Sie führte dort einen Salon und ließ im hinteren Trakt ein Liebhabertheater einrichten. Nach diesem Palais stößt man auf zwei prächtige Häuser aus der Belle Époque, die im Besitz der Deutschen Bank sind. Im westlichen der beiden Gebäude, an der Ecke Charlottenstraße, befand sich im Erdgeschoss zunächst die Kunsthalle der Bank, bevor sie ins »PalaisPopulaire« umzog. Jetzt steht der Flaneur vor verriegelten Türen und undurchsichtigen Fenstern. Im Vorgängerbau war einst Heinrich Heines Lieblingslokal, das »Café Royal«.

Gegenüber wuchtet sich, an der nördlichen Seite des Boulevards, die Alte Staatsbibliothek im neobarocken Stil des Wilhelminismus empor, zwischenzeitlich ebenfalls saniert und mit einem kathedralartigen Lesesaal ausgestattet. Bevor dieses kaiserliche Gebäude kurz vor dem Ersten Weltkrieg errichtet wurde, hatte hier die Akademie der Künste ihren Platz. Viele Kunstwerke, die später zu Berliner Ikonen wurden, wurden erstmals hier gezeigt.

Etwas weiter westlich von der Alten Staatsbibliothek sieht man einen vorbildlichen Neubau: die Fassade eines Büro- und Geschäftshauses mit Wohnungen, Unter den Linden 14, geplant und errichtet zwischen 2004 und 2009 von Petra und Paul Kahlfeldt. Das Gebäude gehört zu einem größeren Komplex, für den die Architekten von Gerkan, Marg und Partner den Generalplan erstellt hatten, doch sie überließen einen kleineren Teil davon dem Ehepaar Kahlfeldt zur Gestaltung, weil man eine monströse einheitliche Blockbebauung vermeiden wollte.

Man achtete auf Rhythmus und Individualität. Der Sockelbereich des Hauses Unter den Linden 14 erinnert an das klassische architektonische Berlin-Motiv: an ein Portal mit sechs Säulen und fünf Interkolumnien. Bislang befand sich dort eine Galerie der Daimler AG. Im Moment sind die großen Fenster verdunkelt. Die Geschosse darüber, in denen sich Büros befinden, muten wie die Fortentwicklung der Fassade des »Zollernhofes« an: Die Pfeiler, mit hellem Travertin verkleidet, sind noch schlanker, dafür die Fensterflächen noch größer, damit mehr Licht in die Räume strömt.

Petra Kahlfeldt ist seit Dezember 2021 Berliner Senatsbaudirektorin und damit eine Nachfolgerin von Hans Stimmann, dem Erfinder der »Kritischen Rekonstruktion« der historischen Mitte. Die neue Senatsbaudirektorin zeigte bereits mit den Plänen für das Haus Unter den Linden 14 ihre Sympathie für die Wiedergewinnung der historischen Mitte: Tradition und Moderne miteinander verbindend. Der Lindenboulevard braucht nach wie vor Schutzgeister, die ihm hold sind.

Schließlich und endlich erreicht man auf diesem Spaziergang die ehemals sagenhafte Kreuzung Unter den Linden / Friedrichstraße, wo die berühmten Kaffeehäuser einst die Gäste begrüßten: das »Bauer« an der Südostecke, das »Kranzler« an der Südwestecke, das »König« an der Nordostecke. Heute ist diese Kreuzung ein kulturelles Trauerspiel. Weit und breit kein Kaffeehaus. Die Volkswagen AG betreibt dort, wo das »Bauer« war, ein Autohaus mit einem Deli als Untermieter. Vor dem Gebäude stehen im Sommer zwei riesige weiße Sonnenschirme, auf denen der Dax-Konzern wirbt. Darunter stehen rustikale Tische und Bänke – das Gegenbild von urbaner Eleganz.

Wer abends an der Südwestecke der Kreuzung in die Friedrichstraße hineinschnuppert, der stößt bald auf einen schmalen dunklen Gang, der sich als gastronomischer Lichtblick entpuppt. Der Gast steht zu-

Bild 53: Unter den Linden 14, Büro- und Geschäftshaus mit Wohnungen, geplant und gebaut zwischen 2004 und 2009 von Kahlfeldt Architekten

nächst vor einer Metalltür mit der Aufschrift »Crackers«. Wenn man klingelt, öffnet sich die Tür. Dann geht man mutig im Zwielicht weiter, vorbei an der offenen Küche bis in den großen, schwach beleuchteten Gastraum und gewinnt das Gefühl, in eine unterirdische Welt für konspirative Gespräche und intime Momente einzutauchen. Man befindet sich in einem ehemaligen Musikclub, der unaufdringlich elegant als Restaurant eingerichtet wurde und eine gute moderne Brasserie-Küche bietet: Gemüse, Fisch, Beef.

Läuft man tagsüber an der Nordseite der Linden weiter nach Westen, kommt man am »Zollernhof« vorbei, wo einst das gleichnamige

Restaurant rund 1000 Gäste bewirtete. Jetzt macht sich dort, wie schon gesagt, das ZDF breit, größtenteils auch im Erdgeschoss. Lediglich an der Lindenfront ist ein kleinerer gastronomischer Raum mit Systemgastronomie zu sehen.

Welch eine Freude, dass dann doch noch ein weiterer gastronomischer Lichtblick folgt: das »Café Einstein Unter den Linden«, an der Ecke Neustädtische Kirchstraße – das einzige Kaffeehaus beziehungsweise Café-Restaurant von Rang, das nach der Wende von 1989 am Lindenboulevard eröffnet wurde. Ein Österreicher hatte Erbarmen mit der gastronomischen Diaspora Unter den Linden. Gerald Uhlig gründete 1996 mit Partnern das »Café Einstein Unter den Linden«, nicht zu verwechseln mit dem »Café Einstein« in der Kurfürstenstraße.

Uhlig war von Wien nach Berlin gezogen und trug das Wiener Kaffeehaus im Herzen. Dementsprechend wurde das Lokal eingerichtet: geradlinig, aber mit bequem gepolsterten Lederbänken und Stühlen, kleinen Marmortischen, die teilweise weiß eingedeckt werden, mit Spiegeln, Ballonlampen, Zeitungen. Man kann Kleinigkeiten oder tüchtige Bissen bestellen, hausgemachtes Gebäck oder Gerichte der deutsch-österreichischen und mediterranen Küche. Kellnerinnen und Kellner bedienen in Schwarz und Weiß. Die Terrasse vor dem Haus gehört zu den gepflegtesten am Lindenboulevard. Seit 2016 zählt Stefan Landwehr zu den Betreibern des »Einsteins«, Mitinhaber des »Grill Royal« in der Friedrichstraße. Er brachte Küchendirektor Siegfried Danler mit, einen Witzigmann-Schüler. Die Pointe ist, dass Witzigmann seinerseits bei einem Walterspiel-Schüler Koch gelernt hat. Und Walterspiel empfand weiland die Zeit im »Hiller«, ein paar Meter weiter westlich vom »Einstein«, als die prägende gastronomische Periode in seinem Leben.

Da und dort blitzt etwas von der großen alten Lindengastronomie auf. Und jetzt – nach dem Ausbau der U-Bahn an der Lindenmeile sowie der Fertigstellung des Berliner Schlosses und der Sanierung der Museumsinsel – dürfte sich die gastronomische Szene bald wieder stärker beleben. Die aktuelle gastronomisch-kulinarische Verschlafenheit der Linden ist längst untypisch für Berlin. Die Stadt gilt als Food Trend City – ähnlich wie Kopenhagen. Dort ist an der zentralen Achse der Stadt, am breiten Hafenarm, einer der neuen Staatsbauten, das Königliche Schauspielhaus, zugleich Bühne der nordischen Küche und Gastronomie, vertreten durch das Restaurant »Aamanns Replik«. Eines Tages werden vielleicht auch an der zentralen Achse in Berlin – Linden, Schloss, Museumsinsel – die Foren einer weltoffenen märkischen Küche und Gastronomie sein. Es entspräche der Vision Karl Friedrich Schinkels, der sich 1827 beim Entwurf für sein Kaufhaus Unter den Linden ein In- und Nebeneinander von Kunst, Wissenschaft, Gewerbe und Gastronomie ersten Ranges wünschte.

Gastronomie: edel vereinfacht – weltoffen märkisch

Am Ende des Zweiten Weltkriegs war von der Gastronomie am Lindenboulevard so gut wie nichts mehr vorhanden. Kein Biedermeier, kein Historismus, kein Wilhelminismus, keine Belle Époque, kein Jugendstil, keine Neue Sachlichkeit, nichts. Manchmal blieben die Fassaden erhalten, doch im Inneren war alles ausgebrannt. Das »Adlon« hatte den Krieg fast unversehrt überstanden. Doch kurioserweise brannte es dann ein paar Tage nach Kriegsende aus. Nur ein Seitenflügel blieb vorläufig noch intakt. Auch die Gastronomie, die die DDR an der Lindenachse schuf, mehrere Restaurants im Palast der Republik, das Operncafé im Prinzessinnenpalais, einige Lokale an der Kreuzung Unter den Linden / Friedrichstraße, verschwanden nach der Wende. Wer die Tradition, das Erbe pflegen möchte, ist auf Gemälde, Fotos, schriftliche Zeugnisse angewiesen.

Fast möchte man meinen, dass es nun in Berlin eine Verbindung gibt,

Bild 54: Café der James-Simon-Galerie, geplant und gebaut zwischen 1999 und 2018 von David Chipperfield Architects

die von Schinkel über Stüler, Bruno Paul, Peter Behrens, Walter Gropius und Ludwig Mies van der Rohe zu David Chipperfield und Alexander Schwarz führt. Letztere schufen in jüngerer Zeit einen brillanten gastronomischen Raum auf der Museumsinsel: das Café in der James-Simon-Galerie – edel vereinfacht, hell, luftig, ruhig, gelassen, großzügig, ein Ort zum Träumen und zum Plaudern. Wunderbar, dort nachmittags zu sitzen und durch die großen Fenster hinweg auf das Neue Museum oder das Schloss zu sehen.

Tische und Stühle stammen nicht von Chipperfield Architects, sondern wurden vom Pächter des Lokals besorgt, das den Namen »Cu29« trägt. Man bietet Bistro-Küche an. Gegen den »Berliner Hering« kann man nichts sagen, doch der Flammkuchen schmeckt trocken und er-

Bild 55: Restaurant Remi, eingerichtet von Ester Bruzkus, eröffnet 2020

innert an Convenience Food. Gastronomisch-kulinarisch hat das Lokal noch Luft nach oben.

Die Berliner Innenarchitektin Ester Bruzkus schuf vor einiger Zeit für das Restaurant »Remi« an der Torstraße, drei U-Bahnstationen von der Museumsinsel entfernt, ein vorbildliches zeitgenössisches Interieur. Das Lokal befindet sich im neuen Suhrkamp-Haus, wo die Gastronomie nicht als lästige Nebensache angesehen wird. Vielmehr begegnen sich dort, im Stil einer neuen Zeit, Literatur, Kunst und Gastlichkeit auf Augenhöhe. Das Gebäude wurde vom Architekturbüro Bundschuh entworfen, im Stil der Chipperfield-Architektur nicht unähnlich: mit glattem Beton, Stahl, Glas, Holz – lichtdurchflutet. Die Innenarchitektin entschied sich für gute Materialien, spiegelbildlich zu den frischen feinen Zutaten in der Küche. Man sieht Wandbänke, die der älteren deutschen Gasthaus-Tradition entstammen, aber nicht angestaubt wirken: nicht aus dunkel gebeiztem Holz, sondern aus heller, transparent lackierter Birke. Sitze wie Lehnen sind mit curryfarbenem Cord gepolstert. Der Gast kann es sich darauf gemütlich machen.

Davor kleine quadratische Tische, die gegebenenfalls zum großen Familientisch zusammengeschoben werden können. Das Gestell der Tische besteht aus geschliffenem Stahl, die Deckplatte aus anthrazitfarbenem Linoleum. Die hölzernen Stühle zeigen ihr statisches Konstrukt, sind teils naturfarben, teils olivgrün gestrichen und lockern die Atmosphäre auf. Die netten, gepflegt auftretenden Kellnerinnen und Kellner decken die Tische flach ein: mit schlicht umgelegten Stoffservietten und Trinkgläsern – bloß kein Getue.

Seit den Tagen der Großen Kurfürsten, seit der Anlage der Lindenallee im Jahr 1647, gehört der Begriff der Weltoffenheit zum Lebensgesetz von Berlin. Der Kurfürst rief damals Holländer, Juden, Hugenotten herbei, um seiner Residenz neues Leben einzuhauchen. Heute gibt es in Berlin ethnische Küchen aus aller Herren Länder – ein großer kulinarischer Schatz in der Stadt, stark vertreten die italienische Trattoria, die französische Brasserie, das türkische Kebab- und Grillhaus, die nahöstlich-levantinische Küche sowie die südostasiatische Gastronomie, aus China, Japan, Vietnam, Thailand. Zudem finden sich Lokale mit süddeutscher Tradition, mit bayerischer, schwäbischer oder österreichischer Küche. Kritisch wird es nur, wenn man nach der örtlichen Tradition der Gastronomie fragt, nach einer Kochkultur, die dem Märkischen entwuchs und etwas mit der Eigenart der umliegenden Region zu tun hat. Das Märkische meint die Landschaft um Berlin, die Mark Brandenburg. Was ist ein märkisches Gasthaus? Was heißt märkische Küche?

So wie die ältere Gastronomie am Lindencorso verschwand, so verflüchtigte sich auch die heimische Tradition der Zutaten und Gerichte. Zu Zeiten der Mauer war der Westteil der Stadt von der Mark abgeschnitten, während dort die Landwirtschaft verstaatlicht wurde, so dass sich bäuerliche Höfe in industrielle Großbetriebe verwandelten. Nichts war für die Berliner Köche nach der Wende schwieriger, als gute regionale Waren aus kleinbäuerlicher, ökologischer Landwirtschaft zu kriegen.

Heute muss eine Metropole aber beides sein: weltoffen und eigen – mit eigenen Wurzeln, auch in gastronomisch-kulinarischer Hinsicht. Im Zeitalter von Nachhaltigkeit, Klimaschutz und Gemeinsinn ist es angemessen, auf regionale Kreisläufe und Erfahrungen zu achten. Für Berlin heißt das: das örtliche kulinarische Erbe als etwas Wertvolles zu entdecken und weiterzuentwickeln.

Natürlich schätzt der Gast im Zeitalter des Globalen eine weltoffene Küche. Der weltumspannende Horizont der Kulinarik und Gastronomie ist nicht mehr wegzudenken. Der Globetrotter möchte aber auch Dinge kennenlernen, die es nur an einem bestimmten Ort gibt, in Berlin, der Mark Brandenburg. Warum sollte jemand von New York nach Berlin reisen, wenn er hier das gleiche Essen bekommt wie daheim? Der ideale Mix für Berlin hieße: weltoffen märkisch.

Architekten und Innenarchitektinnen haben bei der Einrichtung der Lokale die Tradition edler Simplizität wiederentdeckt, ein Stilelement, das sich so gut mit der ruhigen, sanft welligen märkischen Landschaft verträgt. Teilweise schließen sich Köche und Köchinnen daran an, indem sie die Kompositionen edel vereinfachen und eine Produkt- und Rezeptkultur pflegen, die weltoffen märkisch ist. Teils sind die Produkte märkisch, teils die Rezepte, teils beides. Architektur, Gastlichkeit, Gastronomie nähern sich einander an und gehören mittlerweile zu den wichtigsten Künsten, wenn es um die Fragen geht: Wie wollen wir leben, wie wollen wir uns ernähren und vergnügen?

Die schwach ausgeprägte, eigene kulinarische Tradition in Berlin wurzelt noch etwas tiefer. Der spartanisch gesinnte Soldatenkönig Friedrich Wilhelm I. hatte Anfang des 18. Jahrhunderts bei Hofe eine sparsame, anspruchslose Küche eingeführt und damit der kulinarischen Kultur in der Stadt einen herben Schlag versetzt. Gepökeltes Schweinefleisch und gelbe Erbsen zählten zu den Lieblingsgerichten des Königs. Im Lauf der Zeit entwickelte sich daraus das »Berliner Eisbein« mit gepökeltem, gekochtem Schweinebeinfleisch, gelbem Erbsenpüree und Salzkartoffeln. 1822 schrieb Adolph von Schaden in seinem Berlin-Buch über Pökelfleisch und Erbsen: »Sie bilden das erste Lieblingsgericht der frugalen Berliner.« Ein anderes beliebtes Berliner Gericht war das »Bollenfleisch«, eine Art von Fetthammel-Ragout mit Zwiebeln, den Bollen.

Man darf sich aber nicht täuschen lassen: In wohlhabenden bürgerlichen oder adligen Kreisen wurde nicht schlecht gegessen. Die märkische Seen- und Kiefernlandschaft bot Delikatessen: feine Süßwasserfische, Krebse, Pilze, Waldbeeren, Heckenfrüchte wie Holunder und Hagebutte, allerlei Wald- und Wiesenkräuter, Wild und Wildgeflügel. Große artenreiche Weideflächen machten es möglich, Berlin mit bester Butter und gutem Kalbfleisch zu versorgen. Die Äcker waren zwar nicht fett, aber die Bauern verstanden es, auf den sandigen Böden Kartoffeln oder Spargel zu kultivieren. Der gewässerreiche Spreewald war nicht bloß für seine Fische bekannt, sondern auch für Dill, Meerrettich, Senfgurke, Rahm, Leinöl. Heute wäre es eine Freude, wenn man öfter mal eine saftig gegarte Bachforelle Spreewälder Art bekäme, just mit diesen Zutaten, mit leichter Würze und Schärfe. Es gab geschützte Klimazonen, wie in Werder, wo Äpfel, Birnen, Kirschen reif und süß wurden. Die zarte Landschaft zauberte feinwürzige Aromata hervor.

Ernst Ludwig Heim bezeugte in seinem Tagebuch aus der Biedermeierzeit, dass er von seiner Frau verspottet wurde, wenn er sich deftige Gerichte, Pökel- oder Bollenfleisch, schmecken ließ. Zugleich schätzte er aber auch Krebse, Karpfen, Hecht, Zander, dazu konservierte Meeresfische, ob geräuchert, ob eingesalzen, besonders den Hering und sein »Leibgericht«, den »Kliebfisch«, sprich Klippfisch beziehungsweise Stockfisch: den aufbereiteten luftgetrockneten Kabeljau, der als Mus einen subtilen Gout von Meeresbrise und Morbidezza entfaltet und fast ein wenig an Käse denken lässt. Auch dieses Gericht, das Stockfisch-Mus, wäre heute wünschenswert auf den Berliner Speisekarten, dazu Heringsgerichte, milder Matjes, als Reminiszenz an die große Zeit der Hanse, die auch Berlin kulinarisch geprägt hatte.

An Gemüsen schätzte Heim Spargel, Sauerkraut, Teltower Rübchen und Bohnen. Er mochte die Kräutersuppe ebenso wie die Kartoffel- oder Leberknödelsuppe, bevorzugte besonders Wild und Wildgeflügel, Wildschwein, Reh, Hase, Fasan, Rebhuhn, Wachtel. An Obst aß er gern Apfel und Birne, dazu hausgemachtes Speiseeis.

Anfang des 19. Jahrhunderts verfasste Friedérique Charlotte Fontane, die Großmutter des gleichnamigen Berliner Dichters, ein handschriftliches Kochbuch, in dem die Krebssuppe an erster Stelle stand. Was gäbe man darum, wenn diese Suppe heute eine vordere Position auf den Speisekarten einnähme, zumal sich die Krebse in Berlin wieder gut vermehren. Eine Krustentiersuppe gehört zum Feinsten, was die Küche bieten kann: dieser bezaubernde mineralische Kalkgeschmack, der von den gerösteten Karkassen herrührt, diese Süße des Krebsfleisches, der Sahne, des Cognacs. Seit geraumer Zeit gibt es einen Berliner Koch, der eine exzellente »Krabbensuppe Schöneberger Art« anbietet, gemacht aus Nordseekrabben und Hummerschalen. Es ist Johann Maier, der Küchenchef im »Oh, Panama« in der Potsdamer Straße, südlich vom Kulturforum. Er pflegt eine junge deutsche Salonküche, in der auch das Kalb eine große Rolle spielt, etwa Kalbsbrust mit Gelber Beete oder Kalbsbries mit Mangold.

Kalb war im 19. Jahrhundert in Berlin das meistgeschätzte Fleisch der guten bürgerlichen Küche, die sich wieder am königlichen Hof orientierte, weil er wieder zivilisiertere Formen annahm. Fontanes Großmutter schätzte die Kalbsleber oder das Kalbfleisch mit Stachelbeeren, ebenso das »Fricassée« oder die »Frikandellen« von Kalbfleisch, schließlich auch »Brathwurst« aus Kalb- und durchwachsenem Schweinefleisch, »sehr gut«, wie sie schrieb. Sie machte desgleichen schon »Rouladen von Rindfleisch«, eine Speise, die ebenfalls zu einem Gericht der bürgerlich-höfischen Salonküche wurde, so wie die Kalbsleber mit Äpfeln und Zwiebeln.

Gern verlieh sie den Speisen die Form des »Kloßes« oder »Klopses«, ob Kartoffelkloß oder Fleischklops. Der Begriff »Pfannkuchen« meinte bei ihr den Krapfen, der in Schmalz herausgebacken wurde. Zum Nachtisch gab es allerlei »Kompott« von Obst und mancherlei »Gefrorenes«, etwa von Himbeeren, Erdbeeren oder Kirschen.

Im *Berliner Kochbuch für bürgerliche Haushaltungen von 1839* von Marie Schreiber stand an erster Stelle unter den Suppen die »Rindfleischsuppe mit Nudeln«, gefolgt von der »Kalbfleischsuppe mit Kräutern und Klößen«, dazu »Kartoffelsuppe«, »Weiße Rübensuppe«, »Gelbe« und »Grüne Erbsensuppe« sowie »Linsensuppe« und »Weiße Bohnensuppe«. Ohne Suppe schien der Berliner oder die Berlinerin nicht sein zu können. Eine gute Suppe ist immer eine Art von Essenz, ein Auszug, eine aromatische Verdichtung der Zutaten, vielleicht sogar der Inbegriff des Kochens. Welch ein Vergnügen, wenn heute noch die eine oder andere Suppe auf der Karte steht. Manchen Köchen oder Kritikern ist sie nicht artifiziell genug. Sie vertun sich. Man braucht Produktkultur, handwerkliches Können und Hingabe, um eine gute Suppe zu machen. Eine Suppe geht zu Gemüt, vermittelt etwas Vertrautes und ist im Glücksfall von feinstem Geschmack.

Unentbehrlich im *Berliner Kochbuch* waren abermals die »Klöße« oder »Klößchen«, wie »Kartoffelklöße«, »Semmelklößchen«, »Kalbfleischklößchen«, »Krebsklößchen«, »Leberklößchen«. Der Kloß beziehungsweise das kleinere Klößchen verlieh der Zutat edle Einfachheit, zumal die kleinere, possierliche Variante. An Soßen gab es dazu »Holländische Sauce«, eine Art Buttersoße, ferner »Mostrichsauce«, sprich Senfsoße, ebenso »Weiße Capernsauce«. Die Kombination »Kalbfleischklößchen« mit »weißer Capernsauce« wurde im Lauf der Zeit unter dem Begriff »Königsberger Klopse« beliebt – wieder ein typisches Gericht der Salonküche.

Die Palette der Gemüsesorten nahm im *Berliner Kochbuch* an Umfang zu, angefangen mit Spinat, Zuckererbsen, grünen Erbsen, gefolgt von Spargel, Artischocken, grünen Bohnen, Kohlrabi, Wirsing, Blumenkohl, allerlei Rüben. Unter den Salaten stand an erster Stelle der Kopfsalat. Stark vertreten waren neben den Gemüsen wieder die heimischen Süßwasserfische, Karpfen, Hecht, Aal, Zander, Flussbarsch, Bachforelle, hinzu kamen ebenso Hering, Stockfisch, Krebse.

Überdies spielte einmal mehr das Kalb eine große Rolle, ebenfalls das »Beefsteak« oder »gegrilltes Rindfleisch«. Der neue englische Einfluss machte sich desgleichen im Begriff »Pudding« bemerkbar, gemeint war eine zarte Masse, ob als salzige, ob als süße Speise, ob Krebs- oder Schokoladenpudding. Beliebt war auch das »Flamerie«, sprich das Grießflammeri.

Der deftigen Hausmannskost mit Eisbein und Bollenfleisch stand in Berlin also die bürgerliche Salonküche gegenüber, die von feinerer Art war: mit zarten Gemüsen, Spargel und Spinat, grünen Erbsen und Artischocken, mit Pilzen wie Champignons und Morcheln, mit Süßwasserfischen wie Bachforelle, Zander, Flussbarsch, Aal, Karpfen, zudem mit Klippfisch, Krebsen, Kalb, Kalbsleber, Klößchen, Königsberger Klopsen, Rinderroulade, Beefsteak, Pudding, Grießflammeri und Gefrornem.

Es gäbe auch die Möglichkeit, das Eisbein etwas feiner darzubieten, das heißt, die riesigen Stücke des Schweinebeinfleisches kleiner zu portionieren, am besten vom Vorderbein, das gepökelte Fleisch nicht länger zu verkochen, sondern sanft zu garen und dann das rosafarbene Stück mit weicher, aromatischer Schwarte auf ein samtiges grünes Erbsenpüree zu legen, daneben ein Schälchen mit Quetschkartoffel, nicht als Salzkartoffel verkocht und vom Nährwert her ruiniert, sondern die Kartoffel mit der Haut gegart, geschält, zerdrückt und mit Leinöl und Fleur de Sel gewürzt.

Man könnte ebenso daran denken, Kleinigkeiten, die es früher überall in den Kneipen an der Spree gab, auf einem Teller zu vereinen und dieses Gericht »Berliner Kneipe« nennen: mit Solei, Boulette, Senfgurke und Kartoffelsalat – nicht als Convenience Food, sondern frisch gemacht, aus der schnörkellosen handwerklichen Küche.

Schließlich kann man sich die Stulle als »Feine Stulle« vorstellen, ähnlich wie das skandinavische Smørrebrød. In der Regel mit Schwarz-, Grau- oder geröstetem Weißbrot, gebuttert und belegt mit bestem Matjeshering, Nordseekrabben, Klipp- bzw. Stockfischmus, mit Sauerkrautcreme und geräuchertem Aal, dazu vegetarische Varianten: Senfei mit gekochtem Ei, Senfspinat und Quetschkartoffeln oder, der nahöstlich-levantinischen Tradition in der Stadt entsprechend, mit Hummus und Falafel.

Das erwähnte Restaurant »Remi« in der Torstraße wird nach gutem Berliner Brauch von Holländern betrieben, von Stijn Remi und Lode van Zuylen. Sie gründeten zunächst das Restaurant »Lode & Stijn« in Kreuzberg, bevor 2019 das »Remi« hinzukam. Hier spielen Zutaten von kleineren, ökologischen Höfen aus dem Märkischen oder dem Mecklenburgischen eine große Rolle, etwa: »Feta vom Erdhof Seewalde mit junger Roter Beete und Amalfi-Zitronenvinaigrette«.

Der Erdhof Seewalde liegt an der Grenze zwischen dem Märkischen und dem Mecklenburgischen. Kühe und Schafe fressen ausschließlich kräuterreiches Gras oder duftiges Heu und sind so viel wie möglich auf der Weide. Aus der Kuh- und Schafsmilch wird in der eigenen kleinen Molkerei Käse hergestellt. Der »Feta vom Erdhof Seewalde«, den man im »Remi« bekommt, ist ein Traum, wunderbar geschmeidig, von eleganter Fülle und Würze des Geschmacks, untermalt von dezenter Salzigkeit. Die schlichte Anrichteweise auf dem Teller unterstützt die Konzentration des Gastes auf die Produkte: Die Stücke vom weißen Salzlakekäse und die kugelrunden jungen Roten Beete bilden ein hübsches Mosaik. Die behutsam gegarte Beete ist cremig süß und zugleich leicht erdig, dazu der nussige Touch gerösteter Pinienkerne und die Frische der Zitrone. Eine herrliche Komposition.

Es gibt auch Kalb im »Remi«, ebenfalls geliefert vom Erdhof Seewald oder vom Siebengiebelhof: »Auf Heu gegarte Kalbschulter mit Zitronenpolenta, Bohnen und Chili«. Wieder diese einnehmend einfache Anrichteweise: hellbraune Scheiben von der Kalbsschulter, gelbe Polenta, grüne Bohnen. Die Würde und Feinheit der Pflanzen und des Fleisches werden hervorgehoben. Kalb schmeckt nach Kalb, so wunderbar mild und zart, mit einer Spur von Wiesenduft. Das »Remi« nähert sich dem Ideal des Gasthaus-Restaurants in Berlin: edel vereinfacht – weltoffen märkisch.

Was ist dann eigentlich ein Gourmettempel? An sich ein abgedroschenes Wort. Normalerweise bezeichnet es ein Restaurant mit aufwendiger feiner Küche, nicht unbedingt ein Lokal von meditativem Zauber. Nicht selten sitzt der Gast dort in einem überdekorierten Raum, der verzweifelt versucht, Hochmögendes auszudrücken. Oder das Haus gibt sich in Zeiten der Formlosigkeit so leger wie möglich und bittet den Gast, am Küchentresen Platz zu nehmen. Selten ist der Gourmettempel tatsächlich ein Ort der Stille und Magie, so schlicht wie ergreifend.

Das Restaurant »Rutz« kommt diesem Wunschbild mittlerweile nahe, ausgezeichnet mit drei »Michelin«-Sternen. Es wurde 2001 von den Weinhändlern Anja und Carsten Schmidt an der Chausseestraße in Mitte eröffnet, konzeptionell geprägt vom damaligen Restaurantchef Lars Rutz, der sich seinerseits von Marco Müller beraten ließ. Der erste Küchenchef im »Rutz« war Ralf Zacherl, bis ihm Marco Müller 2004 folgte. Anfangs huldigte man der Hyperkreativität der Millenniums-Phase, wollte jung und dynamisch sein, schwor auf Molekularküche, Reagenzgläser, vielerlei – geboren aus dem Geist industrieller Labore und der Vorstellung, dass die kulinarischen Möglichkeiten unendlich sein sollten. Doch es gab von Beginn an schon den Versuch, mit guten heimischen Waren zu kochen.

Und dies gab mehr und mehr die Richtung vor: weg vom Hyperexperimentellen, hin zur Konzentration auf das Wesentliche und Nachhaltige – nicht Produktbreite, sondern Produkttiefe, der Aufbau einer erstklassigen örtlich-regionalen Produktkultur im Gespräch mit den Erzeugern, den Bauern, Gärtnern, Fischern und Fischzüchtern. Bald wurde am Abend nur noch ein Menü angeboten, damit sich die Küche besser um die einzelnen Zutaten kümmern konnte. Die verschiedenen Gänge bestanden aus drei, vier Hauptzutaten, serviert in einem ruhigen runden Keramikteller.

Kürzlich wurde die Einrichtung des Hauses der entwickelten Kochkunst angeglichen. Gab es früher im Erdgeschoss die Weinbar und im ersten Stock das Restaurant, so bilden nun die Räume unten und oben eine harmonische Einheit als Restaurant mit etwa 30 Sitzplätzen. Verantwortlich für die Pläne war die Berliner Architektin Gesine Weinmiller, die ihrerseits Berater hinzuzog, so für die Lichtregie »Licht Kunst Licht«, aber auch andere Experten.

Der achtsame, sorgfältige Umgang in der Küche mit den Waren und Speisen spiegelt sich nun im Restaurant. Die Räume sind eher dunkel, romantisch gehalten, still und elegant, aber Spotlights werfen ein brillantes Licht auf die Teller und lassen die Farben der Zutaten leuchten. Die Gäste sitzen teils auf bequemen braunen Lederbänken, die sich betörend sanft anfühlen, teils auf Stühlen aus Nussbaumholz, die ein japanischer Designer entwarf. Der hohe Raum im Erdgeschoss öffnet sich nach oben galerieartig ins Obergeschoss, vermittelt räumliche Großzügigkeit. Ein Werkregal, in dem Einmachgläser aus der

Küche lagern, erstreckt sich über beide Geschosse. Die Beschriftungen der Gläser deuten an, dass Marco Müller selbst heimische Wildkräuter und Aromata sammelt, die in Öl eingelegt werden: »Wunderlauchöl«, »Lärchenholzöl«, »Heuöl« und so fort. Daneben rücken helle blanke Sandsteinwände in den Blick, handwerklich zugehauen.

Die Küche entdeckte jüngst den Karpfen, einen traditionellen Bewohner der märkischen-mecklenburgischen Seen- und Kiefernlandschaft, der bislang in der Hochküche kaum zu finden war, weil er oft schlickig oder modrig schmeckt, entnommen aus kleinen überbesetzten Teichen. Marco Müller erhält nun von den Müritz-Fischern drei bis vier Kilo schwere wilde Karpfen, die ein überaus feines reintöniges Aroma entfalten. Geschlachtet wird der Karpfen nach der schonenden japanischen Ikejime-Methode, die es erlaubt, den Fisch einen Tag ins Eiswasser zu legen, damit er auch noch den leisesten Schlickton verliert. Anschließend reift der Karpfen drei bis vier Tage im Dry-aged-Schrank, damit sich sein Fleisch im Geschmack noch ein wenig verdichtet.

Auf der Karte steht »Dry aged Karpfen und Holunder«, serviert in zwei Gängen: Zuerst erhält der Gast ein Tatar, dann ein gegrilltes Rippchen. Das Tatar gleicht einem Mille-feuille: Übereinander schichten sich verschiedenartige Dinge, die bezirzend zusammenwirken. Einer Buttermilchschicht mit Holunderöl folgt das Tatar, das mit Garum mariniert wurde, einem vergorenen Karpfensud. Über dem Tatar erscheinen weiße Sauerrahmperlen mit Holunderblüte sowie ein goldener Karpfen-Crunch aus gebackener Farce und Schuppen. Unvergleichlich, ein solches Tatar, so samtig, umspielt von hochfeinen Geschmacksnuancen. Wer hätte gedacht, dass der Karpfen im Holunder einen so guten Partner hat, so frisch und duftig. Ein solches Gericht bekommt man im Moment nirgendwo anders.

Restaurantchef Falco Mühlichen und seine Crew erklären den Gästen den Aufbau der Gerichte. Sommelière Nancy Großmann stellt nicht minder charmant den Wein oder die alkoholfreie Menübegleitung vor. Das »Rutz« dürfte derzeit das beste Restaurant in Berlin sein, gerade in der Art, wie Einrichtung, Küche, Keller und Bedienung zusammenwirken.

Der Lindenboulevard wartet darauf, von solchen gastronomischen Meistern wiederentdeckt zu werden. Der Spaziergänger ahnt kaum, dass sich nur hundert Meter vom Corso entfernt, in einem Hinterhof, in der Nähe der Kreuzung Linden / Friedrichstraße, zugänglich über die Behrenstraße, über einen schmalen Weg zwischen dem Hotel »The Westin Grand« und der Komischen Oper, ein gastronomisches Wunderland auftut: das »Cookies Cream«.

Der Zugang wie das Restaurant selbst muten ein wenig trashig, punkig an, denn das Lokal ist 2007 aus einem ehemaligen großen Heizraum hervorgegangen, der aber längst mit komfortablen, umlaufenden roten Polsterbänken ausgestattet wurde, die Wände in Weiß gehalten, geschmückt mit ein paar Kunstwerken. Sein Betreiber, Heinz Gindullis, hatte von Freunden den Spitznamen »Cookie«, Keks oder Scherzkeks, erhalten, deshalb »Cookies Cream«. Die gewisse Undergroundatmosphäre des Restaurants gehört ästhetisch noch der Musikclubszene in Berlin an. Das benachbarte Restaurant »Crackers«, ebenfalls von Gindullis betrieben, war anfänglich, wie schon gesagt, tatsächlich ein Musikclub gewesen. In gewisser Weise markieren das »Cookies Cream« und das »Crackers« einen Zeitwandel: Aus den Berliner Partygängern der Nuller Jahre wurden in den Zehnern die Foodies. Nicht länger der vollgedröhnte Tänzer, sondern der umweltfreundliche Connaisseur und Kenner der Genüsse ist en vogue. Nirgends kommt er mit der Natur intimer in Berührung als beim Essen und Trinken. Ziel ist nicht die schwere, sondern die sanfte Berauschung des Lebens.

Im »Cookies Cream« wird vegetarisch gekocht. Küchenchef Stephan Hentschel geht neue Wege. Er verzichtet auf Tofu, Pasta, Risotto und rückte jenes Lebensmittel in den Vordergrund, das feine, entzückende Aromen entfalten kann, wenn man achtsam damit umgeht: das Gemüse, beiläufig das gesündeste Lebensmittel überhaupt, angereichert mit Pilzen, Nüssen, Ölen, Butter, Käse. Das »Cookies Cream«

Bild 56: Auf den Punkt: Quark-Semmel-Klößchen in Parmesansoße, Artischocke apart, von Stephan Hentschel, Küchenchef im »Cookies Cream«

erhielt als erstes vegetarisches Lokal in Deutschland einen Michelin-Stern. Eine schillernde Location, die im Verbund mit dem »Crackers« einiges über die jüngere Geschichte Berlins erzählt, nur einen Katzensprung vom Lindenboulevard entfernt.

Auch in Hentschels Küche gelten die Prinzipien »edel vereinfacht – weltoffen märkisch«. Seine Bezugsquellen sind gestaffelt: märkisch, deutsch, europäisch, global. Er arbeitet eng mit dem Gärtner Peter Janoth zusammen, der westlich von Potsdam seine Felder hat. Für den Anbau werden bevorzugt alte Samen verwendet. Viel bezieht Hentschel auch vom Biohof Marko Seibold, der südlich von Bremen alte Gemüsesorten und Kräuter pflegt, wie wilden Meerrettich, Haferwurzel, Klettenwurzel oder Knollenziest.

Hentschel bietet am Abend lediglich ein Menü an, dazu zwei Gerichte, die sich im Lauf der Zeit als besonders beliebt erwiesen und oft nachgefragt werden, wie das Quark-Semmel-Klößchen in Parmesansoße, mit saisonal wechselndem Gemüse. Das Klößchen liegt im tiefen weißen Teller, überzogen von der Soße. Welch ein Solo! Welch ein anmutiges farbliches Spektrum: Nuancen von Weiß und Gelb. Oder wie mutig vom Koch, diese Art der Einfachheit zu wagen – weil dieses Klößchen mit Soße nichts zu wünschen übriglässt.

Für die Soße wurde eine kraftvolle Gemüsebrühe angesetzt, sämig gebunden mit geriebenem Parmesan, der die aromatische Fülle des Fonds potenziert und einen Touch von Reife und Morbidezza ins Gericht bringt, etwas vom Randbereich des Lebens, Tiefe, Geheimnis. Die Artischocke, die das Gericht an diesem Abend begleitet, ist von ungewöhnlicher Feinheit und Frische.

Zum Menü des Abends gehören »Bunte Beete mit Krapfen«. Auf dem Teller sieht man Gelbe und Rote Beete sowie den Krapfen, unterlegt mit einer rötlichen Soße. Der Krapfen ist gefüllt mit Erbsen und Meerrettichschaum, die Soße eine Reduktion von Beete-Saft, abgeschmeckt mit Sojasoße und Shisoblättern, aufgeschlagen mit märkischer Fassbutter. Die Shisoblätter bringen den leicht irritierenden, besonderen, frischen Ton in die Soße, herrlich gehoben von der Butter. Soßen gibt Hentschel nicht nur in Form von Tupfern, sprich nicht bloß für das Auge, auf den Teller, sondern auch für den Gaumen. Er hat ein feines Gespür für die elementaren kulinarischen Sehnsüchte der Gäste.

Irgendwann kommt der Flaneur ganz im Westen an – und steht an der Stelle, wo der Boulevard in den Pariser Platz mündet. Er schaut auf das Brandenburger Tor, wo Kultur und Natur, Stadt und Tiergarten ineinander übergehen. Das neue »Adlon«, eröffnet 1997, nimmt hier, an der Ecke Linden/Pariser Platz, die gastronomische Sonnenseite ein, wie einst das alte »Adlon«.

Das Hauptrestaurant, das »Quarré«, befindet sich im Erdgeschoss an der Nordwestecke, die Gäste können durch bodentiefe Fenster sowohl auf den Pariser Platz und das Brandenburger Tor schauen als auch auf die Lindenallee. In der warmen Jahreszeit ist dem Lokal eine

Terrasse vorgelagert. Für den Gast ist es ein Vergnügen, das Hin und Her der Menschen auf dem autofreien Pariser Platz zu beobachten, Passanten, die durch das Brandenburger Tor laufen, die ins Liebermannhaus gehen oder auf die Akademie der Künste zusteuern. Architektonisch ist die »kritische Rekonstruktion« der Gebäude um den Pariser Platz herum gelungen, jedenfalls der äußeren Kubatur nach. Man lässt den Blick gern schweifen.

Das Liebermannhaus ist ein Muster der »kritischen Rekonstruktion«, ein modernes Gebäude von Josef Paul Kleihues, welches die äußeren Linien des Vorgängerbaus nachzeichnet. Es gehört der Familie Quandt und ist Sitz der »Stiftung Brandenburger Tor«, gegründet von der Berliner Sparkasse. Die Stiftung nutzt das Haus als Ausstellungsgebäude, das sich in wechselnden Schauen mit der Entwicklung der bürgerlich-zivilen Gesellschaft beschäftigt. Immer wieder ist Liebermann selbst das Thema – oder sein Freund Harry Graf Kessler.

Zu den Mythen der Deutschen zählen eben längst nicht nur die Legenden à la Germania oder die Nibelungen, geprägt von Schwertkampf, fatalen Treueschwüren und Untergangsstimmung. Heute gehört zu den Erzählungen der Deutschen ebenso die Kultur der Berliner Moderne, die menschenfreundlicher gesinnt war. Und ihrerseits bereits an den Berliner Biedermeier-Klassizismus anknüpfen konnte. Das Brandenburger Tor, der Pariser Platz, die Lindenallee und die Museumsinsel legen Zeugnis davon ab.

Auch die Akademie der Künste, die dem Liebermannhaus schräg gegenüberliegt, will eine Stätte der Moderne sein, ein Ort der friedvollen Begegnung, eine Stimme der Kunst in der Gesellschaft. Gegründet 1696 an der Lindenallee, zog die Akademie kurz vor dem Ersten Weltkrieg hierher um und wurde nach dem Zweiten Weltkrieg von einer zweiten Akademie im Westen der Stadt ergänzt. Das heutige Gebäude mit der gläsernen, transparenten Fassade am Pariser Platz von Günter Behnisch wurde 2005 eröffnet.

Ein nobles Umfeld für das »Adlon«. Auf der Homepage des Hauses sagt das »Quarré« von sich selbst: »Unser Service soll Berlin widerspiegeln: dynamisch, aufgeschlossen, unkompliziert.« Das klingt so, als solle die aufstrebende ökonomische Mittelklasse angesprochen werden. Und wenn man sich umsieht, hat man das Gefühl: Das könnte hinkommen. Die oberen Zehntausend, die High Society, die Hautevolee dürften im jetzigen »Adlon« eine Minderheit bilden.

In der Lobby werden sogar Currywurst und Döner angeboten, Street Food, das in Kreuzberg besser schmeckt und günstiger zu haben ist. Die Wurst: belanglos; der Döner: dominiert von einer dicken Schicht Rotkohlsalat; der Gipfel: Der Kellner empfiehlt dazu Champagner. Das sind nicht die Stoffe, mit denen sich die Mythen eines Grandhotels fortspinnen lassen. Das alte »Adlon« wollte eigen, einzigartig, erlesen sein, selbst wenn sich mancher Gast das Haus nur einmal im Jahr oder einmal im Leben leisten konnte. Das neue »Adlon« sucht den Anschluss an Mode, Mainstream und Mehrheitsgeschmack und droht dadurch gewöhnlich zu werden.

Das »Quarré« knüpft in manchem aber an die große Zeit des Hauses an. Glücklicherweise fegt der Service nicht dynamisch durch den Raum, tut keineswegs beflissen oder aufdringlich, im Gegenteil: Er ist freundlich und zuvorkommend, tritt gepflegt in Erscheinung, in klassischem Schwarz und Weiß und mit Latzschürze. Die Kellnerinnen und Kellner sind gut geschult. Es blitzt etwas von der echten Lorenz-Adlon-Schule auf: Geschmeidigkeit, Gemessenheit, Diskretion.

Die Speisekarte stellt einen sympathischen Mix aus Tradition und Moderne dar: Den Gerichten der französisch inspirierten Grande Cuisine folgen Klassiker der deutsch-österreichischen Salonküche sowie vegetarische Speisen mit märkischer Couleur. Wie zu Zeiten des Hotelgründers gibt es die noble Seezunge, auf der Gräte gebraten, während das prachtvolle Ochsenrippenstück durch ein Rinderfilet ersetzt wird, das auch als Doppelstück bestellt werden kann, als Chateaubriand mit Sauce Béarnaise. Selbstverständlich serviert man Hummer, Kaviar oder Trüffel, die Paradeprodukte der Escoffier-Schule. Daneben erscheinen die Gerichte der deutsch-österreichischen Salonküche, wie Berliner Kalbsleber oder Wiener Schnitzel.

Schließlich sieht man auf der Karte »Brandenburger Burrata, Spargel-Blüten-Salat, Beeren in Textur«. Eine hübsche Komposition. Der Burrata überzeugt durch seine frische, cremig-sahnige Art; der grüne Spargel hat einen köstlichen Knack; die Waldbeeren sind zum Teil dehydriert und erzeugen einen lustigen Crunch. Das Ganze vermittelt frühlingshafte Leichtigkeit mit Gehalt. Die Hummerbisque überrascht anschließend mit ein paar Senfgurkenscheiben, die zusätzliche Würze und Frische in die Suppe bringen. Perlenartige Senfkörner spielen auf der Zunge. Quasi Märkisches zum Hummer. Es geht also doch: eine Prise Extravaganz, gediegene Noblesse und örtliche Kultur in einem.

Am schönsten sind die lauen Frühlings- oder Frühsommerabende auf der »Adlon«-Terrasse, wenn die Sonne über dem Brandenburger Tor untergeht – zunächst noch golden glühend, dann schon gelblich fahl, weiter oben rosa Wölkchen und gedämpft blauer Himmel. Es bricht ein Naturschauspiel in die Stadt herein, eine Dimension des Ewig-Unendlichen. Irgendwann aber ist es so dunkel, dass vom Hier und Jetzt und Ewigen nichts mehr zu sehen ist. Es bleiben Träume.

BESONDERE ORTE UND LOKALE: ADRESSEN

Der größte Teil der genannten Adressen wird im Buch beschrieben, bei einem kleineren Teil, vornehmlich in der Nachbarschaft der Linden, handelt es sich um Tipps.

MUSEUMSINSEL

Lustgarten
Altes Museum
Neues Museum
Nationalgalerie
Pergamonmuseum
Bode-Museum
James-Simon-Galerie: zentrales Empfangsgebäude der Museumsinsel nach Plänen von David Chipperfield Architects
Café-Restaurant »Cu29« in der James-Simon-Galerie: der schönste gastronomische Ort auf der Museumsinsel
U-Bahn-Station Museumsinsel, an der Schlossbrücke: nach Plänen von Max Dudler, ohne Werbung und Kommerz. Über der Plattform ein Sternenhimmel, als Zitat von Schinkels Bühnenbild für die *Zauberflöte*

BERLINER SCHLOSS

Die wichtigsten Einrichtungen:
Foyer mit Informationsbereich und Kasse
Berlin Global im 1. Obergeschoss
Ethnologisches Museum im 2. Obergeschoss
Museum für Asiatische Kunst im 3. Obergeschoss

Die schönsten gastronomischen Orte im Schloss:
Forum Café im 1. Stock der großen Treppenhalle am Foyer

Restaurant Baret auf der Dachterrasse: schöner Blick auf das Alte Museum und die Lindenallee; gute Küche, zeitgenössisch-europäisch

BOULEVARD UNTER DEN LINDEN

Nordseite der Linden – von Ost und West:

Zeughaus, Unter den Linden 2: heute Deutsches Historisches Museum (derzeit im Umbau bis ca. 2025)

Neue Wache, Unter den Linden 4: heute Zentrale Gedenkstätte für die Opfer von Krieg und Gewaltherrschaft

Maxim-Gorki-Theater, Festungsgraben 2, Hauptzugang vom Lindencorso her: ehemals Sing-Akademie zu Berlin, seit 1947 Theater

Humboldt-Universität zu Berlin, Unter den Linden 6

Staatsbibliothek zu Berlin, Haus Unter den Linden, Unter den Linden 8

Haus Unter den Linden 14: vorbildlicher Neubau eines Büro- und Geschäftshauses mit Wohnungen, nach Plänen von Petra und Paul Kahlfeldt

Zollernhof, Unter den Linden 36-38; heute Hauptstadtstudio des ZDF

Café Einstein Unter den Linden, Unter den Linden 42: empfehlenswertes Kaffeehaus beziehungsweise Café-Restaurant mit gepflegter Terrasse; hausgemachtes Gebäck und gute deutsch-österreichische Salonküche mit mediterranem Einschlag

Madame Tussauds Berlin, Unter den Linden 74

Südseite der Linden – von Ost nach West:

Kronprinzenpalais, Unter den Linden 3

PalaisPopulaire, Unter den Linden 5: ehemals Prinzessinnenpalais, heute Kunst- und Kulturhaus mit Café und hübscher Terrasse

Staatsoper Unter den Linden, Unter den Linden 7

Altes Palais, Unter den Linden 9

Niederländisches Palais, Unter den Linden 11

Zwei Bankhäuser der Belle Époque, Unter den Linden 13/15

Ehemaliges Grandhotel »Carlton«, Unter den Linden 17

Geplanter Erweiterungsbau der Komischen Oper an der Ecke Unter den Linden/Glinkastraße mit Café

Kreuzung Unter den Linden/Friedrichstraße

Crackers, Friedrichstraße 158: Brasserie in einem ehemaligen Musikclub mit Untergrundatmosphäre, gute Küche

Restaurant Bocca di Bacco, Friedrichstraße 167-168: gute italienische Küche, viel Prominenz

Grill Royal, Friedrichstraße 105b: bereits nördlich vom Bahnhof Friedrichstraße, an der Weidendammer Brücke, halb Steakhouse, halb feines Restaurant, viel Prominenz

PARISER PLATZ

Im Uhrzeigersinn:

Brandenburger Tor

Max-Liebermann-Haus – Stiftung Brandenburger Tor, Pariser Platz 7

Mama, Pariser Platz 6a: moderne Trattoria und Pizzeria; Systemgastronomie der besseren Art mit netter kleiner Terrasse am Pariser Platz und im schattigen Hof

Hotel Adlon Kempinski Berlin, Unter den Linden 77

Wichtige gastronomische Einrichtungen im Hotel:

Lobby, *Lounge* und *Bar* im Zentrum des Gebäudes

Hauptrestaurant Quarré mit sommerlicher Terrasse: klassische Grandhotelküche, verbunden mit österreichisch-deutscher Salonküche

Gourmetrestaurant »Lorenz Adlon Esszimmer« im 1. Obergeschoss

Akademie der Künste, Pariser Platz 4: Ausstellungen, Veranstaltungen, Buchhandlung, Café

TIERGARTEN

Zeltenplatz: Vom Brandenburger Tor aus führt – nordwestlich – ein Spazierweg zum Zeltenplatz, ehemals ein Lieblingsort der Berliner, ursprünglich mit viel Gastronomie rings herum, die aber im Zweiten Weltkrieg verlorenging. Nicht allzu weit vom Zeltenplatz entfernt sind zwei neuere Lokale am Ufer der Spree zu entdecken:

Weltwirtschaft, John-Foster-Dulles-Allee 10: Restaurant im »Haus der Kulturen der Welt«: im Außenbereich der idyllische Spreegarten am Südufer der Spree, betörend still mitten in Berlin, solange die Musik nicht eingeschaltet wird

Zollpackhof, Elisabeth-Abegg-Straße 1: Wirtshaus mit Biergarten unter schattigen Bäumen, am Nordufer der Spree, vom Tiergarten aus über die Luther- oder über die Moltkebrücke erreichbar

IN DER NACHBARSCHAFT DER LINDEN

Werderscher Markt, westlich vom Berliner Schloss

Berliner Bauakademie, aktuell Wiederaufbau

Friedrichwerdersche Kirche: mit Skulpturen aus der Sammlung der Nationalgalerie

Behrenstraße, südliche Parallelstraße der Linden, von Ost nach West:

Hotel de Rome, Behrenstraße 37, an der Südseite des Operplatzes: derzeit das erste Haus am Platz im Berlin

Wichtige gastronomische Einrichtungen im Hotel:

Chiaro: einladendes italienisches Restaurant mit japanischem Einschlag, nebenan die Bar und ein Innenhof als schattige Terrasse im Sommer

The Rooftop Terrace: mit herrlichem Blick über Berlin-Mitte

Gendarmerie, Behrenstraße 42: Brasserie in der hohen Empfangshalle einer Bank aus der Belle Époque; glamourös, als sei's irgendwo zwischen New York, Paris und Berlin, gute, klassische Brasserie-Küche, verbunden mit der Austernbank nebenan, im ehemaligen Tresorraum

Cookies Cream, Behrenstraße 55: vegetarisches Gourmetrestaurant im Hinterhof; derzeit die beste kulinarische Adresse im Umkreis des Lindenboulevards

Komische Oper, Behrenstraße 55-57

Restaurant Indian Club, Behrenstraße 72: zauberhaftes Zusammenspiel zwischen Einrichtung, Bedienung und indischer Küche

Denkmal für die ermordeten Juden Europas, auch Holocaust-Mahnmal genannt, Cora-Berliner-Straße 1, Querstraße der Behrenstraße

Französische Straße

Brasserie »Borchardt«, Französische Straße 47: viel Prominenz

Pierre Boulez Saal, Französische Straße 33d: Konzertsaal und Spielstätte der Barenboim-Said Akademie, geschwungene Innenarchitektur von Frank Gehry

Gendarmenmarkt

Konzerthaus Berlin, ehemals Königliches Schauspielhaus

Lutter & Wegner, Charlottenstraße 56: Restaurant mit österreichisch-deutscher Salonküche

Bereits etwas weiter weg von den Linden

Restaurant Remi, Berlin-Mitte, Torstraße 48: Stil edel vereinfacht, weltoffen märkisch

Restaurant Rutz, Berlin-Mitte, Chausseestraße 8: derzeit das beste Restaurant in Berlin

Restaurant Horváth, Berlin-Kreuzberg, Paul-Lincke-Ufer 44a: hochfeine Küche von mitteleuropäischer Exotik

Restaurant Oh, Panama, Berlin-Tiergarten, Potsdamer Straße 91: junge deutsche Salonküche

Restaurant Chungking Noodles, Berlin-Kreuzberg, Reichenberger Straße 35: Lokal mit einem einzigen, aber fürstlichen Hauptgericht: Nudeln mit Ragout

Hotel Wilmina, Berlin-Charlottenburg, Kantstraße 79: derzeit das schönste, neu eröffnete Hotel in Berlin in einem ehemaligen Gefängnis aus wilhelminischer Zeit, dazu gehört das bezaubernde Restaurant Lovis

BILDNACHWEISE

akg-images, Berlin: Abb. 27, 45; 32 (Foto: Becker & Maass)
bpk, Berlin: 2 (Kupferstichkabinett, SMB, Foto: Dietmar Katz); 8 (Stiftung Preußische Schlösser und Gärten Berlin-Brandenburg, Foto: Wolfgang Pfauder); 11, 13 (Nationalgalerie, SMB, Foto: Andres Kilger); 14 (Kupferstichkabinett, SMB, Foto: Wolfram Büttner); 16 (Kupferstichkabinett, SMB); 24, 34 (Nationalgalerie, SMB, Fotos: Jörg P. Anders); 42 (Skulpturensammlung und Museum für Byzantinische Kunst, SMB, Foto: Antje Voigt); 44 (Stiftung Preußischer Kulturbesitz/ART+COM)
Jörg von Bruchhausen, Stahnsdorf: 49
Ester Bruzkus Architekten, Berlin: 55 (Foto: Robert Rieger)
David Chipperfield Architects, Berlin: 48 (Foto: Ute Zscharnt)
Cookies Cream, Berlin: 56
Germanisches Nationalmuseum, Nürnberg: 21 (Inv. Nr. Hz4250, Foto: Monika Runge)
Kahlfeldt Architekten, Berlin: 53 (Foto: Stefan Müller)
Landesdenkmalamt Berlin: 39 (Foto: Wolfgang Bittner)
mauritius images, Mittenwald: 36 (Antiqua Print Gallery/Alamy)
Simon Menges, Berlin: 54
picture-alliance, Frankfurt am Main: 50 (dpa, Foto: Monika Skolimowska)
Sebastian Rosenberg, Berlin: 18
Staatliche Kunstsammlungen Dresden: 19 (Kupferstich-Kabinett, Inv. Nr. C 2835, Foto: Andreas Diesend); 20 (Kupferstich-Kabinett, Inv. Nr. C 3391, Foto: Herbert Boswank)
Staatsbibliothek zu Berlin – Preußischer Kulturbesitz: 9 (Staatsbibliothek Kartenabteilung, Kart. Y 53569)
Franco Stella Architetto, Berlin: 3
Stiftung Humboldt Forum im Berliner Schloss: 51, 52 (Foto: Alexander Schippel)
Stiftung Stadtmuseum Berlin: 1 (Inv. Nr. GDR 65/105); 4 (Inv. Nr. GDR 63/1, Foto: Oliver Ziebe); 5 (Inv. Nr. VII 60/235 X, Foto: Oliver Ziebe); 6 (Inv. Nr. GDR 65/7,2, Foto: Michael Setzpfandt); 10 (Inv. Nr. GEM 65/10, Foto:

Oliver Ziebe); 22 (Inv. Nr. GEM 70/22, Foto: Hans-Joachim Bartsch); 23 (Inv. Nr. VII 61/662 a w, Foto: Michael Setzpfandt); 25 (Inv. Nr. GEM 82/6, Foto: Hans-Joachim Bartsch); 28 (Inv. Nr. GHZ 87/1, Foto: Oliver Ziebe); 31 (Inv. Nr. GEM 68/16, Foto: Hans-Joachim Bartsch)
ullstein bild, Berlin: 47

Aus Berliner Architekturwelt, Ausgabe 14, 1912: 40
Aus Simplicissimus, Februar 1929, Heft 47: 46

Alle weiteren Abbildungen stammen aus dem Archiv des Insel Verlags.